生活·讀書·新知 三联书店

包立民 编著

张大千家书

（增订版）

Copyright © 2016 by SDX Joint Publishing Company.
All Rights Reserved.
本作品版权由生活 · 读书 · 新知三联书店所有。
未经许可，不得翻印。

图书在版编目（CIP）数据

张大千家书 / 包立民编著. —增订本. —北京：生活 · 读书 · 新知三联书店，2016.6
ISBN 978－7－108－05593－4

Ⅰ. ①张…　Ⅱ. ①包…　Ⅲ. ①张大千（1899 ~ 1983）－书信集
Ⅳ. ① K825.72

中国版本图书馆 CIP 数据核字（2015）第 284790 号

责任编辑　徐国强
装帧设计　康　健
责任印制　徐　方
出版发行　生活 · 讀書 · 新知 三联书店
　　　　　（北京市东城区美术馆东街 22 号 100010）
网　　址　www.sdxjpc.com
经　　销　新华书店
印　　刷　北京铭传印刷有限公司
版　　次　2016 年 6 月北京第 1 版
　　　　　2016 年 6 月北京第 1 次印刷
开　　本　880 毫米 × 1230 毫米　1/32　印张 9.875
字　　数　80 千字　图 124 幅
印　　数　00,001－10,000 册
定　　价　48.00 元
（印装查询：01064002715；邮购查询：01084010542）

目　录

张大千的情和理　陈丹晨…………………………1
张大千的去国和怀乡　包立民　…………………5

致三哥张丽诚 ………………………… 33

1957 年 8 月 31 日 ………………………… 35
1961 年 1 月 23 日 ………………………… 45
1961 年 2 月 19 日 ………………………… 53
1961 年 5 月 29 日 ………………………… 58
1961 年 6 月 12 日 ………………………… 69
1961 年 8 月 22 日 ………………………… 75
1961 年 9 月 20 日 ………………………… 83
1961 年 11 月 13 日 ………………………… 93
1962 年 1 月 9 日 ………………………… 99
1962 年 2 月 9 日 ………………………… 105
1963 年 3 月 4 日 ………………………… 113
1963 年 4 月 22 日 ………………………… 119

1963年8月25日 …… 125
1964年1月21日 …… 133
1966年2月18日 …… 139
1968年4月8日 …… 147
1969年6月7日 …… 153
1970年6月12日 …… 159
1971年3月3日 …… 167
1972年1月17日 …… 171
1974年10月 …… 181
1981年2月15日 …… 187

致四哥张文修 …… 191

1948年3月7日 …… 193
1949年8月18日 …… 197
1966年4月15日 …… 203
1968年4月8日 …… 207
1981年2月16日 …… 211

致二嫂杨浣青 …… 219

1962年2月9日 …… 221
附件：继子保罗致义母杨浣青 …… 226

致十女张心瑞 …… 231

1957年3月31日 …… 233

1959 年 3 月 2 日 …… 239
1960 年 8 月 7 日 …… 244
1960 年 9 月 26 日 …… 249
1981 年 5 月 28 日 …… 253
1981 年 8 月 11 日 …… 257

致诸侄书 …… 263

致三侄女张心素（1981 年 10 月 9 日） …… 265
致三侄张心铭 …… 269
致六侄张心德（一） …… 273
致六侄张心德（二） …… 278
致六侄张心德（三） …… 281
致六侄张心德及八侄张心俭 …… 286
致九侄张心义（1981 年 10 月 8 日） …… 289
印度致诸侄书（1950 年 1 月 5 日） …… 293

张大千家族简介 …… 301
初版跋 …… 303
再版跋 …… 305

张大千的情和理

陈丹晨

包立民君是一位资深的当代绘画史研究专家，其研究与众不同的是常常着重于画家的交往逸闻与艺术生涯，或者说是偏重于微观细节，看似琐细却常可钩沉出绘画史中的重要节点。仅以张大千为例，二十年间，他已出版了六部专著和编著，涉及画家的生平、年谱、绘画、诗文等。这本《张大千家书》是他历数年之功编著而成的，内收张大千给家人的书信二十一封，并附原信手迹的影印。包氏在每封信后都进行了详细的解读；正文前有包氏对存在争议的“张大千去国和怀乡”一事作了颇有说服力的论证和分析，书末则有关于张大千的家族的介绍，对于了解张大千提供了很重要的原始资料。

一般来说，艺术家都是属于感性热情的人，喜怒哀乐、悲欢爱憎形之于色。在张大千的家书中，这种亲情表现得尤其充分。他写这些信的时间多数集中在1961年到1964年，当此之时，他正旅居在巴西，与家人和兄嫂长期分居，却又割舍不断思念之情，于是千方百计想让三哥夫妇到国外与他会面团聚。这样的人之常情，在那个年代却成了一道不可逾越的关隘，申请了数年之久，仍然得不到解决。他几乎在每一封信中都谈及此事，当听到一点有可能、有希望的消息时，那种兴奋跃然纸上，“欢忭欲狂”，马上寄汇钱物，策划出境的路线，安排朋友帮忙接待等等；当听说又被拒绝而无望时，他就哀伤悲恸，几乎是痛彻心肺地哀呼：“哥手示，拜读再三，哭泣不已。老年手足但求同聚，不计贫苦。”“老年弟兄天各一方，不得相见，惨痛万分。”“兄与弟俱老矣，不得聚首，每每思念则为下泪。月之二十七号为弟七十诞辰，悬身海外，尤为难过。”“弟痛心万分，此生此世无复见面之矣！”“兄之不能出国与弟之不能归同一情况，言念及此中心如割矣。”为了团聚，他们奔走争取多年，均未成功，而他们的亲情却始终耿耿于怀，没有半点减弱。

张大千与三哥三嫂的关系和感情，比一般兄弟更深。因为三嫂罗正明八岁时就进张家当童养媳，操持全家家务最为辛苦。而张大千“小的时候，穿衣做鞋洗澡都是她照料的”，“真是当她母亲一样”。也就是说，是三嫂把他带大的，长嫂如母，格外情深。现在大家都已是古稀高龄的老人了，却是骨肉分离不得相见，只能在梦中看见“三嫂如在内江老屋，有愁苦之容。醒来十分难过，独自饮泣……”读到这里，人们无法不为之动容。他一方面渴望三哥随时来信如同见面，以慰思念之情；一方面又怕三哥为此写信太多，写字太小，太费心力，因而深感不安，说：“弟只希望看到哥的笔迹，知道平安就好。”其用情之深，体贴之细若此。张大千对其他家人亲属也怀着极深的亲情，非常惦念，并在物质上给予尽可能多的帮助，在饥荒之年雪中送炭，源源不断。从这些家书中，可以感受到张大千是一个很有情义且用心又非常细致周密的艺术家。

大千与三兄嫂通信的年头正值大陆饥荒，有一次，张大千寄送的物品有“砂糖二公斤、花生油五公斤、花生米二公斤、红枣一公斤、肉松二公斤、云腿四罐”，他在信中详细开列了清单。他邀三兄嫂出境相见，特别关照不要带小孩并清楚说明原因。家人托他寄送手表，他不厌其烦地说明不能带的缘故。说到自己的生活经济状况，也是详尽得很。除了卖画收入美金万余元外，他还在巴西经营一所农场八德园，亲自操持，“农场事体多，又兼开了一个二十亩大的湖，栽花栽竹，忙个不了”，还说明果园种了一千五百棵柿子，收成可得四五千美元……从这些巨细靡遗的介绍，既可看到他对亲人的坦诚，也显示他在从事绘画需要更多的形象感性思维的同时，还非常有经营头脑并且颇有实际经营能力。这座八德园是他在巴西购置的二百亩农场按他的审美趣味改造成的具有观赏性的中国园林式庄园，但它又保持了原来果园农场生产性的经营特色，这充分展示了张大千是一位情感丰富、精明理性的大画家。因此，他之所以长期旅居国外绝非一时头脑冲动，当然有他的深思熟虑。对于一个醉心艺术的画家，为了逃避乱世的纷扰，寻找一块安静从事艺术的生存环境，是很自然的事情，既不足为怪，也无可厚非。

让人们特别值得珍惜的是：这些家书对研究张大千的生活、思想、感情提供了诸多的第一手材料，包括他晚年的病痛、视力不济影响创作的情况，例如信中说“写字作画，全凭想象，不以目力”等。读其信，观赏其手迹，如睹其人，如闻其声，如感其情。而且，不经意处，还从侧面透露了当时的社会政治经济状况，以及民众所处的严酷境地，成为一个见证历史的个案。这让当年生活过来的人读来不免唏嘘深思，让生活在今天的正享受着出入境自由、物质产品丰富的年轻人再看这些家书，当然恍若隔世而感到无法理解和相信了。

因此，应该感谢包立民君可贵的发掘，让我们看到了这样一批具有文物价值的信函，它们无疑也是研究近代绘画史的重要史料。

（以上摘自2010年2月3日《新民晚报》）

半年前，包君来电告之，又征得张大千致四哥张文修、二嫂杨浣青，及子侄女儿等家书二十一通，拟出《张大千家书》（增订版），约我写序，我老了，手头又有杂事未了，只得婉谢美意。又经斟酌再三，遂以五年前的短文代之。

（此文征得丹晨老友同意，稍作文字更改，
并补最后告白。——编者）

张大千的去国和怀乡

包立民

20世纪80年代初，我已着手收集与研究张大千的逸闻与艺术生涯，并分批将研究成果在海内外的报刊上发表，历八年之久，编辑成《张大千艺术圈》一书，由辽宁美术出版社出版。其中有一段章节，即张大千的去国怀乡之事，一直想写，却又迟迟未写。未写的原因主要是这个问题不可避免地要涉及张大千对国共两党的政治态度，涉及如何看待张大千的爱国与否。由于这是一个比较复杂微妙而又很敏感的政治问题，所以采取了暂时回避、再加思索的态度。

1996年从友人寄来的一篇署名黄壤的文章《张大千欺骗了大千世界》中，读到一段抗战胜利后，张大千与张群对国共两党前途的对话，在这段对话中，二张大谈军政要事，张群还以"狡兔三窟"之计，精心安排了自己与张大千在国民党撤退后迁居巴西的退路（见《中华收藏》1995年第23期及《收藏》1996年第10期）。这篇奇文采用"假语村言"的笔法写出了"二张在国共两党斗争中的心态，也赤裸裸地触及张大千在去国前的反共态度"。据作者黄壤披露："此文虽用'假语村言'

敷衍，然而却没有将真事隐去，但告诉我内幕的老先生（有的在国内，有的在国外，皆是著名人士，其中有一位最近已去世）的姓名，由于其不愿暴露自己的身份，我不得不隐去。”

《张大千欺骗了大千世界》一文发表后，激怒了张氏子女和大风堂学生，他们指责黄壤伪造历史，诬陷张大千，有的还请了律师，准备状告黄壤，对簿公堂。黄壤是谁？黄壤者，黄郎也。明眼人一看便知是将真名隐去的一个假名。真名、假名无关紧要；笔墨文章涉及是非曲直，但要对簿公堂，也大可不必。艺术圈内外，惯于造谣欺世之伎俩，可谓屡见不鲜，但也不能见怪不怪，置若罔闻。何况，究竟是谁“欺骗了大千世界”，乃是一个不可不辨的大问题。黄壤文中的奇谈怪论，倒是又一次引起我的思考：张大千为什么离乡去国？为什么迟迟不归大陆，而要到台湾？张大千是不是一个有爱国之心的画家？思之再三，促成了我这篇文章。

“二张”奇谈质疑

解铃还须系铃人。我的这篇文章是因黄壤的“二张”奇谈催化而成的，而这段奇谈确实又是鲜为人知、闻所未闻的“秘闻”，所以有必要抄录于下，供读者“同赏”。

> 张群问张大千：“您看这次国内战争，国民党与共产党谁胜谁败？”
>
> 张大千说：“还用问吗？共产党不过是几个土匪，何堪

一击呢？”

张群叹了一口气：“您毕竟是一个画家，军政大事，您不了解啊。国民党内部很多人也断言，一年内消灭共产党，半年内消灭共产党，有人更叫喊三个月消灭共产党，其实谈何容易啊！这场战争十有八九是国民党败。”

大千听后吃了一惊，反问张群：“何出此言？”张群因深知内情，于是便向张大千做了详尽的分析。

张群说得老泪纵横，不停地叹气，张大千听后，觉得颇有道理。

张群叹道：“您是画家，不论哪个党当政，您靠自己的画吃饭，我张群就不行了。国民党当政，我吃得很好，国民党败了，我张群就无安身之地。唉……”

张大千一拍胸脯说：“这个您放心，有我张大千饭吃，就有您的饭吃。”

张群摇摇头。他深知这个行政院长，拖家带眷，一掷千金，靠画家卖画养他，就太寒碜了。他又深知张大千是讲义气、重朋友之托的可靠人，因而，他要张大千配合他安排后退之路。

张群告诉大千：“如果国民党胜了，一切都不成问题；如果国民党败了，那我们就要先找一个安身之处。大千，我今天找您，就要您帮我办这个事。”大千一听，又是一愣。张群又告诉大千：“狡兔三窟。可我现在忙于政务，没有时间去经营，我在巴西有朋友，我们可以在那里买地或经商，但巴西政府对在巴西投资太多的人，要查清其财产来源，财产来源不清的，或者不准经营，或者没收其经营财产。即使巴西政府不问，这批钱也要有来处。所以我想了一个办法……”

不久，张大千果然依嘱举办了一个大型画展。张群也果然带领他的部下光临，其中多数是川籍的军政人员。他们装模作样地看了一番张大千的画，接着便纷纷贴红纸条购买，而且为了抢购，竟出高价……于是舆论哗然，消息不胫而走。

……本来一个普通画家，一日之间，变成了与齐白石齐名的大画家，其名气传播之远之广，自然超过了齐白石……

以上所引的“二张”谈话，谈在何时何地？黄壤没有交代。传自何人之口？黄壤说，故隐其名。但是细细分辨谈话内容乃至用语口气，就会发现，这段话编得并不高明，甚至可以说破绽百出。兹质疑如下：

其一，从当时“二张”的地位身份和交情关系上，不可能大谈国共两党谁胜谁负的重大问题。关于“二张”之交，拙著《张大千艺术圈》中，曾有专章论及。早在20世纪30年代初，张大千就已结识了张群，当时张群的身份是上海市市长，而张大千只是客居上海的一介画家。当时他俩的交往是“二人同嗜石涛、八大书画，每有所得，辄相夸示”。30年代张群藏有石涛通景屏风，60年代张大千还为其影印出版写序。据北京画家、大风堂早期弟子刘力上回忆，当时他刚拜师，住在大千先生家里学画，他还遵师命到张群家里送过书画（很可能是他俩“每有所得，辄相夸示”的石涛、八大书画）。又据刘力上告知，40年代“二张”在成都交往很少，他也偶有所闻，主要是艺术上的交往。大千先生从不谈政治，从当时的身份地位和交情关系上，他绝不可能与张群大谈军政要事。为了证明刘力上的判断，可以引用张大千逝世后，张群在回忆大千居士时说的一段话来证明：“大千与我最初相识于上海，抗战时期又在四川，当时我的先后职位是上海市市长和四川省主席，大千不太喜欢接近官员，我们相处熟而不亲。那一时期，我所得的大千书画，都是购买的。”（见黄肇珩《画德、画才、千古一大千》，转引自林建同编著的《大千璀璨录》）试想，一介不问政治的书画家怎可能与“熟而不亲”的四川省主席大谈国共两党的命运前途呢？

其二，黄文中谈及张群找张大千商量“狡兔三窟”，安排巴西退路之事，这更是子虚乌有。按黄文所言，张大千迁居巴西，早在40年代中期，就由张群安排好了。事情是不是这样呢？

众所周知，张大千从香港迁居南美洲，时间是1952年8月。但是第一站是阿根廷，而不是巴西。在阿根廷侨居一年后，他才迁往巴西。如果数年前张群早有安排的话，何以又要多此一举呢？至于张大千何以又要从阿根廷迁居巴西，据张大千自述：“我在阿根廷侨居期间，曾赴美国旅行，来回都要经过巴西，会见侨居在巴西圣保罗的朋友，知道他们在那儿办农场养鸡，都颇能安居乐业，巴西的人情味远比阿根廷好，在巴西的朋友都劝我搬到巴西来，因为巴西欢迎移民，居住权的问题也好解决。”（见谢家孝《张大千的世界》）又据张大千的香港老友朱省斋在《记大风堂主人》中说，是“因受人骗，损失不少，遂又迁到巴西”。不管是为了居住权，还是因为在阿根廷受人骗，总之他是由阿根廷迁居巴西的，而不是张群早有安排的。

其三，黄文说，张群为了安排退路，让张大千在成都举办画展，他在幕后指挥川籍部下抬价抢购张氏展品，变相筹款。这件事说得绘声绘色，有鼻子有眼，实际上是移花接木，张冠李戴。

据李永翘在《张大千年谱》（四川社会科学院出版社1987年版）中记载：1945—1949年，张大千在成都先后举办过两次画展，第一次是在1945年10月，第二次是在1947年10月。两次画展中，第一次确有轰动效应，全部展品在数日内也的确被定购一空，张群也参加了这次展览活动，并且为其中一幅展品——临安西榆林窟的《水月观音像》——平定风波。“达官显贵，古董商人，字画收藏家们争出巨金购买，相持不下，四川省教育厅长郭有守排解无效，只好请示省政府主席张群定夺。最后由张群决定，该画由新都县买下，放置在宝光寺内，这场争画风波才告平息。”（见《张大千年谱》，转引自修文《张大千的水月观音像》）如果黄壤所说的张群授意张大千筹款举办画展，就是这次画展的话，那么可以推定他所说的“二张”谈话时间是在1945年10月或更早。

倘若推定时间不错的话，那么可以断定张大千不可能将这批画展款储存起来。何以见得？首先，存钱不符合张大千的个性习惯，他从来都是一手钱尚未进来，另一手钱就已出去了。

也就是说他往往先借后还，用今天的话来说叫做超前消费。其次，当时他正急需用钱，有钱也存不住。因为1946年初（也就是两个月后），他就携款从成都飞到北平，以数百两黄金的巨资，买下了董源的《江堤晚景图》等历代名画，为了买下这批名画，他不仅花完了从成都带去的所有资金，还向朋友借贷（据他的学生曹大铁说：仅从他处就商调了一千万元，约合一百一十两黄金）。这次成都画展卖了多少钱，不得而知，但怎么也不够他这次北平之行所需。可见黄文所说的，张大千把这次卖画所得存到迁居巴西才动用，纯属编造。

其实，张大千去国前卖画所得最多的画展，不是在成都，而是在上海。不过，去定购展品的都是李祖韩、李秋君兄妹邀请的一批银行家、收藏家，而不是张群手下的“川籍官员”。卖画所得，除了归还旧账，又去北平以五十根金条的巨资，买下了顾闳中的《韩熙载夜宴图》和董源的《潇湘图》两幅稀世珍品。试问张大千如此这般挥金如土地购买历代名画，哪里还有钱储存下来呢？

从以上三点来看，黄壤在《张大千欺骗了大千世界》一文中记述的张群与张大千的一场谈话实在可疑。这场谈话黄壤从何人口中采集到的，有没有录音与笔录的旁证，不得而知，或许只不过是道听途说，以讹传讹。笔者以为，不管是属于哪一种，“二张”的这场谈话，怕是纯属虚构而成的。

本文的主题是写张大千的去国和怀乡，因此黄壤文中涉及张大千人品、艺品等的另一些问题，不再一一辩答，以免喧宾夺主。

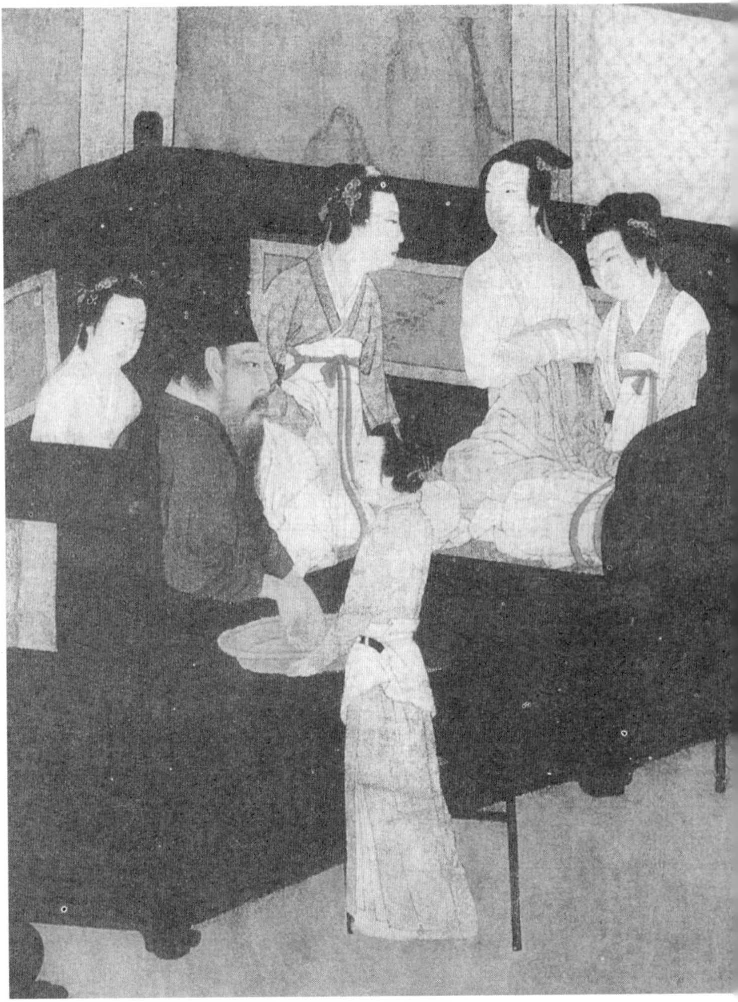

张大千曾一度收藏的《韩熙载夜宴图》(局部)

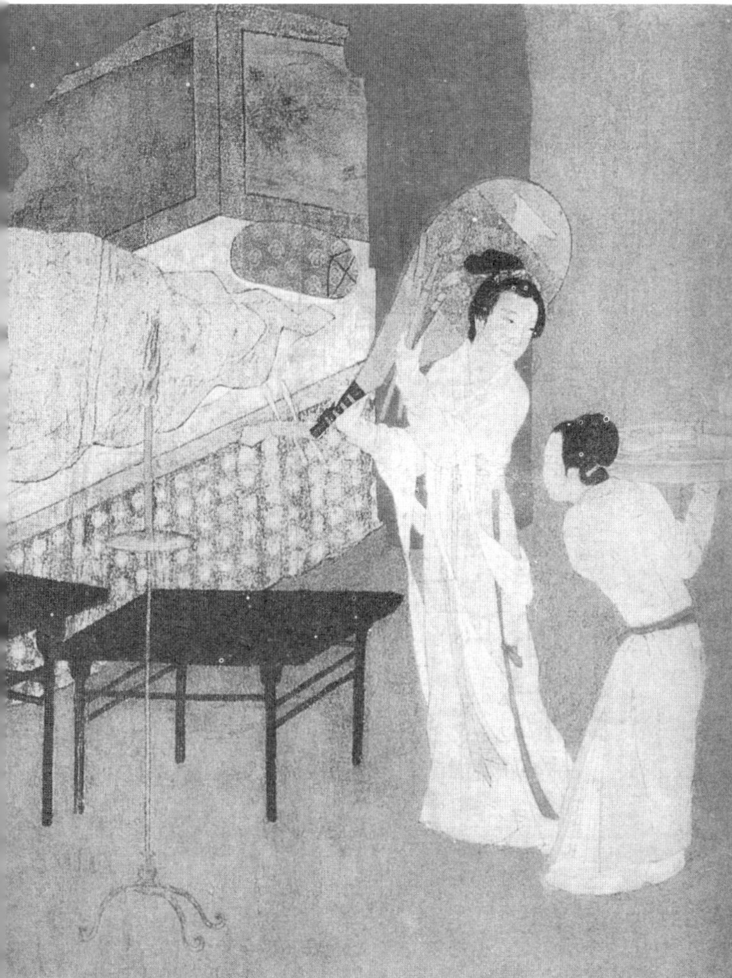

张大千为什么去国

张大千最后一次携妻徐雯波离开成都，搭乘军用飞机赴台北的时间是1949年12月上旬，即成都解放前夕。自此一别，直到1983年4月1日病逝台北，他再也没有回过大陆。离开大陆后，他先后旅居过台北、香港、印度、日本、巴黎、阿根廷、巴西、美国等地，最后定居于台北。足迹遍布欧美、东南亚，因此，他的去国之日大致可以从他最后一次离乡之时算起（据李永翘在《张大千年谱》中考证，他从成都搭飞机赴台湾之日是1949年12月6日）。

张大千为什么要在成都解放前夕离蓉赴台呢？关于这个问题，我曾请教过三四十年代长期在张大千身边学画的刘力上。刘力上告诉我说，大千先生在政治上是一个无党派人士，他无求于国民党，所以既不加入国民党，与国民党的关系也不亲近。只是与国民党的一些上层人物于右任、张群、罗家伦有些往来，但也仅止于艺术交往。因此不能把他的离乡赴台，看作是投奔国民党。至于他对共产党，去国前既无恩怨，也无往来。不过，1949年初，大千先生在香港曾应何香凝之求，为共产党领袖毛泽东画了一幅荷花，并题了“润之先生”的上款。此事刘力上亲耳听大千先生说过，张还反问力上知不知道润之先生是谁，如果说大千先生当时对共产党已有不满情绪，怕是不会题款相赠的。

我问刘力上，既然张大千对国共两党既无恩仇，也无亲疏，为什么又要离乡去台？刘力上回道，说大千先生一点儿也不怕

张大千自巴西
寄给友人的照片

共产党，不信“共产共妻”的传言，这也不符合实际。他对共产党的政策是有所耳闻，并存戒备之心的，这是一。二来，他考虑到，共产党新政府搞供给制，以后卖画给谁呢？如果不能卖画的话，今后他一大家子的日子怎么办？谈到这里，刘力上插了一段徐悲鸿托人捎信，邀请大千先生北上，许以月薪三千斤小米（当时北平艺专教授的最高供给）的故事，大千先生亲口对他谈起此事，他听后高兴地说：“好啊，老师，咱们一起去吧！”大千先生踌躇片刻说：“你老师一走，师母、师弟、师妹们郎格办？王灵官会放过他们吗？”表面上看，张大千是怕成都的军阀王陵基的捣乱迫害，实际上心里是在盘算三千斤小米够什么用。

刘力上从政治上和经济上分析了张大千离乡赴台的原因，

1948年4月17日李秋君率友人并大风堂门下在上海送张大千夫妇回成都。第一排自左三起：李祖韩、顾青瑶、杨浣青、李秋君、徐雯波、张大千、梅兰芳、李祖莪、张乃燕；第二排左起：张彼德、曹逸如、糜耕云、伏文彦、李祖明、顾景梅、李祖桓、谢稚柳、李祖元、陈德馨，右起：胡亚光、陈从周；第三排左起：张嘉德

应该说还是比较符合实际的，但是从思想根源上来剖析，张大千先生的老友叶浅予看得更为透彻："1949年蒋介石政权已退居西南一角，作为自由主义的艺术家，又依恋于中国的半封建半殖民地社会关系，对中国即将到来的革命，不但不能理解，而且会有反感。原因很简单，他怕在这个即将来临的新社会，没有他的用武之地，说穿了，他怕戴上反革命帽子，也许活不成。他所依附的'达官贵人'怎么也要把最后的大师从成都带走。"故而张大千要在成都解放前夕，搭乘张群亲自签署批准的军用飞机飞往台北。

关于张大千离蓉赴台的经过，已故原台北《时报》记者谢家孝在《张大千的世界》一书中有详细记载，此处不赘。这是一部张氏口述体的传记，在记述史料上比较客观，符合原意，但是在政治倾向上，却过于强化渲染了张大千的恐共、仇共的情绪。

张大千为何不回大陆

新中国成立后，中共高层领导曾多次过问张大千的回归问题。张大千的好友谢稚柳曾告诉我，20世纪50年代初，陈毅问过他，中国画家谁画得好？他说当然是张大千。陈毅又问，张大千现在何处？谢答在海外。陈毅让谢稚柳写信劝他回来。又据叶浅予回忆，周恩来也多次过问张大千，一次是让他和徐悲鸿联名写信劝张回国，一次是张大千在国内的家属捐赠了一批张大千临摹的敦煌壁画，周恩来获悉后，亲自指示文化部颁发四万元奖金，并过问奖金的分配，要留两万元给大千先生回来后用。除此以外，周总理还指示有关部门，择机动员张大千回国。《张大千的世界》一书中就先后记载了两次：一次是在法国的巴黎，中国商业代表团访问巴黎时，适逢张大千画展在巴黎赛那奇博物馆举行，代表团全体去看画展，并且设宴为张大千画展祝贺；另一次是在瑞士苏黎世，中国驻瑞士大使馆获悉张大千到瑞士的消息，由参赞出面到张大千下榻的旅社，邀请张氏夫妇出席大使馆为他举行的接风宴席。

张大千的态度是，对于亲友的劝说信件，或婉言谢绝，或不予回复。对于中共官方的宣传工作，能回避则回避，不能回避，就左右周旋。总之一句话，他不愿意回归大陆。

谢家孝在《张大千的世界》中，记载了1956年中国商业代表团“团长”（笔者按：实为副团长冀朝鼎）与张大千在酒宴上的一段对话。

> 团长：“上海一别，不知近况如何？”
>
> 大千：“国破家亡，亡命天涯，哪有什么好日子好过啊，欠了一身债！”
>
> 团长：“欠了多少债？”
>
> 大千：“不多，二三十万美金！”
>
> 团长：“人民政府可以代你还债，只要你肯答应回去。”
>
> 大千：“我张大千一生，自己的债自己了。想当年在敦煌，我也欠了几百条金子的债，人家说我发掘艺术有功，可以申请政府补助。我都不肯，我不管你说的是啥子政府，政府的钱是国家的，怎好拿国家的钱给私人还债？”

几巡茅台之后，宾主都已醉醺醺，主人站起来说：“张先生，你究竟站在哪一边，今天最好表明态度。”

张大千一拍桌子，站起来说：“我张大千行不改名，坐不改姓，向来站在哪一边，就站在哪一边。”

这段对话，在张大千的口中说得绘声绘色，活像单刀赴宴，活像鸿门宴。实际情况并不如此。据当时参加宴会的北京画家张仃回忆，行前他们受到了文化部副部长夏衍的委托，做海外艺术家回归大陆的工作，包括张大千在内。他是以装帧设计家身份随国际贸易促进会代表团参加法国博览会的，博览会结束后，又接到文化部通知，让他再参加文化代表团，团长侯德榜，副团长冀朝鼎，团员有作家李霁野、何家槐，画家王雪涛和他，音乐家郎毓秀。届时赶上张大千画展在巴黎举办，代表团去看了他的画展。关于与张大千会面，一共有两次，一次是在赵无极家里，由张仃出面邀请了几位旅法艺术家，一位叫常玉，一位是潘玉良，还有一位是张大千。这是一次小规模的聚会，彼此介绍一下海内外的情况，实际上是一次摸底会，摸底的结果是常玉想回国，但怕回国后没有合适的工作；潘玉良也想回来，又怕过不惯大陆的生活；张大千根本没有回来的意思。第二次是由副团长冀朝鼎主持，在一家华人餐馆开了一个小型艺术家的宴会，张大千也出席了这次宴会。冀朝鼎介绍了一下新中国的建设情况，当然也欢迎海外的艺术家回国，参加文化建设工作。由于事先已摸清了张大千的态度，所以宴会没有也不会逼张大千摊牌表态。可见这段情节，如果不是记者谢家孝的“妙

张大千铜塑像，旅法著名画家雕塑家潘玉良塑于1958年。现陈列于法国国立现代美术馆

笔生花”，那就是张大千摆龙门阵时随口编出来的故事。

这让人联想起书中的另一个在瑞士苏黎世的故事。张大千和夫人刚下火车到旅舍，中国驻瑞士参赞就跟进，掏出名片邀请他们到大使馆去赴宴，而张大千采用金蝉脱壳之计，摆脱了中国大使馆的纠缠。这则故事也靠不住。两个故事不管真假，但意思是一个，张大千不回大陆的态度是坚决的。

1981年，谢稚柳在香港答记者问时，谈到了张大千回大陆的问题，他的看法是：“我也希望他回去，但我决不劝他回去。原因有二：一是张大千自由散漫，爱花钱，在国内，没有这样的条件；第二，张大千自由主义思想很强烈，要是让他当人大代表、政协委员、美协理事等职，经常要开会，肯定吃不消。张大千这人，只适宜写画，不适宜开会，他不擅说话，更不擅做大报告。”谢稚柳是大千20世纪三四十年代的至交好友，对他的个性脾气自然了若指掌，这两点是从他的生活作风和个性上，道出了他不愿回归的原因。

除了谢稚柳说的两点原因外，还有两条是张大千不愿归来的重要原因，一是经济方面，二是政治方面，下面分而述之。

新中国成立初期，困难重重，百废待兴。人民政府的主要精力放在恢复与发展工农业生产，解决四亿多人民的温饱问题上。公私合营前，除少数私方人员外，绝大部分人员（从国家主席到小公务员、小职员）先实行供给制，后是低薪，衣食住行外，所剩无几。很少有人会用钱来收藏字画，艺术市场十分萧条，既无国内市场，更无海外市场，中国画没有出路。绝大多数中国画家改画连环画、年画或广告设计，有的从事美术教育，只有极少数画家（如齐白石）还能坚持卖画为生，但价格甚低。当年齐白石一幅画，只有几十元，还不太好卖。张大千自述：20世纪50年代初，他旅居印度大吉岭，曾接到齐白石的一封信（由香港友人转交）。信中“先是说人民政府如何照顾他，希望我也不妨回去看看。一个‘然而’大转弯，齐先生才表示出他的真心。他说他目前的生活很苦，他想寄两张画给我，问我在海外可否代他设法卖出，他希望只要一百美金就够了”。张大千阅信后，“赶紧请香港的朋友代我汇一百美金给他，我也回了信，自然不要齐先生寄画来”（见《张大千的世界》）。齐白石尚且如此，更不用说其他画家了。对张大千来说，有没有艺术市场（即卖画环境）是他安身立命的重要问题，这是张大千不愿回国在经济方面的重要原因之一。

张大千《我同我的小猴儿》

原因之二，张大千的家是一个大家庭，这个大家庭中有不少人需要他照料接济，诸如他的二嫂、三哥三嫂、四哥及两房夫人，都是年逾花甲或没有收入的老人（还不包括子侄辈中的困难户）。据了解，张大千在海外站稳脚跟后，每月按时给三哥三嫂一房寄的生活费是一百港币（约合人民币四五十元），这在五六十年代中小城市，相当于四五个人的生活费；一房如此，其他两房也不少。如果张大千回国，没有卖画的环境，不要说帮助这些亲友了，恐怕连他自己一大家妻儿的生活也难以维持。

最近，笔者从张大千的侄孙（三哥张丽诚的孙子）张之先处读到了一些张大千致张丽诚的家书，这批家书是六七十年代写的，信中所叙的多属家庭生活及手足之情。其中有一封写于1961年5月29日的信颇能说明问题，现摘抄如下。

三哥赐鉴：

老年弟兄天各一方，不得相见，惨痛万分！月初经过香港，曾托一门生兑上美金五十元。度此信到时，此款亦当收到，外寄砂糖二公斤、花生油五公斤、花生米二公斤、红枣一公斤、肉松二公斤、云腿四罐。则云须一月半或两月方可寄到……哥手示，拜读再三，哭泣不已。老年手足但求同聚，不计贫苦。弟之近况尚可慰，弟于万里之外，每年卖画可得美金万余，只是人口稍多，足够家用，无多蓄积而已（保罗夫妇及子女三人共五人，澄澄、满满、牛牛、阿乌、尕女、满女、丑女共七人，弟同弟媳二人，一家共有十四人，果园有柿子一千五百棵，每年可收四五千美金）……

张大千眺望八德园中的寒分亭

1961年，正值三年自然灾害期间，享有天府之国的川中盆地也在劫难逃，因政策失误而造成的“人祸”更是惨重，消息传到迁居巴西的张大千耳中，自然要焦急，因此托香港的学生，寄了一批食品给三哥三嫂，聊解口腹之欲。信中开列了一大篇食品清单，这是不足为奇的。令人感兴趣的是，在这封信中，张大千破天荒地也开列了一张他在巴西的家庭收支的清单。清单中的收入是卖画所得万余美金（约合人民币三万元）加上儿子保罗经营的果园收入四五千美金，支出是一大家十四人的生活费用。且不说张大千的卖画所得是否打下埋伏（据悉，张氏精品按当时的行情，一幅至少上千美金），即使按卖画年收入万余美金来计算，当时在国内是绝不可能有此收入的。至于张大千在信中所说“只是人口稍多，足够家用，无多蓄积”云云，则有点“叹苦经”了，叹“大有大的难处”，是怕老家亲友认为他在海外发了洋财，狮子大开口，要钱要物。闲话少说，一篇食品清单，一篇收支清单，两相对照，很能说明他不能回大陆的经济原因。

从政治上看，五六十年代政治运动不断，“土改”“肃反”“三反五反”“整风反右”“反右倾”“社教”，一直到“文化大革命”。这些政治运动，张大千虽然不明究竟，但是他有一些亲友和画界朋友在运动中受到了各种伤害，通过香港的新闻媒介和亲友书信的传递，他对共产党的政治运动产生了反感。更有甚者，有关他的传闻，也通过香港友人之口传到了他的耳中，用他自己的话来说是：“大陆沦陷之初，共产党对外对内一直是大骂张大千的，骂我是资本主义的装饰品，骂我生活腐化，骂我盗窃了敦煌艺术品……”（见《张大千的世界》）说张大千一点儿也不想回来看看，看看故乡的亲人，看看老朋友，有点不近情理，但是他心里的确真害怕，怕扣住他不放，怕扣住他算账。

可以设想一下，倘若张大千 50 年代果真回国了，他能平安无事地度过这一次又一次的政治运动吗？即使“反右”这一关“保护”过去了，“文革”这一关是怎么也躲不过去的。这也是张大千迟迟不归的根本原因。

怀乡与爱国

张大千的怀乡感情，最集中地反映在他的诗词中。他一生究竟写了多少诗词，很难有精确的统计。因为他即兴题画，应酬诗词很多，随手题写，随手赠送。他的乡友乐恕人教授在编辑出版的《张大千诗文集》中，收录了诗五百八十首、词十七阕半，嗣后我与张大千的学生、常熟诗人曹大铁又在《张大千诗文集编年》中增补了诗一百七十三首、词七阕。数年后，我又在公私藏家处发现十余首诗词，发表在香港《大成》杂志上，若将辑录的诗词加起来，共有近八百首诗词。这是不是总数了呢，不敢说。但有一点儿可以敲定，他一生的诗词怕不会超过千篇。

通读张大千的近八百首诗词，我认为他的诗词写得最好的是旅居印度大吉岭时期，其次是迁居巴西八德园时期的。而在这两段时期写得最好的诗词，一是怀乡，一是怀友。

张大千在印度大吉岭前后住了不到一年。这一年对他来说，是经济上最拮据的时期，原因是他的画尚没有打开销路，住在山里吃老本，“坐吃山空”。但是这段时期又正值盛年，他刚年过半百，无论在精力上，还是视力上都是最佳时期，住在山里又极少应酬，因此这段时期，正是他的绘画诗词创作最勤奋、最工细的时期。从现存的《大吉岭诗稿》手抄影印件中可以看出，他写了改，改了圈，圈了再改，数易其稿，可谓极尽推敲苦吟之能事。诗稿中有一首《题得句图》，可以窥见他苦吟诗句的一斑：“穷年兀兀有霜髭，癖画淫书老更痴。一事自嗤还自笑，断炊未废苦吟诗。”可以断炊不食，但诗却不能不吟。

张大千旅居大吉岭是20世纪50年代初春，这是他离乡去国的第一站。因此心里最惦记的是家乡的妻儿乡亲，因此诗稿中有好些诗是读了家书后作的，有时他就以诗代替家书，寄了

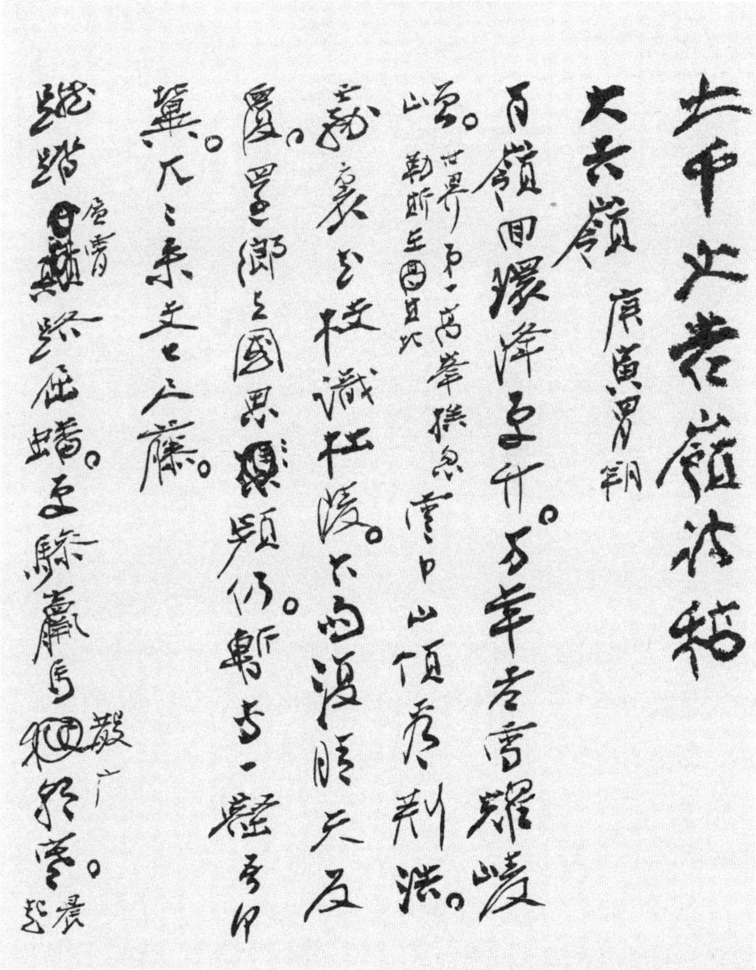

张大千所书《大吉岭诗稿》首页

八德园

回去。“万里山隔衡阳远，望断遥天雁字难。总说平安是家信，信来从未说平安。”从这首诗中可以看出他读了家信后的焦虑心情。据笔者所知，张大千留在成都的家属子女众多，家累较重，写信叹苦经在所难免，读了这些家信，自然要引起“万里山隔”的张大千的不安。

张大千的不安，除了来自家人的诉苦，更多的还是对故乡的政治形势变幻莫测的困惑与恐惧。在《梦回枕上作》一诗中，他这样写道：“家书压枕啼号满”“多难故山怨猿鹤”“浮天又见横流脉，认作承平为一嘘”。新中国成立之初，第一件事是搞

“土改”，镇压“反革命”。张大千认识的友人中也有人被镇压，此事传到他耳中，自然要引起他的猜疑了。“浮天又见横流脉”表面上是写景，实际上是抒情，抒怀念故乡“不承平”之情。

大吉岭的山川景色虽然很美，但是作为一个身居异域的游子来说，仍免不了产生“山川信美客思家”、“理梦深惭负首丘”的心情。负首丘也就是对故土有负疚感。难怪又会产生“故乡无数佳山水，写与阿谁着意看？”在异国又有谁来“着意”观赏中国的佳山水？

苦恋故乡，苦恋故国，在几十首大吉岭诗稿中表现得十分充分。当然毋庸讳言，在这些诗稿中，也流露了他对共产党政府进行“土改”“肃反”运动的不理解，乃至不满和怨恨情绪，这对一个远居国外又关心祖国命运的张大千来说，是不能也是无须苛求的。

较之印度大吉岭来说，张大千迁居巴西数年后，由于他的画打进了巴黎博物馆，打进了世界艺术市场，经济收入起了较大的变化，其心情也随之一变。张大千在巴西圣保罗市牟吉镇旁发现了一块风景酷似成都平原的地方，于是耗资八十万美金买下了有两百多亩土地的农场。为了纪念故土，他将“圣保罗”音译为“三巴”，寓意为四川古时的巴、巴东、巴西三郡，又将译音“牟吉”谐音为“摩诘”。他积数年之功，按照中国园林的特点营造了“八德园”。为何叫八德园呢？用他自己的话来解释：“因为我那个园子，原是别人种柿子的农场，有一千多株柿子，我是以柿来命名的，我们古称‘柿有七德’，就是说柿有七种好处，后来我又知道柿树的叶子泡水，吃了可以治胃病，再

张大千在八德园柿子树下

加一德，故称‘八德园’。”

在八德园中，他开辟了人工湖，园中有笔冢、竹林、梅林、松林、荷塘、映鱼石、下棋石……纯粹是中国格式的一座园林。他天天住在八德园中，喝着中国茶，吃着中国饭菜，按照中国的传统过年过节，与全家人说着四川话。在这种环境下生活的张大千，是否乐不思蜀，忘了故乡呢？没有。请看他的《怀乡》：

不见巴人作巴语，争教蜀客怜蜀山。
垂老可无归国日，梦中满意说乡关。

1976年思乡心切的张大千从美国回到台北定居，自己掏钱购地建屋，名之曰“摩耶精舍”。图为张大千在摩耶精舍园中赏荷

摩诘山城酷似成都平原，但山城四周见不到一个说巴山乡音的巴人，怎不教这个老蜀客不思念巴山蜀水？请看诗跋：“投荒南美八年矣，曰归未归，眷念故山，真如梦寐中事……”这位老蜀客也只有在梦中才能满意地诉说乡关了。

说是满意，也是无奈自嘲的反语，聊堪自慰而已。在《青城老人村》两诗中，更进一层写出了他频频入梦思念故乡的苦楚：“万里故乡频入梦，挂帆何年是归梦。”（其一）“投荒乞食十年艰，归梦青城不可攀。”（其二）故乡频频入梦，可望而不可即，一梦醒来，只能在诗中“含毫和泪纪乡关”（其二）。

怀乡，思念故国故乡，是客居异国异域的游子爱国情怀的具体表现。何谓爱国？有人说，爱国就是“千百年来筑固起来的对自己祖国的最深厚的感情”。张大千浪迹海外三十多年，时时处处不忘自己是一个中国人，时时处处保持着中国人的尊严和国格，坚持穿中国衣，吃中国菜，说中国话，读中国书，画中国画，无论身居何地，不入外国籍，保留中国国籍，离乡去国越久，思乡念国越烈，最后叶落归根，回到了祖国宝岛台湾。试问，这样一个艺术家，难道还不能称之为具有爱国心的艺术家吗？

致三哥张丽诚

张丽诚（1884—1977），学名正齐，又名信，大千的三哥，亦是大千早年从艺的经济资助人。曾经营苏广杂货、振华布店，与人合股开办福星轮船公司，并出任贵州江华烟厂的经理。其妻罗正明，即大千的三嫂。幼年的大千是三嫂带大的，故大千视之如母。

三哥张丽诚与三嫂罗正明

张大千为三哥所绘《松凉夏健人》，画上写着："辛酉四月二十九日寄呈丽哥明嫂视弟腕尚能弄笔否，八弟爰。"

1957年8月31日

三哥左右：

顷得来示，欣喜万分。弟以人众多，谋生不易，只得东奔西走，是以回国不易。所幸身体尚健，弟媳及侄辈亦均平安。弟画能（衍文）尚能值钱，赡养家口，若只弟一人，则当早归也。成都方面兑款未断，哥手头不宽，毋须接济也。近影数张寄回，哥嫂赐鉴，望随时赐示，以代晤言。专叩刻安。

弟爰大千，八月卅一日

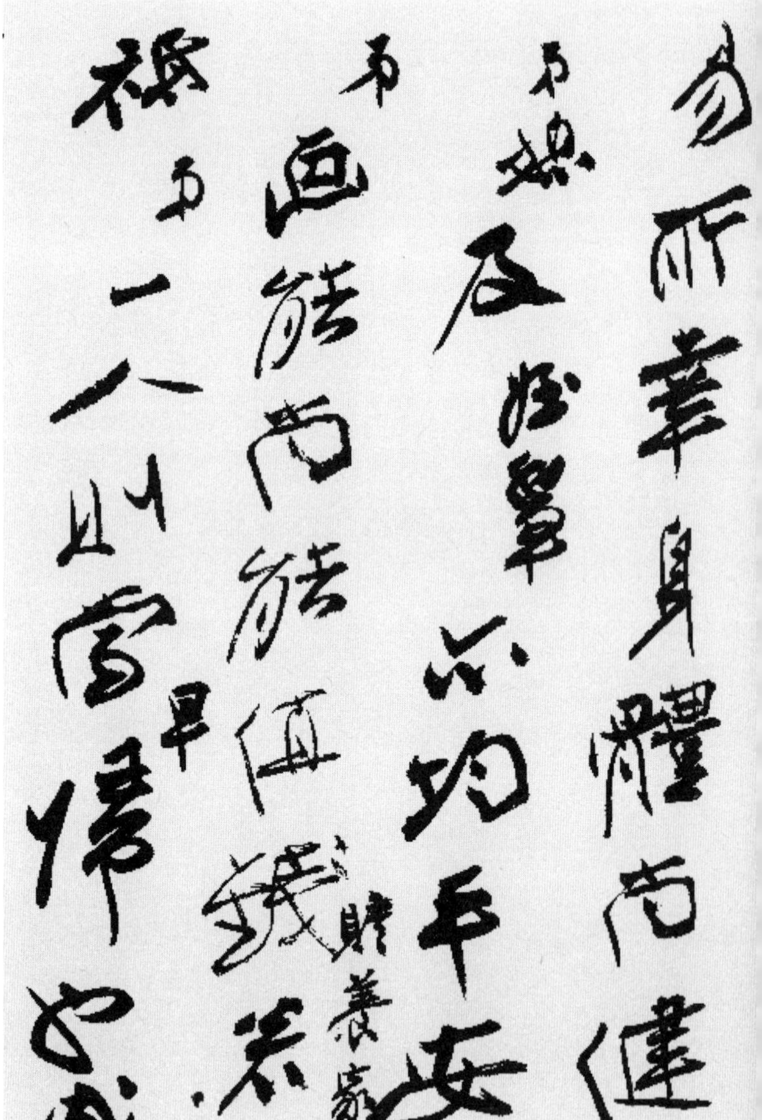

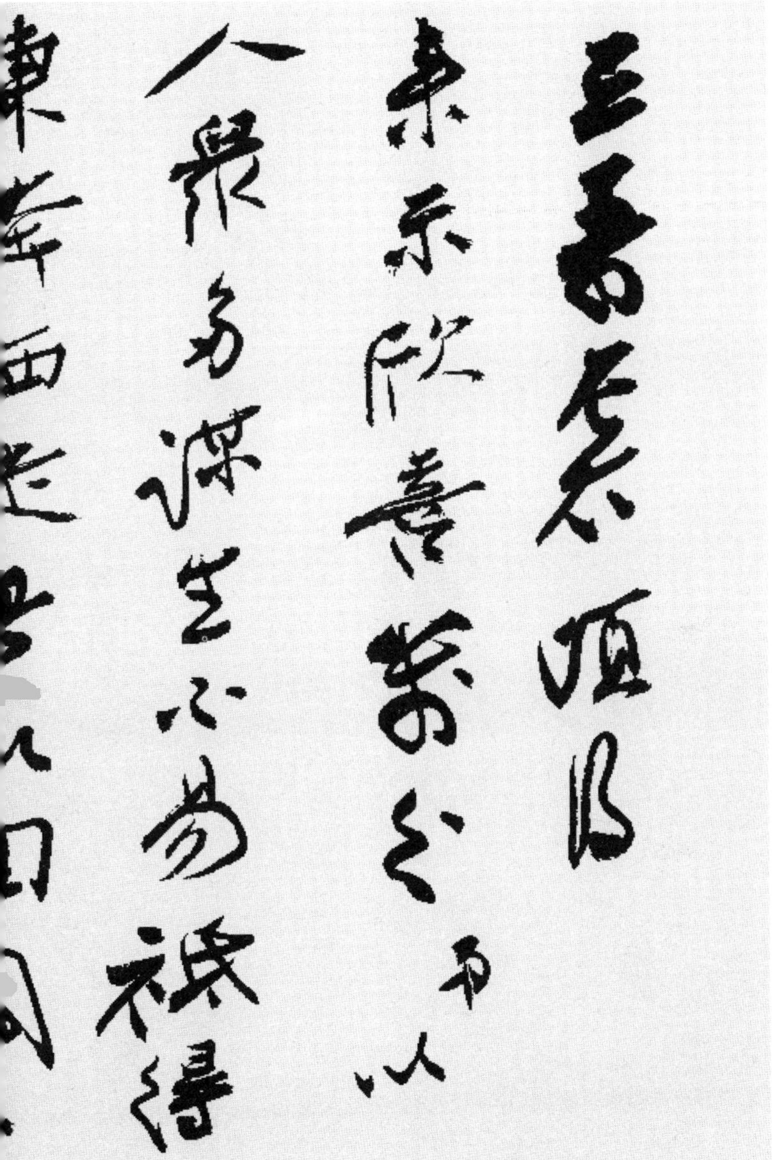

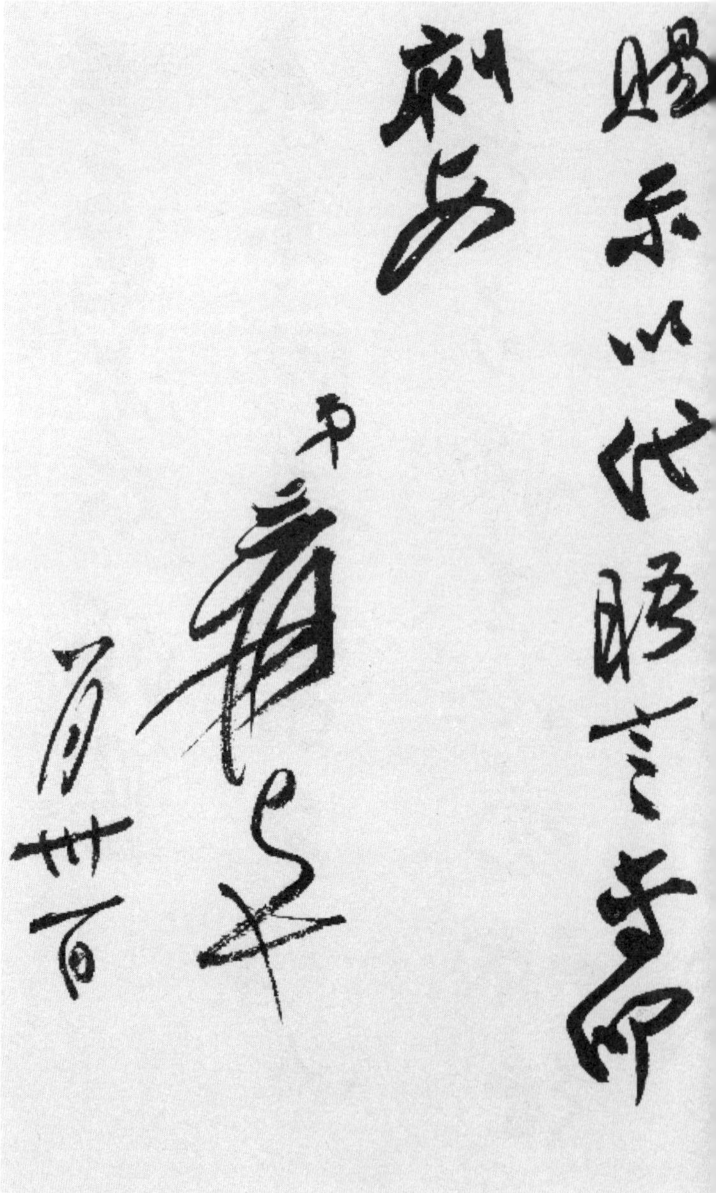
赐示以便转告

爰

解读

大千致三哥的这通家书，从内容上推断，写信年代很可能是1957年。为什么要断在这一年呢？1956年夏天，张大千在巴黎东方博物馆及卢浮宫美术博物馆，先后举办了“临摹敦煌石窟壁画展览”及“张大千近作展”，两次画展均获成功。画展期间，张大千还会见了毕加索，并互赠画作。由此张大千在国际艺坛声誉鹊起。

张氏画展期间，正值世界万国博览会在巴黎举行，中国派出了一支庞大商业代表团赴巴黎与会，该团副团长冀朝鼎与美术界代表王雪涛、张仃一起宴请旅法中国画家赵无极、常玉、潘玉良，张大千也在邀请之列。当时，彼此聚谈甚欢。据张氏回忆，冀朝鼎曾询及他的生活及去留，并劝其回归大陆。

此后，大陆官方不断委托张氏在大陆的亲友、门生写信劝其早归。张丽诚是张大千的同胞手足，也是大千的至亲兄长；其妻罗正明又是抚养过他的长嫂，长嫂若母，大千视同母亲。由他们出面劝归，动之以亲情，效果也许更好，估计就在这种情势下，张丽诚奉命写信。

张大千在回信中，略作寒暄，针对三哥的劝归答复道：“弟以人众多，谋生不易，只得东奔西走，是以回国不易。所幸身体尚健，弟媳及侄辈亦均平安，弟画尚能值钱，赡养家口。若只弟一人，则当早归也。”

据悉，早在新中国成立不久，大陆官方就委托大千亲友劝其回归大陆。徐悲鸿曾委托在印度的学生探望过处于困境的张大千，并劝其早日归来。据说也是在徐氏的斡旋下，上海曾网开一

1958年，张大千所作《秋海棠》获纽约国际艺术协会颁发的金质奖章，被媒体誉为“当代世界第一大画家”。图为张大千、徐雯波夫妇与著名艺术评论家高居翰（左二）等合影

面放出大千四个子侄赴澳门探亲，劝其早归。

1956 年国内的政治环境比较宽松，毛泽东向文艺界、科技界提出了“百花齐放，百家争鸣”的双百方针，上海、北京相继成立画院，吸收了不少知名画家为专职画师。据说周恩来还亲自过问北京画院院长一职要留给张大千回归后就任。北京画院成立不久，北京有关方面又委托该院副院长、张氏密友于非闇代表老友叶浅予、谢稚柳及早期学生刘力上撰写《怀张大千》一文，刊发在《文汇报》上（1956 年 12 月 4 日）。于氏在这篇文章中提到，近年宴请自川来京开会的张文修时，就不约而同地想到张大千，

50 年代中期，张大千在八德园的全家合影。张大千、徐雯波夫妇居中，左起子心澄、心夷、心印，女心娴、心声、心沛、子心一。长孙张承先则站在最后排中间

张大千与夫人徐雯波
摄于巴西

文章还说："前两月，我和谢稚柳、叶浅予、刘力上吃'恩成居'，但是谈到张大千，大家又一次体会到'举座为之不欢'是怎么样的滋味！"谁知远在大洋彼岸的张大千却不为所动，张氏未置一词，不予复答。也许正是在张氏诸多老友劝归不成后，张丽诚才写信的。

张大千致三哥的这封回信发出之时，国内的政治风云突变，反右斗争轰轰烈烈。在县城银行工作的九侄张心义，也在第二年被莫名其妙划成"右派"，下放劳动改造，降职降薪，只发生活费。张丽诚老夫妇本由张心义奉养，而今张心义下放后，上有两老，下有四小，张丽诚不要说接济成都亲族，连自身也难顾了。由此看来，张丽诚致信大千，劝其归来，不可能写于1957年反右及“大跃进”之年，至于1960年倒有可能。1960年是三年自然灾害的头一年，也许中央关于可以向海外投亲靠友的文件已经下达，张丽诚闻讯，打着劝归的名义投石问路。可惜，当年的收信人和写信人都已仙逝，连唯一能看到此信的见证人——被张大千信中称为九侄的张心义，也于2008年夏天故去了。这封信究竟是写于1957年还是1960年，笔者也实在难以判定，姑且存疑。以理推之，五六十年代还应该有若干信件，不然，由张丽诚劝归到张大千劝张丽诚夫妇出国探亲很难衔接上。有一天，这些信件也许会浮出水面，我期待着。

1961年1月23日

三哥三嫂：

弟原定一月动身到巴黎，今以家中琐事，故改于二月十五始去。哥嫂申请已得允准否？来信仍交巴黎郭博士转为盼。每月寄哥嫂之人民币四十余元，计此时香港已无余款，恐将断一二月，弟正在托人续兑也。申请获准，弟得信即兑旅费，千祈安心。弟在欧洲得到哥嫂动身确期，即来香港迎候。香港二三月已暖，但重庆至武汉一带仍属寒冷，务望一路注意衣服，过了衡阳，便渐温暖也。弟臂膀仍痛，近日贴狗皮膏，稍见效。九侄媳所需表，已函港友代购，寄到须缓时日也。

一月廿三日，八弟爰书

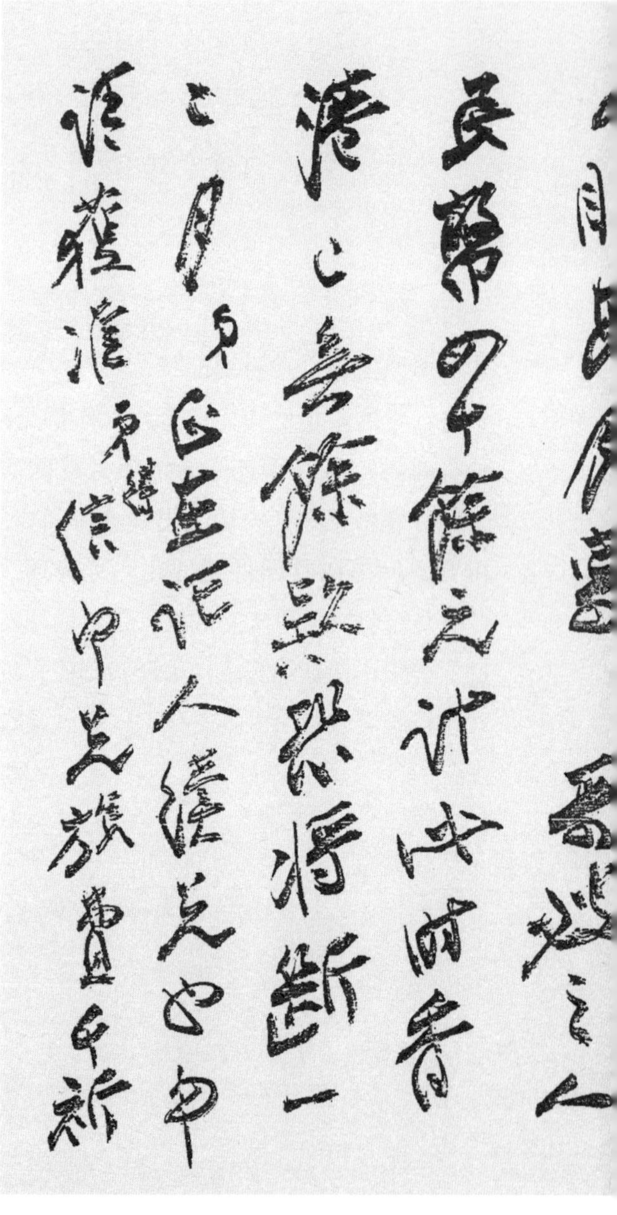

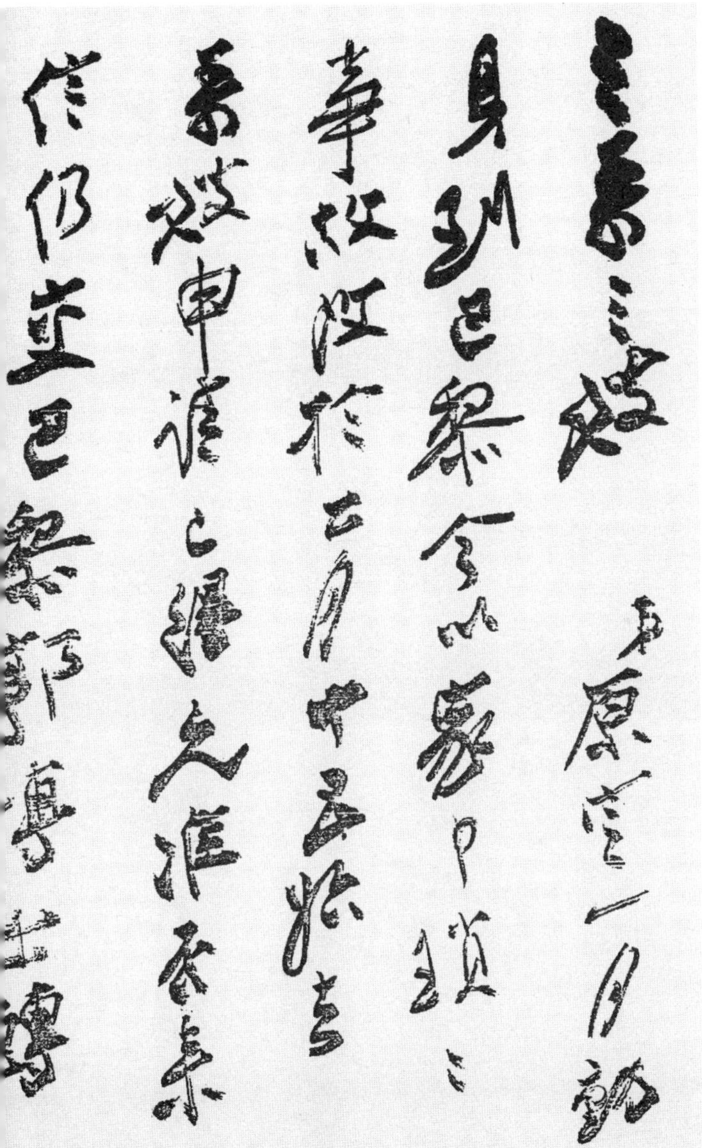

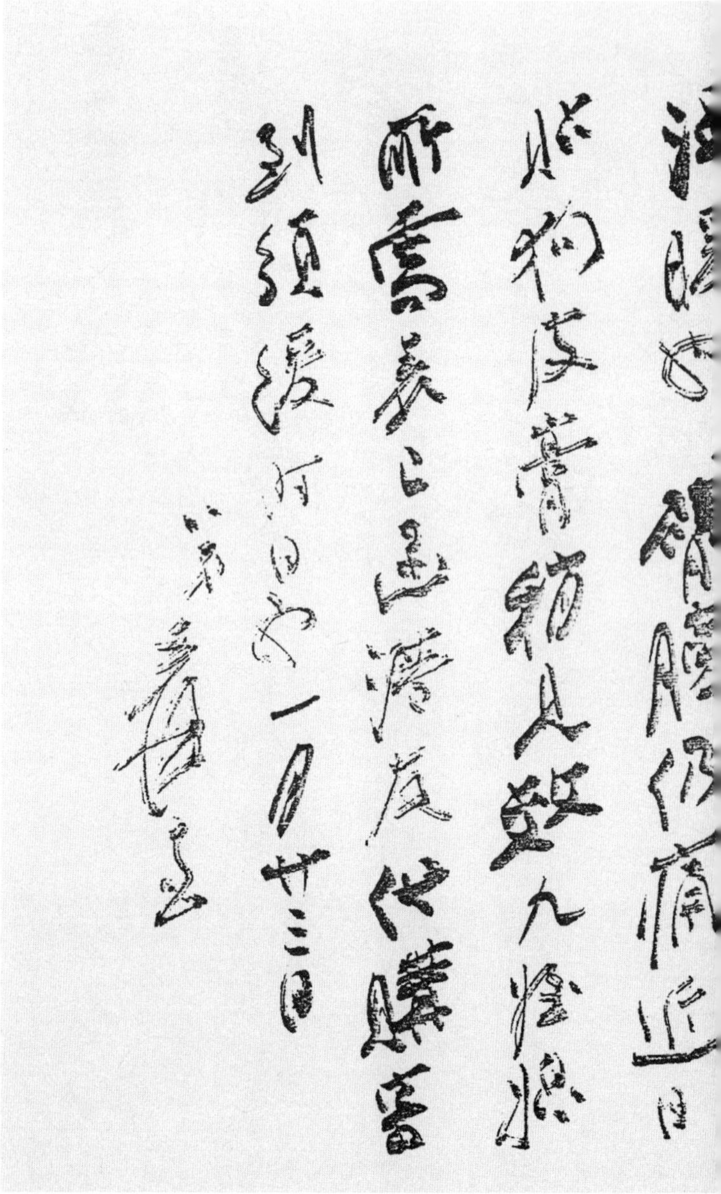
一月廿三日

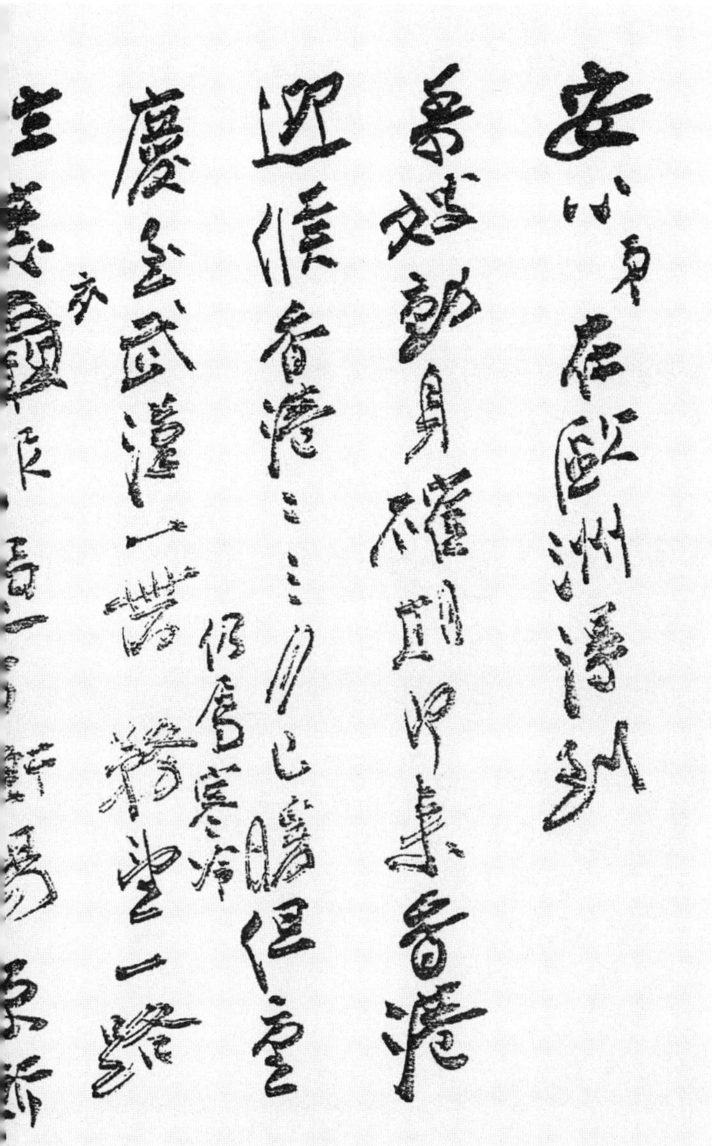
安以東在歐洲漂泊
[illegible]

解　读

这封信是现存张大千致三哥张丽诚家书中较早的一封，时在1961年1月23日（农历十二月初七）。从信中探问三哥三嫂申请赴港允准与否的内容来看，此前应该还有一些信件。至于张氏兄弟50年代的通信，始于何时，尚有多少？却是一个未知数了。

众所周知，1959—1961年中国内地发生了三年自然灾害，四川是全国农业大省之一，自然在劫难逃。鉴于自然灾害造成城乡食品供应的极度紧张，自1960年起，人民政府网开一面，允许海外华侨向内地居民寄赠食品，而内地居民也可申请赴港澳探亲

张大千赠郭有守
《大千狂涂》册页之一

郭有守在八德园张大千自立笔冢前

（投亲靠友）。正是利用这个机会，张大千不断向内地亲友寄赠食品和生活用品，并先后向几位亲人——上海的杨浣青（二嫂，又称浣嫂）、简阳的三哥三嫂张丽诚夫妇，以及两个女儿张心瑞、张心庆——发出邀约赴港探亲。

三哥张丽诚生于1884年，此时年近八旬，而三嫂罗正明也年逾古稀。张大千十分关心三哥三嫂的健康安全，迫切希望在他们的古稀之年能见上一面，从旅费、行程路线、气候等无微不至的交代中，可见兄弟挚爱情深。

信中提到的巴黎郭博士，即是留法经济学博士郭有守。郭有守，字子杰，四川资中人，在家行四，比大千小一岁，故大千呼子杰为四弟，而子杰称大千为八哥。1956年张大千首次赴花都巴黎举办画展，就是下榻在郭有守家中。嗣后，张大千多次赴欧洲各国举办展览或游历观光，途经巴黎，都在郭家下榻。郭有守陪伴他畅游欧陆名都古迹，观赏山水风光，并观摩各地博物馆的中外名画，对张氏后来改变画风，拓宽视野，极有助益。两人关系非同一般，所以旅欧家书托付郭博士收转。

顺书一笔，张氏在海外友人家中，绘赠书画最多者当推郭有守，粗略统计竟有上百幅之多。后因郭有守仓促回归大陆，藏在巴黎的字画全被国民党情报机构收没，现藏台北历史博物馆。

1961 年 2 月 19 日

三哥三嫂：

由于家中的事多，弟迟至十二日始飞巴黎。哥的挂号信五号以前到了巴黎，朋友们看见是挂号信，就即刻转到巴西去了，真不凑巧。现在弟又飞东京，要停留个把月，希望哥即刻回一电报交香港，电报挂号是（3052），说明已经请准了出来没有。要兑多少人民币，香港的朋［友］会用长途电话通知，弟即时兑钱回，更望跟即来一封航空来信，弟好准备到港等候。这封信是在十九日上飞机前写的（明晨九时起飞），但是等到廿一日午后五时到了香港才付邮，这样于时间可以快得多。

八弟爰大千，二月十九日

来信交香港九龙加拿芬道（十二号加芬大厦）东方艺术公司即可（高岭梅相转）。

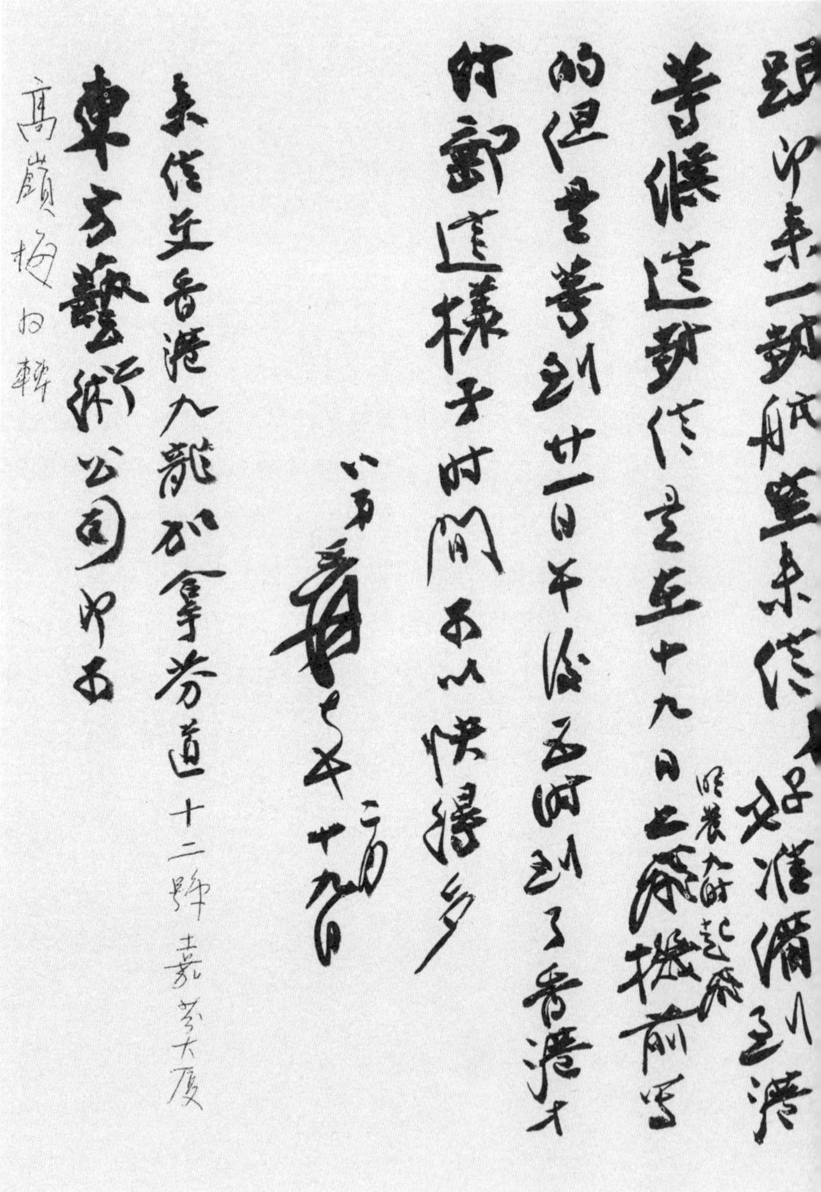
頭即來一封航空來信，好準備到港
等候這封信至十九日之飛機（照舊大約時起飛）前寫
的，但是等到廿一日下午五時到了香港才
付郵，這樣子時間可以快得多
八弟 爰 [illegible] 二月廿九日
來信交香港九龍加拿分道十二號嘉蘭大廈
東方藝術公司即可
高嶺梅收轉

三哥三嫂：由於家中的事多，乎遲覆。十二月
嫂嫂已來，來的掛號信及像以前到了巴
黎，朋友們寄來的掛號信就印刷轉到巴
西去了，真不湊巧，現在弟又飛東京，要
停當個把月，希望弟印刷圖一幅報
交香港電報掛號(3052)説很久沒請准
了出來，沒有要美多少人民幣，香港的朋
友周長(?)畫源角(?)六弟中付美幾田更笑

解　读

这封信是继前信追问三哥三嫂申请赴港获准了没有，两信相隔 27 天，期间三哥曾复一封挂号信，寄到巴黎郭有守博士处，郭氏收到此信，见是挂号信，怕有急事，马上将信转寄巴西。阴差阳错，孰知张氏提前飞到巴黎，故此信未能见到。张氏惦记三哥三嫂获准与否，生怕要在东京逗留个把月，途中误事，所以迫不及待在巴黎机场上飞机前写了此信。为了及早寄到三哥三嫂手中，有意将此信带在身边，待经香港转机时寄出，“这样于时间可以快得多”。可见张氏盼望与三哥三嫂会面的急切心情。

大千嘱三哥回信寄香港九龙加拿芬道东方艺术公司。东方艺

1961 年张大千与友人高岭梅夫妇（右一、右二）在香港格兰酒店参加郎静山（右三）七十寿宴，图为他们同观画扇

术公司是大千老友高岭梅开设的经营书画艺术品和书刊出版物的公司，高岭梅也是大千在港的经纪人，除了经营大千书画外，还兼办大千寄内地亲友的钱物书信。大千绘赠高岭梅的书画颇多，有《梅雪堂藏张大千画》行世。1961年2月下旬，张氏飞东京途经香港之日，正是《张大千画》在东方艺术公司出版发行之时。从书名来看，像是一部张大千的画册，实际上却是张氏论说画理画法，类似《芥子园画谱》示范技法的中英文对照画谱。由张氏口述，曾履川笔录，姚莘农英译，高岭梅编辑出版并为之作序。这是张氏出版的第一部也是唯一一部中英文对照的画谱，线装布封，彩色胶印，装帧精美。

东京是20世纪五六十年代张氏多次驻足旅居之地，原因之一是中日书画源远流长。大千多次在东京举办过画展，他的四卷本《大风堂名迹》巨制就是1956年在东京出版发行的。二来是日本的画具、颜料制作精良，50年代他在东京物色了一家名叫“喜屋”的画具专卖店，选购笔墨纸砚，并在店楼下榻。店主还雇用了两位日本小姐来侍候大千起居，其中的一位姓山田的女子，面貌姣好，聪明伶俐，颇得大千喜欢。这位山田小姐，表面上是他雇用的秘书，实际上是张大千在日本的情人。三则日本的富士山和梅花也是吸引大千驻足观赏的重要因素。这次他在东京逗留月余，怕要与山田小姐幽会和观赏梅花不无关系。须知早春二月，正是梅花初开的季节！

1961年5月29日

三哥赐鉴：

老年弟兄天各一方，不得相见，惨痛万分！月初经过香港，曾托一门生兑上美金五十元（合人民币一百廿二元）。度此信到时，此款亦当收到，外寄砂糖二公斤、花生油五公斤、花生米二公斤、红枣一公斤、肉松二公斤、云腿四罐。则云须一月半或两月方可寄到，不知去年在巴西所寄之食物收到与否。弟一人在法国，大约六月十二飞回巴西。哥回信仍寄巴西为盼。今晨弟媳由巴西转到一月廿四日（腊月初八日）哥手示，拜读再三，哭泣不已。老年手足但求同聚，不计贫苦。

弟之近况尚可慰，哥（弟之误笔）于万里之外，每年卖画可得美金万余（合人民币三万上下），只是人口稍多，足够家用，无多蓄积而已（保罗夫妇及子女三人共五人，澄澄、满满、牛牛、阿乌、尕女、满女、丑女共七人，弟同弟媳二人，一家共有十四人，果园有柿子一千五百棵，每年可收四五千美金）。万望哥与三嫂申请同时出国，来香港会晤，弟得与哥嫂见面，决计同回。若哥嫂不能同来香港，则弟亦决不归矣！

哥嫂来港见面之后，使弟完全了解国内情形，弟即将农场、汽车、房屋卖了可得四五万美金，随侍哥嫂回到国内居住也。

从下月底，弟仍按月与哥兑人民币四十元为日用，若是请准了出来，赐信，弟便兑旅费回来。只要哥嫂到了上海，弟就飞到香港来等。三嫂是我们家里的一位老嫂子，弟小的时候，穿衣做鞋洗澡，都是她照料的，弟真是当她同母亲一样。现在弟成名了，无以报答，只希望今生今世能多见几面，只要能够在香港见面，弟决定一同回去的。但是弟有请求，千万不要代（带）了孙儿一路，第一哥嫂在旅途不便，第二旅费太大，要多用几百元，香港进口，更要花钱得多。何不将多花的钱交与九侄媳，留与侄孙儿衣穿饭吃，两三年也有多了。

哥所要的原子锅，据弟知道的，国内是不许寄进口的，但是弟仍托香港门人试办看看。九侄所要的表，那是绝对不可以进口的，前年二嫂来，要带一只表，都没有办到，随身一枝（支）自来（水）笔，在香港广东交界的地方，都被扣了。只有等十天以后，兑点钱与九侄，叫他自己在国内买吧。请哥嫂保重和继续申请。敬祝平安万福！

八弟爰叩头上言，五月廿九日

弟目疾未加重，尚可写画，祈释念。

[illegible]

得美金[illegible]（合人民币三万七千）除[illegible]一人[illegible]稍多之数，[illegible]用之多蓄积（保罗夫妇及子女三人共五人[illegible]）

而已。方望素与三嫂申请同时出国来香港会（及女满女[illegible]女共七人，弟同弟媳二人一家共有十四人，果园有柿子[illegible]）

晤。弟得与素嫂见面，现计同回家（？）。素嫂不能同（百棵，每年可收四五千美金）

来香港，则弟亦决不归矣。素嫂来港见面之后，

俟弟筹（？）金了解国内情形，弟即将农场汽车房屋

卖了，可得四五千美金，随带素嫂回到国内居

住也。从下月底弟仍拟月与素嫂人民币四千元

为日用，若（？）[illegible]汇不出来，[illegible]弟便[illegible]回来。

祇要素嫂到了上海，弟就飞到香港来等三嫂

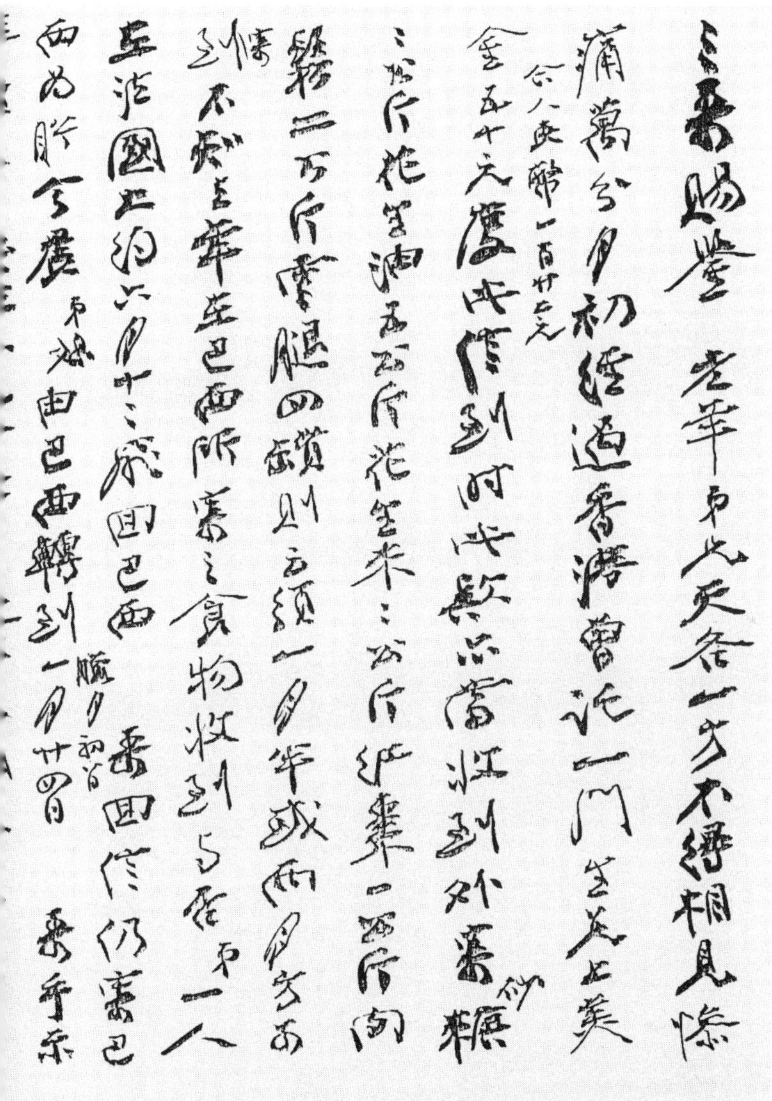
三三哥賜鑒：老年弟兄天各一方不得相見悵
惘萬分。月初經過香港，曾託一門生范美
合人民幣一百廿元
金五十元匯出，到時此款只當匯到外買砂糖
三四斤，花生油五六斤，花生米三四斤，白砂糖一兩斤，肉
鬆二兩斤，雲腿四兩，實則只須一月半載兩月方可
懷到。不獲多年在巴西所寄之食物收到與否。弟一人
在沙國上約六月十二飛回巴西，兄回信仍寄巴
西為盼。今晨弟媳由巴西轉到一月廿四日臘月初旬
爰再拜

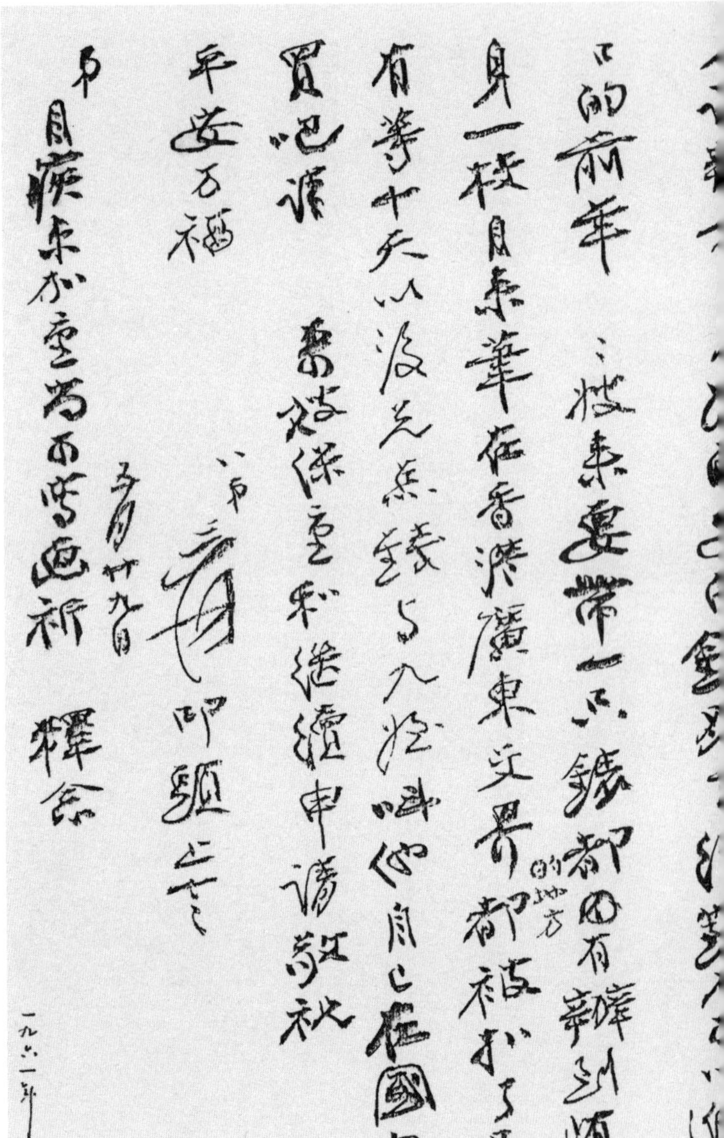

〻的前年〻〻收来要带一〻〻钱都因有辦到通
身一枝自来笔在香港广东交界的地方都被扒手〻
有等十天以後先拿钱与九姪叫他自己在国内
买吧　请　秦伯代候保玉彬继续申请敬祝
平安万福　　　八弟　爰　即题　二七
弟　　　　五月廿九日
目疾来尔要写可写过析　辉念

一九六一年

是我們家裏的一位老姊子，小的時候穿衣做
鞋洗澡都是她照料的，真是當她母親一樣。
現在，成名了，無以報答，祇有望今年廿錢兒錢多回
要錢發至香港見面，洪堂一同回去的，但是，
有請求，千萬不要代了孫兒一路，一番告之，又左旅
途不便，之之旅費多用幾百，香港進口，更要花
錢得多，何不將多花的錢交與九姪，姪留與孫兒
衣穿飯吃，兩三年也有多了。我所要的原子鋼撐，
……道的國……

解 读

此信情真意切，语重心长，洋洋洒洒写了上千言，是这批家书中的上品。

信中劈头一句“老年弟兄天各一方，不得相见，惨痛万分”。令人读了心动，既动三哥心魄，更动其他看信亲友及有关看信人的心魄。接着写途经香港托门生寄钱寄物之明细，并带出去年（1960年）巴西寄物是否收到之事（据后信所云内地不得进口，又退回巴西）。所寄美金五十元似是若申请获准，权作部分旅资及手续费之用，而非每月百元港币（约合四十元人民币）的生活补助。所寄食品均为内地市场需凭票供应的食品（今天看来实属平常，而当年却为稀罕奇缺物品），更何况钱和食品还不是光寄一家，还有其他几家亲人，可见大千对故乡亲人的一往情深。

三哥1月24日的回信，5月29日晨才由巴西转到，邮途辗转四月之久（巴黎至巴西一个来回），真是邮途连四月，家书抵万金了。难怪他读到了这封望眼欲穿的家书，要“拜读再三，哭泣不已”了。三哥的家书深深地打动了八弟，八弟在哭泣之后，呼出了“老年手足但求同聚，不计贫苦”这样动人心魄之语。

值得说明的是张大千20世纪60年代前后在海外生活的近况。众所周知，张大千是一个以卖画为生的职业画家，60年代前后，张大千在海外艺术市场的实际收益究竟如何？这是当年内地亲友十分关注的，也是今天读者很想了解的。

由于东西方艺术审美观念的差异，中国画很难被西方人欣赏和接受，当然也很难打入西方艺术市场，海外中国画的市场，主要还在港澳华人收藏家群体中。欧洲人士（包括华人）真正认知

张大千《瑞士山水》

1956年6月张大千在法国坎城毕加索别墅——加利福尼亚宫——与毕加索相聚

张大千，是在1956年以后，也就是在他进军欧洲艺坛，在巴黎举办画展，与毕加索会晤，又相继在布鲁塞尔、雅典、马德里、日内瓦、圣保罗等西欧各地巡回画展以后，西方人士才知道中国有个大胡子画家张大千。用大千对三哥的话来说是“现在弟成名了”，一举成名天下知。据说邮寄巴西圣保罗的信件，只要画上大胡子头像，不用写地名，就能直达张氏八德园。

常言道，名利双收，名利是双胞胎，有名才有利。大千既已名满天下，是否财源滚滚了呢？他的卖画收益究竟如何？请看信中自述：“每年卖画可得美金万余（合人民币三万上下）。”据了解，这里的卖画年收入万余美金，该是去掉各项开支后的（诸如巴西赴欧的各项旅资、举办画展的各项费用等等），这笔卖画收入另加果园有一千五百棵柿子树，年收入四五千美金，用来维持八德园的一大家子十四口人的生活，当然“足够家用”了。以此暗示三哥三嫂放心，八弟生活尚丰足，尽管可以前来。

张大千为什么要在信中一而再再而三地叮嘱三哥三嫂要申请出境相会呢？除了“老年手足但求同聚，不计贫苦”的手足之情外，另有重要的原因是，他要报答三嫂罗正明的养育之恩。罗正明是张丽诚的童养媳，从小就进张家，帮助张家打杂料理家务。她比大千年长十岁，用信中的话来说：“三嫂是我们家里的一位老嫂子，弟小的时候，穿衣做鞋洗澡，都是她照料的，弟真是当她同母亲一样。现在弟成名了，无以报答，只希望今生今世能多见上几面。”

耐人寻味的是，信中除了反复抒发兄弟叔嫂相思求见之情外，居然还在信中提出了要以三哥三嫂能否来港会面，作为他回归大陆的先决条件：“弟得与哥嫂见面，决计同归，若哥嫂不能同来香港，则弟决不归矣！”为什么非要哥嫂来港才能同归呢？他在信中又说：“哥嫂来港见面后，使弟完全了解国内情形，弟即将农场、汽车、房屋卖了，可得四五万美金，随侍哥嫂回到国内居住也。”

明眼人一看便知，张大千的这封家书，不光是写给三哥看的，也是写给审批张丽诚夫妇出境赴港的有关人士看的，希望这些人士能通人情，明事理，高抬贵手，早日放行。

1961年6月12日

三哥赐鉴：

三号曾上一函，略告弟之近况，七号已将支票寄去香港，托人与哥嫂兑上人民币三百元。希望收到此款能早到上海，请准来到澳门。至于哥嫂动身后，九侄、侄媳等生活负担太重，弟亦已托人按月兑港币一百元约合人民币卅余元，哥嫂不必挂念后辈也。

弟一星期后即回巴西，盼哥随时来信，使我们手足如同时时见面一样。不要太费力，写得太多，写的字太小太费力。弟只希望看到哥的笔迹，知道平安就好。第一希望还是早早出来。弟只要得了哥请准来港的消息，飞到香港来等。哥嫂两人同来，至要至盼。如若旅费不够，来信，弟即刻托人兑上。弟此次在巴黎博物馆展览，颇得好评，可惜目录不能与哥嫂寄回。哥嫂见了，一定是欢喜，你的小兄弟成名世界了。

九侄要的表，实在是寄不进来，明天有人回香港，弟托他带美金廿元，由港兑与九侄，叫他在国内买罢。九侄若写来，叫他写得大一点，小字看不清楚，要请别人念，不大方便。

八弟爰大千，六月十二日

专肃叩请平安，三嫂同此。

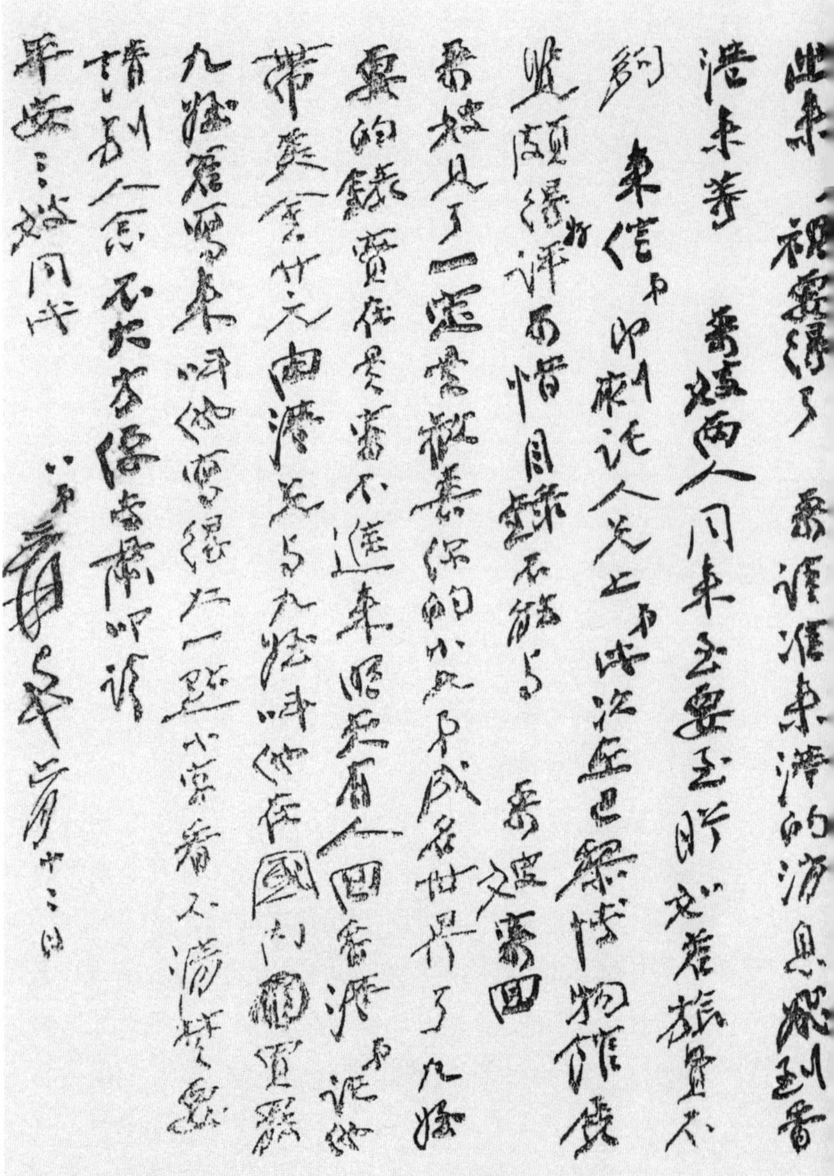
出来，一概要得了。我请准来港的消息，飞到香
港来看
爹婆两人同来，并要玉珩、心文看顾不
到，来信中，印刷托人先七中，昨托在巴黎博物馆
览，须得好评，可惜目录不能寄。爹爹宜文要回
我认见了一定要寄，希望你的书画成名世界了。九娘
要的钱，我在寄不进来，照应有人回香港，来说你
带些零用的，望九娘时快在国内置买点
九娘常常来，时时要得好一点，心意看不满，我替
请别人不大容得，要体贴时说
平安：娘同此
八月 爰 手书 十二日

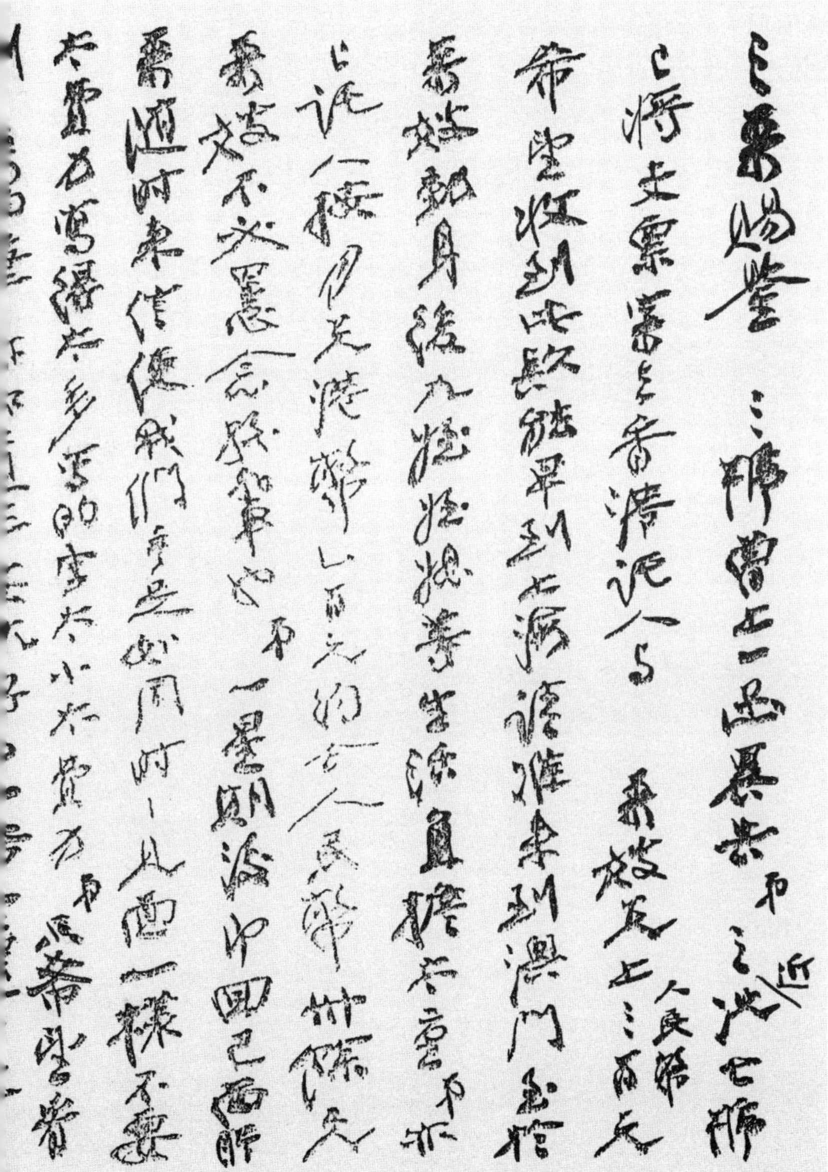

解 读

前信5月29日寄出，大千自忖，此信定能以情理打动公安局有关人员早日放行，故在6月3号又追寄一信，7号又寄出一张三百元人民币支票一张，希望哥嫂“收到此款能早到上海，请准来到澳门”。由此看来吾眼不谬，5月29日一信确是大千费了一番心计写的（也许背后尚有高人指点）。大千致三哥三嫂的家书，多为说私事、抒私情的私人家书，唯独前信是可以公开并且有意公开的家书。目的很明确，希望年近八旬的三哥早日赴港相会。至于兄弟在港相会后是否能同回，那就另说了。

奇怪的是前信居然提出只要让兄弟在香港会面，就允诺与兄嫂同回大陆。是真允诺，还是放烟幕？怕是后者的可能性更大一些。因为鉴于二嫂带外孙的教训，所以在前信中千叮嘱万叮嘱三哥三嫂务必不要携带侄孙一同前来，这是暗示三哥三嫂，如果携带侄孙同来，就不便于将兄嫂带回巴西长聚了。这是他不回大陆的伏笔之一。伏笔之二是，信中反复安定哥嫂、九侄、侄媳之心：“哥嫂动身后，九侄、侄媳等生活负担太重，弟亦已托人按月兑港币一百元（约合人民币三十余元），哥嫂不必挂念后辈也。”倘真是探亲后同回国内，时间不会太长，最多一两个月，何必如此从长计议呢？

对于九侄、侄媳提出的购物要求，八叔也几乎有求必应，千方百计地满足他们的要求，诸如求购的原子锅（内地称高压锅）、外国手表等，总是托香港门人办理，实在办不了，就耐心说明这些物品海关是不让进口的（当时中国海关可能有规定，高档生活用品不能入关），如非寄不可，就要高关税（如后信所言），最后

张大千位于八德园笔冢前

以钱代物，令他在国内购买。侄辈诸如此类的求购，八叔几乎在每封信中都有交代，可见叔侄虽然万里相隔，但依然念念不忘。

1960年夏日，张大千在巴黎博物馆曾有展览，“颇得好评，可惜目录不能与哥嫂寄回。哥嫂见了，一定是喜欢，你的小兄弟成名世界了”。张大千对自己在海外举办的画展，很少自夸，这次展览是个例外，因为巴黎画展后，又有西欧诸国巡回画展，故在国际艺坛上影响颇大。

1961年8月22日

三哥左右：

本月十八日奉到七月廿五日航空手示。始悉蓉娣于五月廿七日病故，十一侄竟未来信，或者平信来得太慢，尚在途中也。蒙哥冒雨赶到成都，使弟悲感万分，逢此乱世，生前未能尽其责任，死后亦不得临穴一哭，中心负疚，痛何如之！

哥与三嫂身体近日如何，弟谨仍月兑港币一百元以为生活补助。倘身体复原，仍盼能来澳门会晤。弟于八月八日返抵巴西，家中一切尚好，罗侄拟养鸡数千，可助一家生活之费，迩日正在拣择地方。弟眼力不如前，但仍能作粗笔写意之画，所得润笔，尚可养活全家也。农场种柿子一千五百株，已有收成，故生活尚觉宽裕有余，故仍可按月与浣嫂及哥，与十侄女、十一侄女兑少数款子也。兹与九侄买确得佩表一只，已托高岭梅兄于香港寄川，大约二三个月内可以收得。前巴西所寄奶粉等已退回，因中国不许进口。香港所寄浣嫂早已收到了，想此时哥亦当收到也。盼航空赐告，以便再寄。前月所寄港币一百元是哥生活费，非与九侄买表用者。弟处一切俱好，此时正当春天，不日将家中全景照像（相）寄呈。

八月廿二日，弟爰大千

三嫂与九侄等安好。

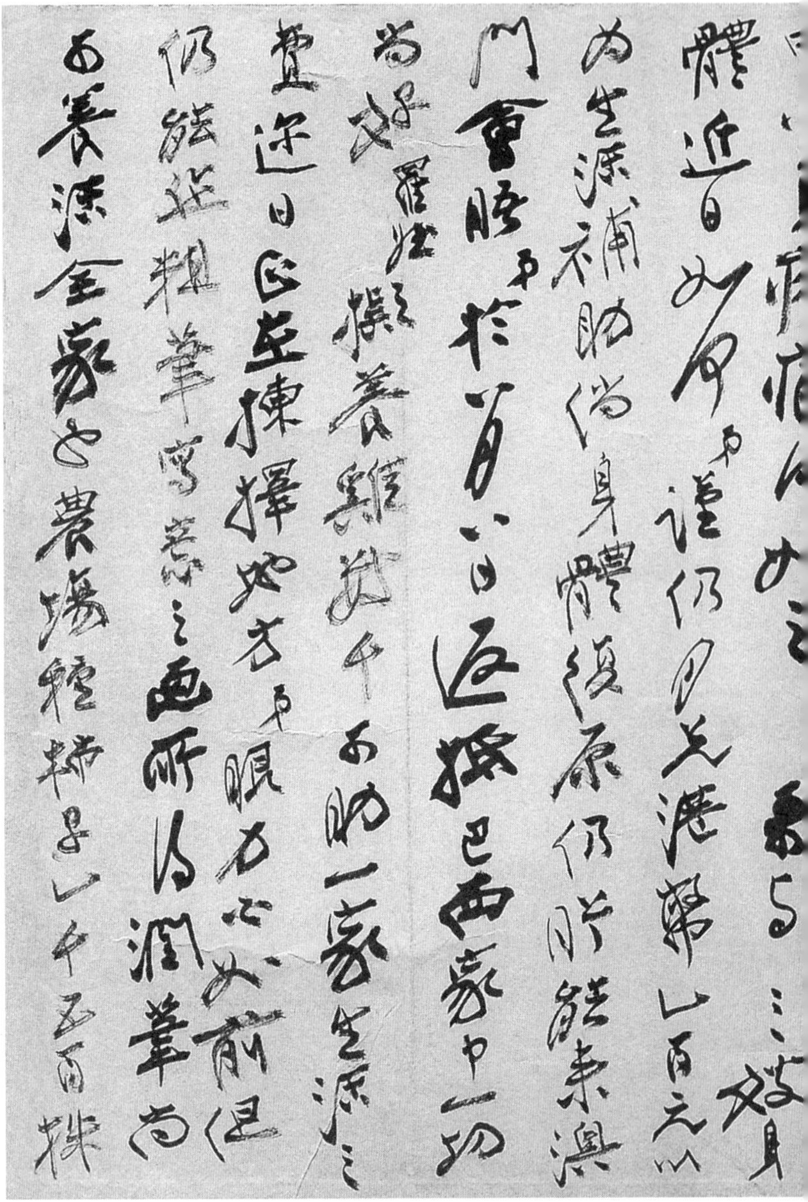

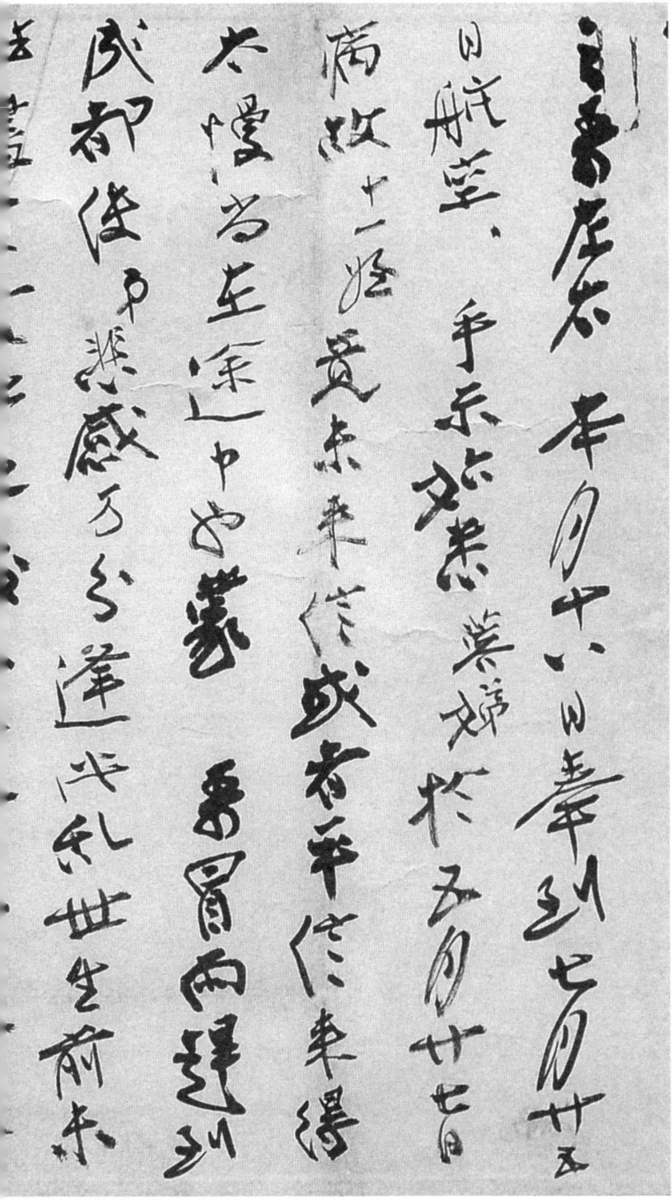

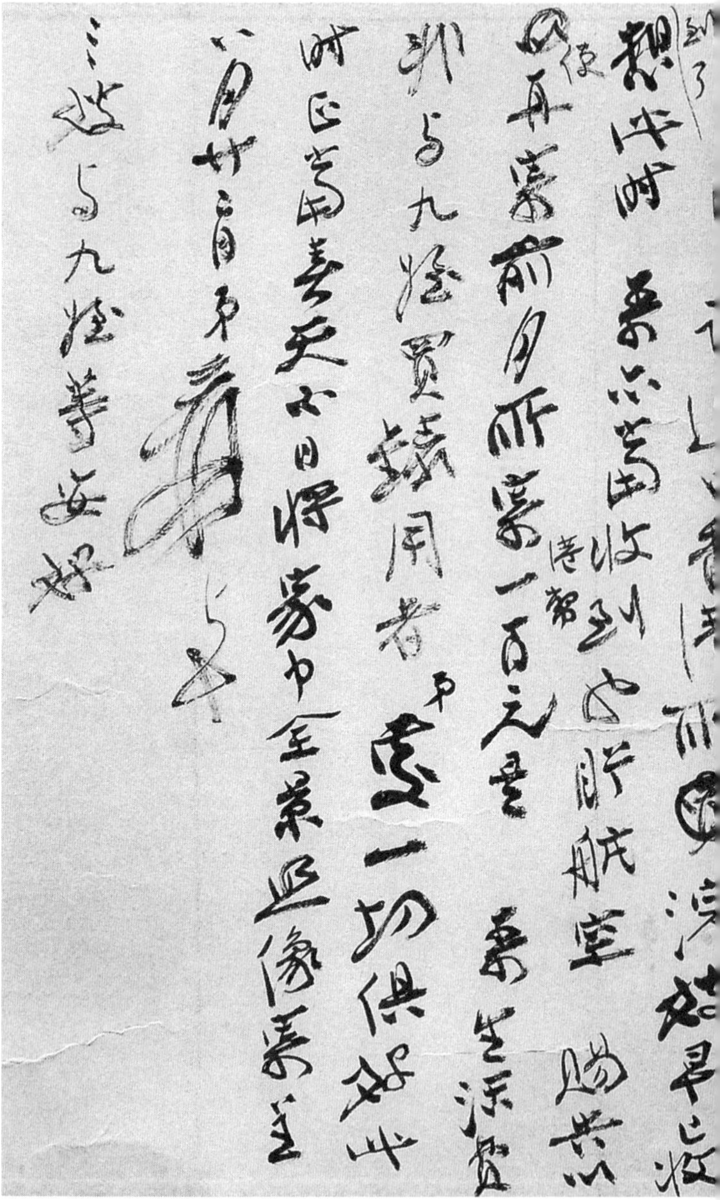

想此时票亦当收到了也，彼航空

使五弟前月所寄（添寄）一百元票

并与九侄买钱用者，兄意一切供给。此

时正当春天，以日得家中全家照像寄

八月廿四日　兄爰　上

三嫂与九侄等安好

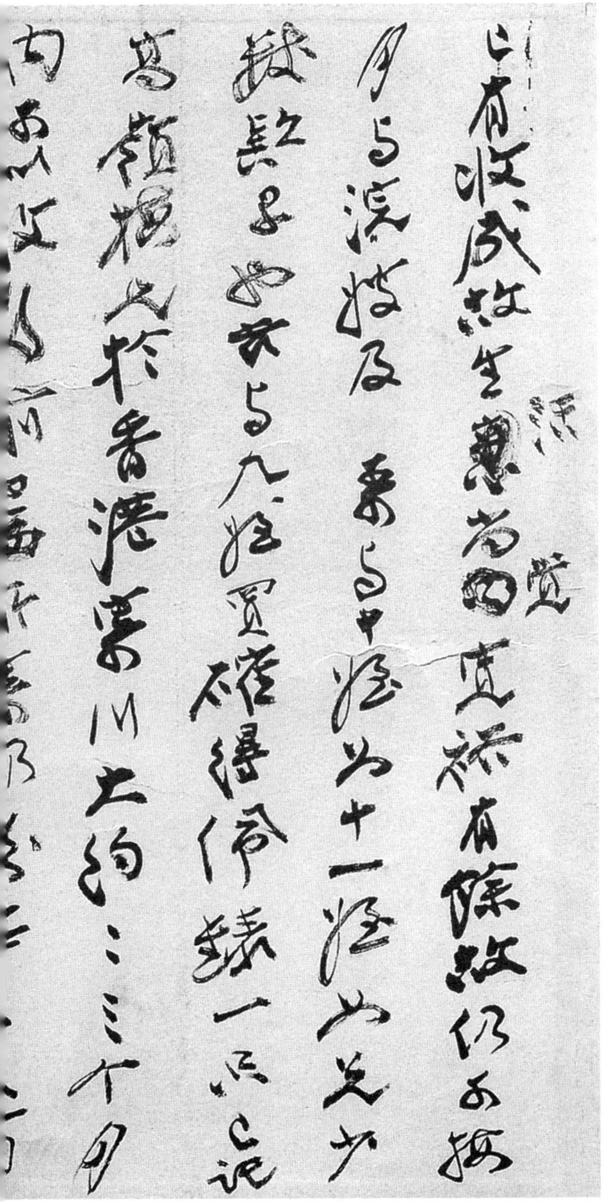

解　读

张大千娶过的妻子有四位：曾正蓉、黄凝素、杨宛君、徐雯波，还有一位青梅竹马的未婚妻谢舜华（病故）。信中的蓉娣就是曾正蓉。大千留日期间，听说谢舜华病亡，本想回内江吊唁，因国内军阀混战，未能成行，深受刺激。第二年回国，萌生了出家的念头，遂到松江禅定寺、宁波天童寺受戒，当了一百天和尚。后被张善子押回老家，奉母兄之命，与曾正蓉成婚。曾正蓉长得较胖，与大千没有感情基础，但她为人正派，办事公道，与大千相敬如宾，张氏委以主管家务，追随大千三十余年，任劳任怨，没有功劳，也有苦劳。听说“蓉娣”病故，大千很是内疚自责，所谓“逢此乱世，生前未能尽其责任，死后亦不能临穴一哭，中心负疚，痛何如之”。老妻亡故，

曾正蓉（1901—1961）

杨宛君（左）与黄凝素1939年合影于灌县岷江江边

大千不能回国临穴一哭，而年近八旬的三哥却冒雨到成都吊唁，这不能不使他“悲痛万分”。

张大千名下的子女有十多位，多为黄凝素所生，曾正蓉只生一女，也就是十一侄女张心庆，而十侄女张心瑞即出黄凝素。奇怪的是，明明是大千的亲生女儿，为什么要以侄女相称呢？这是张家的传统习俗，凡张氏四兄弟所生子女，一律称二兄张善孖为阿爸，都叫大千先生为八叔或八爸。子侄辈男女按心字辈以年龄长幼排行。信中常提到的九侄，是张丽诚的小儿子张心义，其次子张心铭，则为三侄。

此信七月廿五日由四川简阳航空发出，寄往巴西圣保罗八德园，大千于八月十八日收到，途中走了二十多天，可见当年邮件之速度。也许三哥来信说到身体不适，引起大千的关注，生怕因健康而影响出行，于是赶紧询问近况，并嘱“倘身体复原，仍盼能来澳门会晤”。

八德园是张大千在巴西购置的一座种植柿子的旧农场，约二百亩。农场原植柿子一千五百株，大千遂按园林建筑将它改造成可观可玩可居可息的庄园。古称“柿有七德”：一寿、二多阴、三无鸟巢、四无虫、五霜叶可玩、六嘉实、七落叶肥大（见唐段成式《酉阳杂俎》），大千又加一德，柿叶泡水煮茶可治胃痛，于是就以柿有八德，命名自己的园子为八德园。为了扩大经营项目，“罗侄拟养鸡数千，可助一家生活之费，迩日正在拣择地方”。罗侄即教名保罗的张心一，自幼过继给张善子。保罗 1951 年 1 月到达香港，自此一生追随父亲身边，成为大千先生不可或缺的助手。

信中再次告知三哥“弟眼力不如前，但仍能作粗笔写意之画，所得润笔，尚可养活全家也。农场柿子一千五百株，已有收成，故生活尚觉宽裕有余”，劝兄不必担心，尽管放心前来。

确得佩（Cortébert）表为法国品牌，创于 1790 年。

1961年9月20日

三哥左右：

手示欣慰万分，敬悉。哥嫂身体比前康健，已向公安局申请，如能获得允准，即可起身。兄到上海计算所需旅费须一千余元，弟尽力筹备此数在手。只要哥航信，即时汇回，请哥指定汇至四川，或是上海。此时弟仍按月兑回生活费港币一百元，想来均已收到。九侄所望手表，亦已托港友购寄，港寄食品已收到，甚慰。今又托人再寄。

哥离洛带后，九侄亦可取食物也。去年巴西所寄，不能进口，昨已退回弟处，真是气人。浣嫂、正蓉、拾得侄三处亦均被退回，此后正蓉、拾得两处不再寄矣。十一侄女久无信来，今读哥来函，始悉彼迁居多子巷，弟所寄信多投瘟祖庙，恐俱未得到，但又（疑脱未字）见退回。慧敏侄母女四人住处，弟亦不知，望哥赐告。弟拟兑少数钱去与侄孙辈也。

浣嫂已在申请，但不知能获准否。哥嫂来时，千万毋带小孙同行，一路上恐照应不便故也。弟所知路线由上海乘车至广州，广州至澳门，上海无船至香港。哥到上海，二嫂当详告。

九月廿日，弟爰大千弟媳雯波叩头

三哥三嫂福安，九侄、侄媳、侄孙等均此。

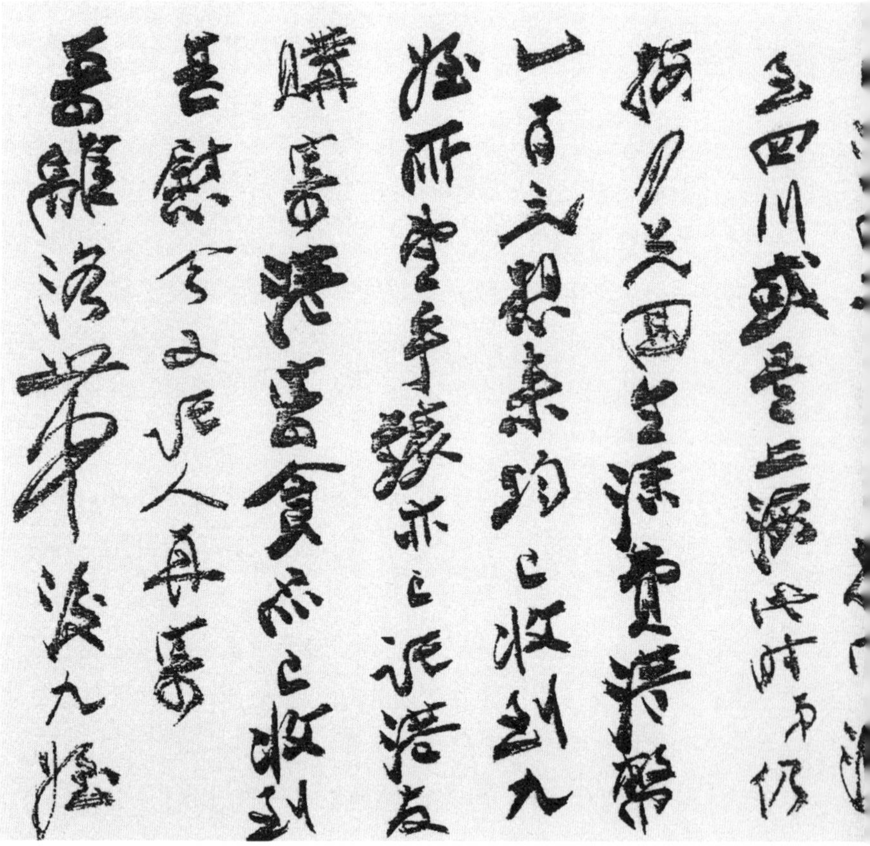
至四川或是上海，此時尚仍
每人每月生活費港幣
一百元，郵來均已收到，九
姪所寄手錶亦已收到，港友
購寄港幣貨亦已收到，
甚慰。今又托人帶寄
[illegible]九姪

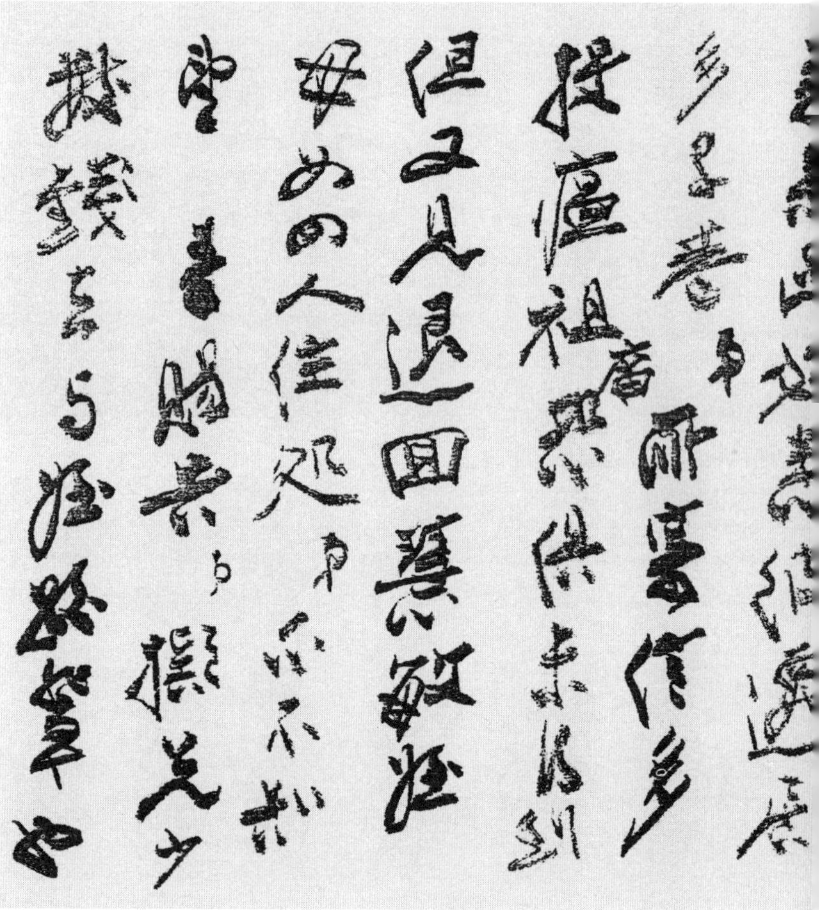

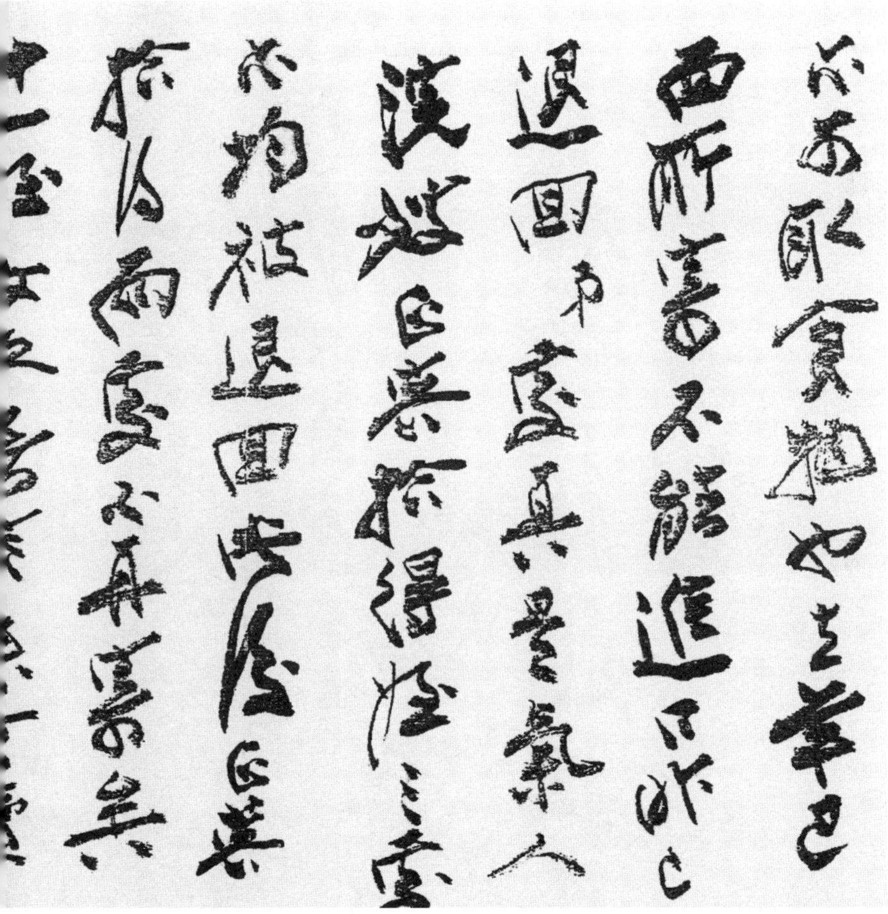

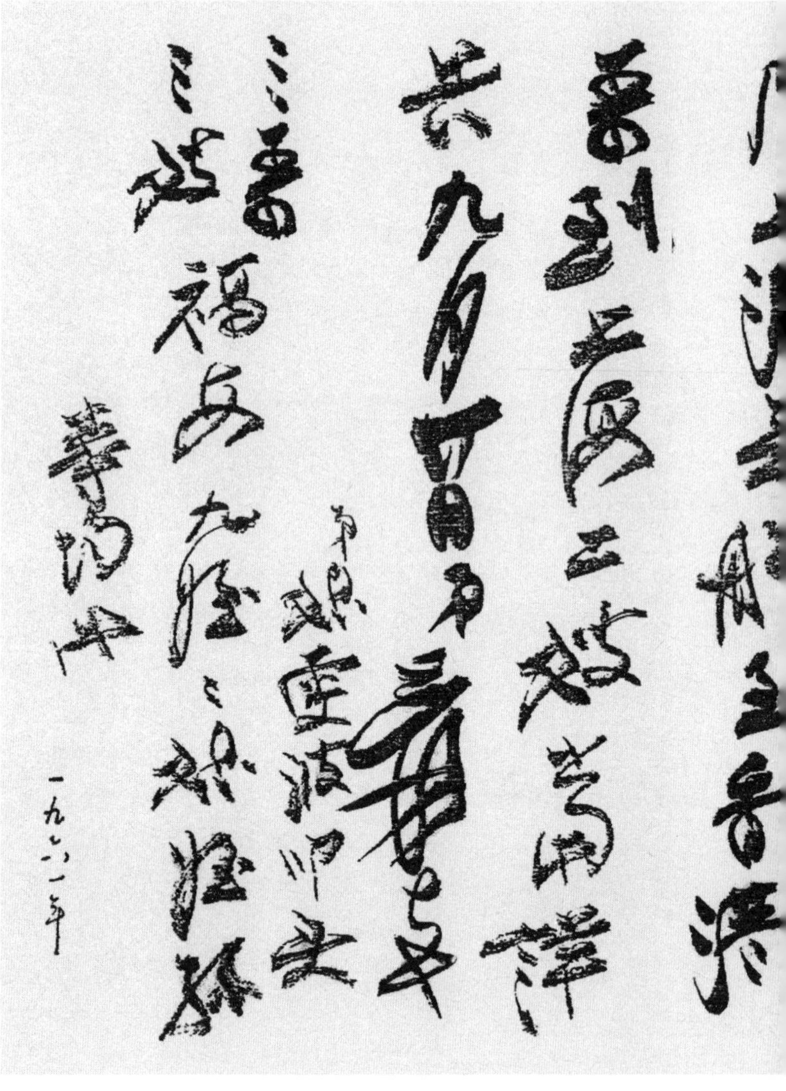
一九六一年

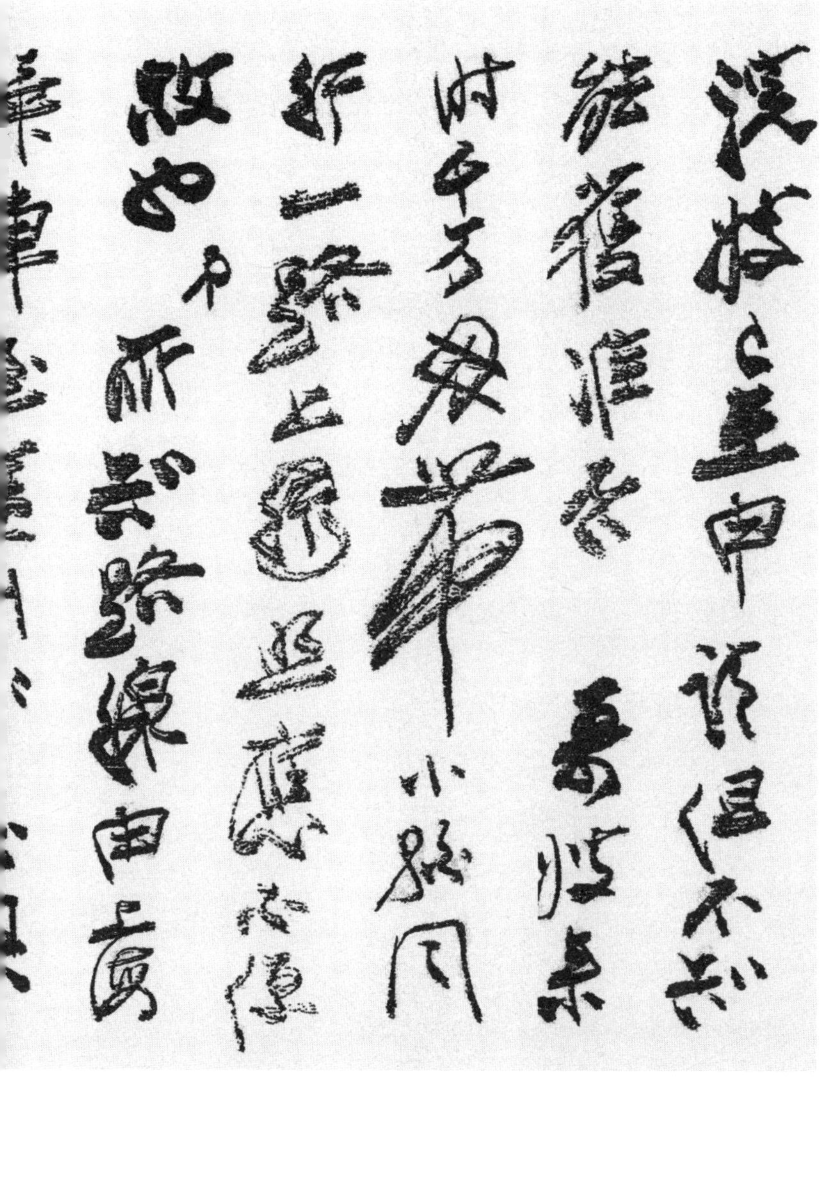

解 读

张丽诚赴港澳探亲事，自年前商议起，往返多封书简，直到9月才正式向公安局提出申请，是二老顾虑太多，还是子侄胆小谨慎，何以迟迟不递申请书？大千望眼欲穿，盼望老年兄弟早日相聚，获此手示，怎能不欣慰呢？于是又一次未雨绸缪，为兄嫂谋划筹备旅费，设计行程路线，并函告浣嫂（杨浣青）也在上海申请出境探亲。杨浣青是张心一的寄母，两年前曾负动员张大千回国的使命，而被上海有关部门特签赴港，与大千相晤。浣嫂在四兄弟中是长嫂。八弟对她十分敬重，但是对其“统战”说项，却不为所动。在香港住了两个月，叔嫂才怅怅而别。此次申请探亲，据谢家孝在《张大千的世界》记载：“大千先生拜托近在香港的挚友高岭梅设法。高岭梅（以大千名义）写信捏词给善子夫人说，保罗在港肺病垂危，希望能见母亲一面。信中又以刺激的语气，说何以二嫂多次申请出境皆不获准，如此人民政府，何曾

二哥张善子（1881—1940），名正兰，号“虎痴”。早年参加过同盟会，后为职业画家，以画虎驰名海内。抗日战争初期，赴美义卖虎画，为抗日募捐

为人民着想？不意这封信竟发生了效果，善子夫人获准携外孙再度出来。”这是后话。

《张大千的世界》是张大千口述、谢家孝整理的一部口述实录，以上一段口述是1968年的回忆。当然不能在给三哥的信中提及，何况当时只是知道“浣嫂已在申请，但不知获准否”。从内心深处，他希望浣嫂和三哥三嫂同时申请获准，一同前来。当然他也深知，此事难而又难，因此又信嘱，“哥到上海，二嫂当详告”。

张氏家书，几乎每次信中都提到寄钱寄食品寄表之事，总是询问收到没有。担心收不到，担心被退回。果然不出所料，去年巴西所寄出的食品，一一被退，除了三哥三嫂外，浣嫂、正蓉、拾得（女儿心瑞）三处均被退回，或许是巴西当年尚未与中国建

二哥张善子在苏州网师园中和大千切磋画技

交，所以不得进中国海关口岸。白费了一番人力财力，自然要生气了。寄物人的一番苦心苦力，未必被内地亲人体察，怕还要产生误会，所以在信中交代一笔。

信中提到的慧敏侄母女，是指长子张心智的前妻鲁慧敏母女，鲁慧敏和张心智是双双遵父命而结婚的，不久因感情不和而离异。作为公公，张氏心中也有一份内疚，所以仍关心其母女并打听住址，希望也能对她们的生活有所帮助。

1961年11月13日

三哥亲鉴：

上月接到九月廿九日赐函并照片。因右臂风湿疼痛入院调治，今始回家，幸已治愈十之八九。迟复为罪。敬阅照片，哥嫂俱精神康健，至为欣慰。申请来港，尚未得允准，祈哥不怕麻烦，继续请求，必可获准也。顷于八日又接到兄第八次之信（十月十三日交），但未书日期，以前之信，均一一拜到。惟报纸未得，以后千万不要再寄报纸。弟亦不寄报与兄，兹寄呈本年弟在法国个展目录一册，内附照片二张，航寄或能早到也。此时天气已冷，以弟揣度，得批准必在来年二三月间矣，兄来信，即刻另兑川资。天气已回暖，旅途当较便宜，由汉口转车来广州，兄嫂动身之时，打一电报，弟即飞来香港迎接。自巴西飞香港，只须两天半也。九侄之表已收到否？另有第二批食物恐尚未到十媳处，已托门生兑少数款子去了，待其回信后当陆续接济之。弟前函附呈像（相）片一幅，未知得阅否，此后来往信函决遵兄意编成连号，方知有遗失否也。

十一月十三日，八弟爰大千

三嫂及九侄等安好。

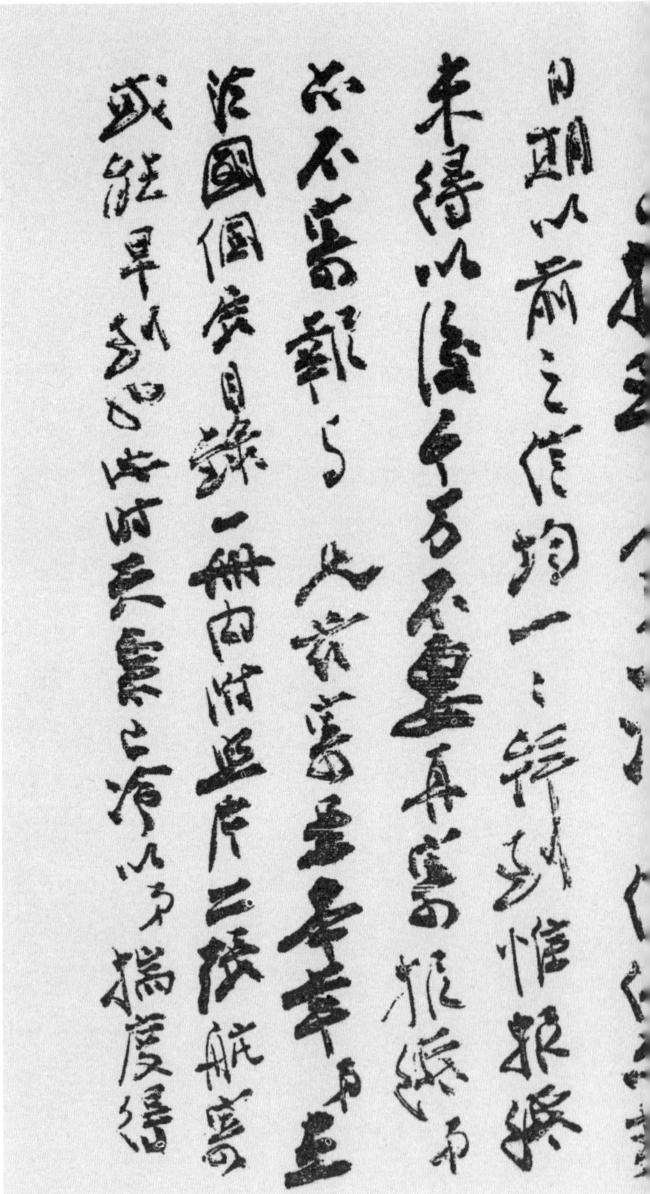

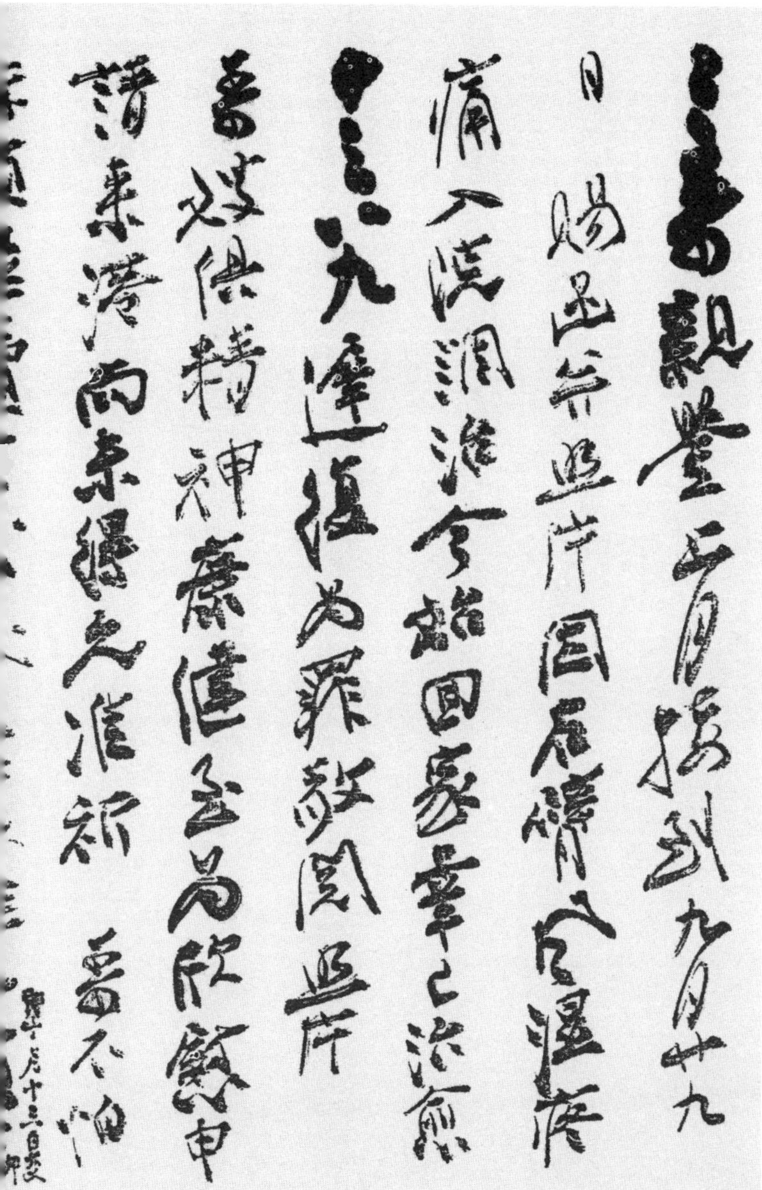

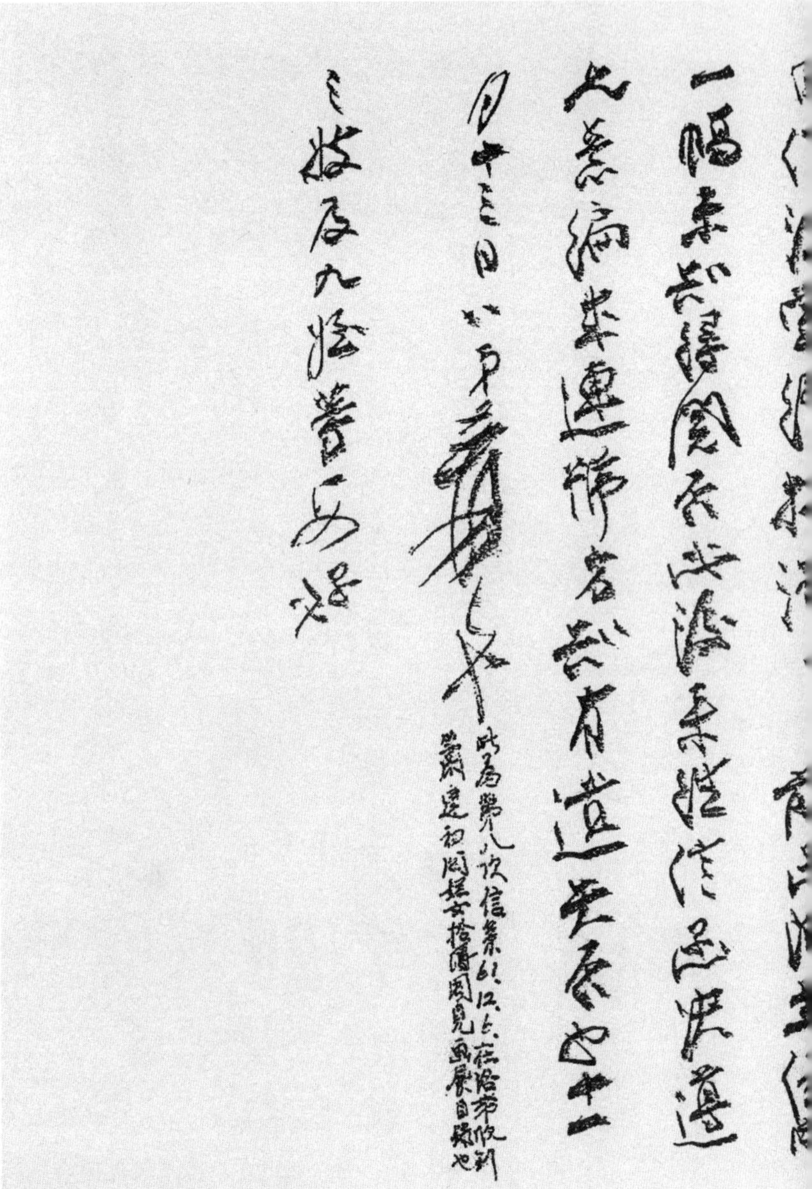

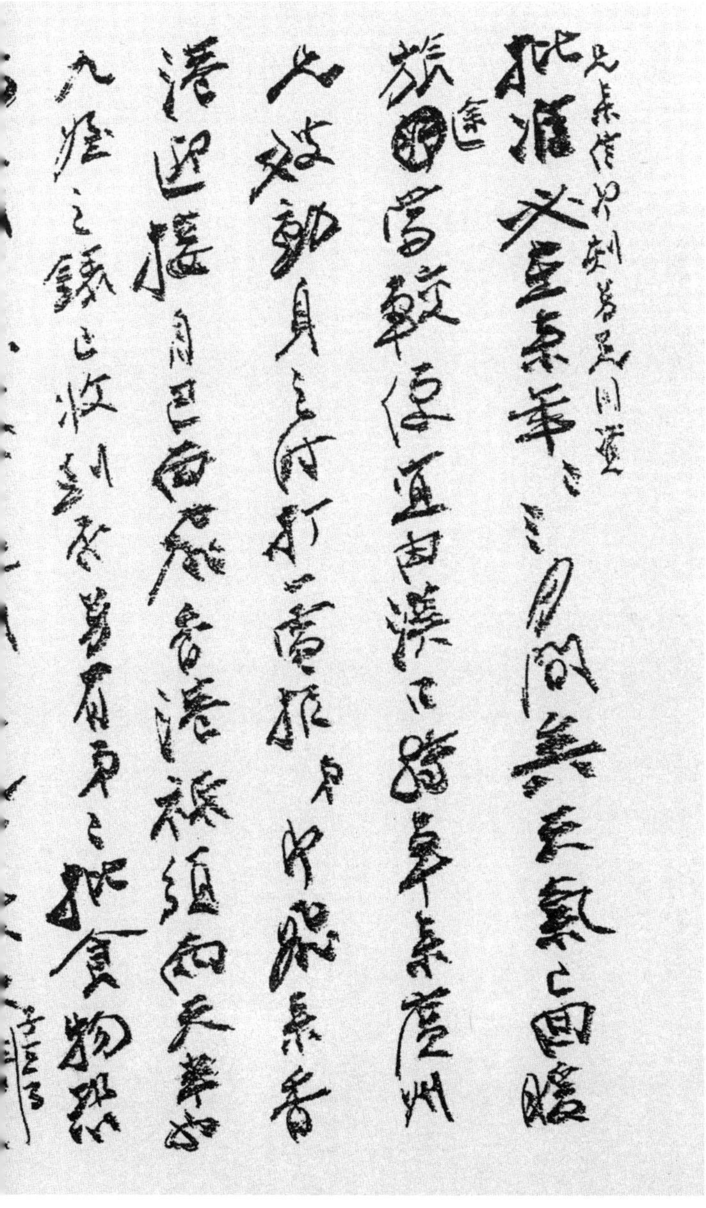

解 读

张丽诚申请赴港未成，原因不详。很可能是两位老人出示张大千允诺在港与兄嫂会晤后，决计变卖巴西家产，随侍兄嫂一起回国居住的有关信件，打着动员张氏回国的名义申请赴港的。因为一般探亲人员须直系亲属，而旁系兄弟姐妹是不批准的。当然公安部门也知道，张大千是国际著名画家，是具有影响的统战人物，若真正能动员回国自是大好事，但是凭经验，他们不相信这两位风烛残年的耄耋老人能说动张大千回国。联系当时又是三年自然灾害，如果张大千从兄嫂口中获悉了一些真实情况，他更是将回国视为畏途。由此推断张丽诚夫妇的申请未能获准，是可想而知的事情。

张大千未免想得太简单、太天真了。他以为兄只要凭着他那封信誓旦旦承诺回国的八行书，凭着他在国际上的名气，凭着他那封充满亲情的家书，就能以情动人，打动公安人员，高抬贵手，准予放行。所以又寄呈了当年在法国举办画展的目录，及两张照片，“祈哥不怕麻烦，继续请求，必可获准也”。他还想当然地“揣度得批准，必在来年二三月间矣，兄来信，即刻另兑川资。天气已回暖，旅途当较便宜，由汉口转车来广州，兄嫂动身之时，打一电报，弟即飞来香港迎接。自巴西飞香港，只须两天半也”。设想得多具体，多真切，仿佛兄嫂已拿到了通行证，已经要出发了。可怜，可怜老年思亲情！

1962年1月9日

三哥三嫂惠鉴：

久不得来信，未知事如何也。昨得拾得信，知其夫妇曾到洛带省视，并云看到弟所寄目录。弟右臂仍痛，久不作画，须于月底赴巴黎就医。希望哥嫂能于阴历二三月来到香港会晤，弟了解国内情形，便可同归也。心铭来信云，狗皮膏邮政不能寄，已命罗侄回信，请不必寄了。香港好买，已有友人寄来数贴也。九侄媳要表，待弟到港之后，托人买甚易，到深圳寄邮，纳税不易之故也。阿婆老人家寿辰，弟处全体照相一帧，日内洗出寄呈。兹有恳者，望哥将全家生日写示以便子侄辈到时行礼，示不忘亲亲也。

一月九日，弟爰

二哥五月廿七日或二十三，弟记不清。

三哥二月十二，三嫂是二月初几。

四哥腊月廿一，四嫂九月廿一。

来示交巴黎为盼。

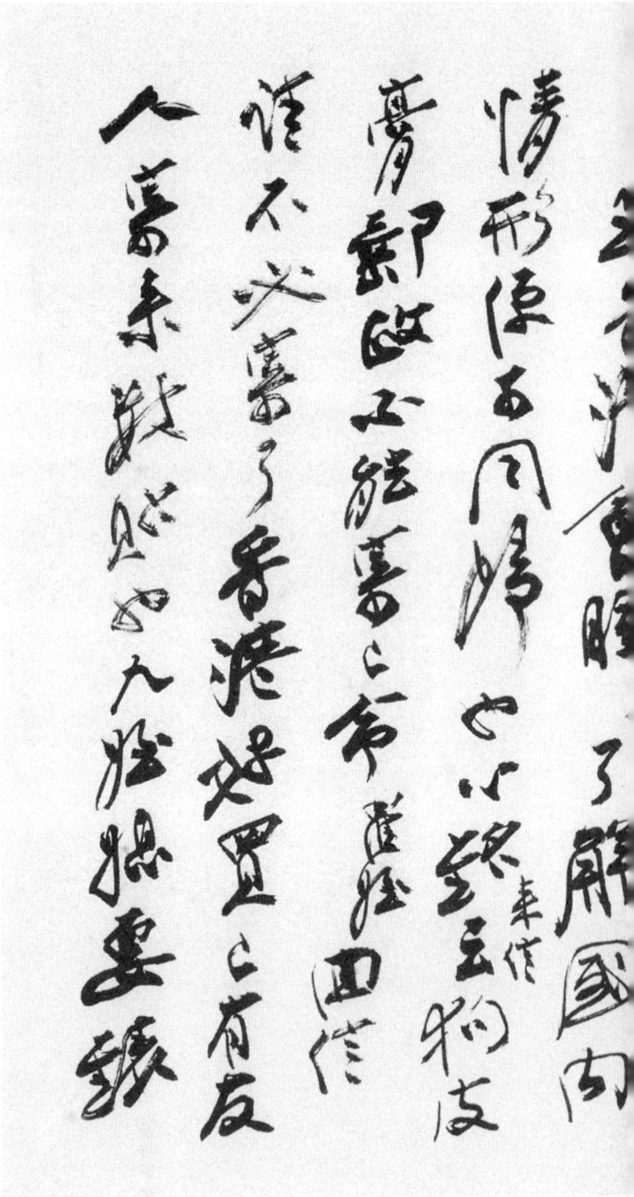

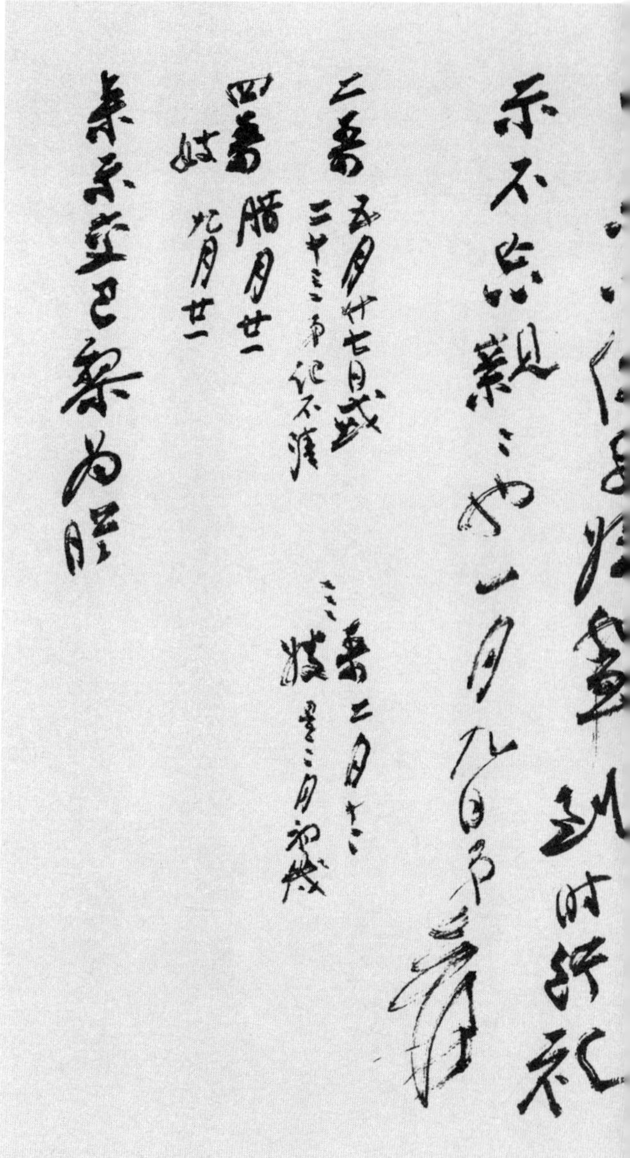
亦不必觀〃也一月九日弟爰拜
二哥五月廿七日戌
二十三年记不清
四哥腊月廿一
嫂九月廿一
来示云已祭為盼

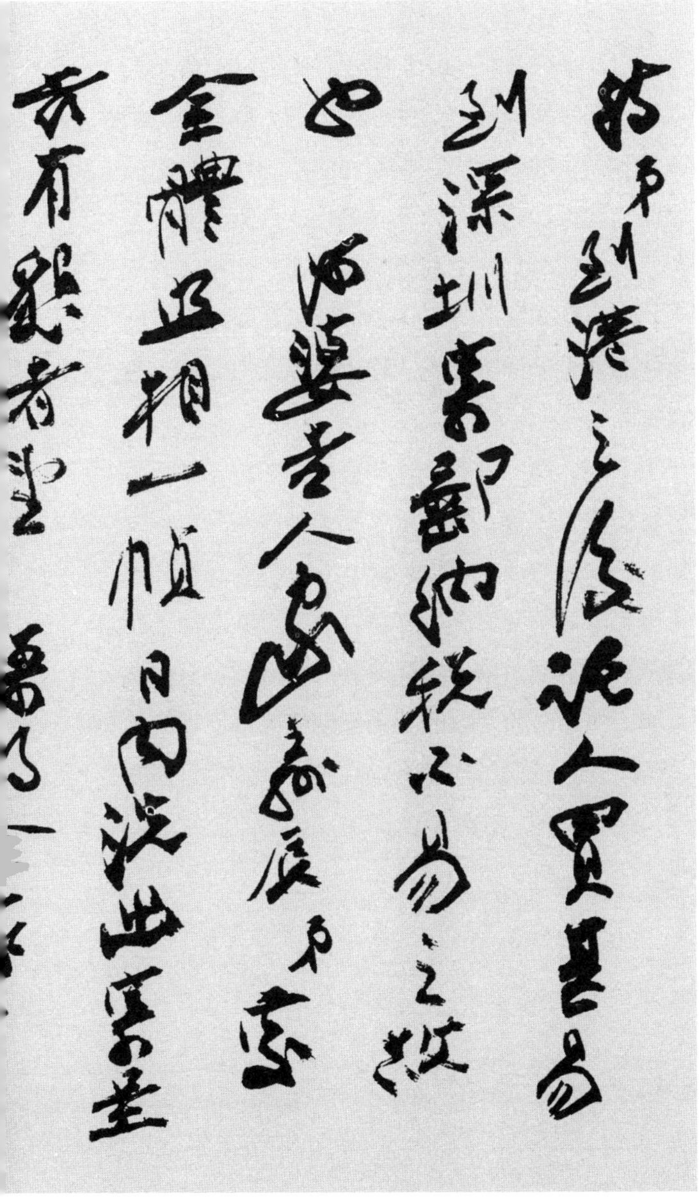

解　读

信中首次提到大千之女拾得张心瑞偕夫（萧建初）曾到三兄嫂居住地洛带省视。洛带原属简阳县的一个古镇，现直属成都管辖。右臂风湿痛是张大千的职业病，长时间的挥笔作画又患风寒，便是右臂风湿痛的病由。前信云“入院调治，今始回家，幸已治愈十之八九”。可是时隔月余，“右臂仍痛，久不作画，须于月底赴巴黎就医”。西医治风湿无太好办法，无非是理疗或封闭注射药物，缓解疼痛而已，治标难治本。狗皮膏能活血化瘀，有时倒能起到较好的效果。

张大千十分注重家规，尊老敬贤，长幼有序。据悉，他在客厅和画室里，常年悬挂的照片有二哥张善子和老师曾农髯、李瑞清的遗像，长兄若父，一日为师，终身为父，以示不忘二哥和师长的教诲之恩。每逢父母寿辰及清明、岁除，他都要率全家子侄祭祀列祖列宗，以示不忘亲亲。信中的阿婆老人家寿辰，指的就是母亲曾友贞的冥诞，由母亲的寿辰联想到兄嫂的生日，年代久远有点记不清了，所以要向三哥核正。老一代的亲亲风范，怕要在后代子侄中失传，以身作则，身教言教。

1962年2月9日

三哥三嫂：

不得来信又是两个月了，不知何故。前得萧建初信，知道他们见倒（到）了弟寄呈哥嫂的巴黎画展目录，但是哥嫂却没有回信。弟担心哥嫂身体不好，日夜不安。弟原定一月份就赴欧洲，农场事体多，又兼开了一个廿亩大的湖，栽花栽竹，忙个不了。现存（在）才告一段落，于三日后飞巴黎，十七日要赶到日本，约住两星期，三月初仍转巴黎。若是三日后在巴黎能得到哥的信，有来港的消息，那吗（么）弟就在港等，不急急的回巴黎了。计算香港存款已完，累哥受窘。弟到港即当补汇。九侄媳的表亦当同时寄出，表价不贵，每只只须人民币七十元上下，但是上税与寄费却须人民币一百七八十元，只可与自己人买，不可与外人。托人去深圳纳税寄邮实在困难也。拾得不知托人困难，来信托为其友人代买，已去函命向其友人婉告也。

八弟爰大千，二月九日

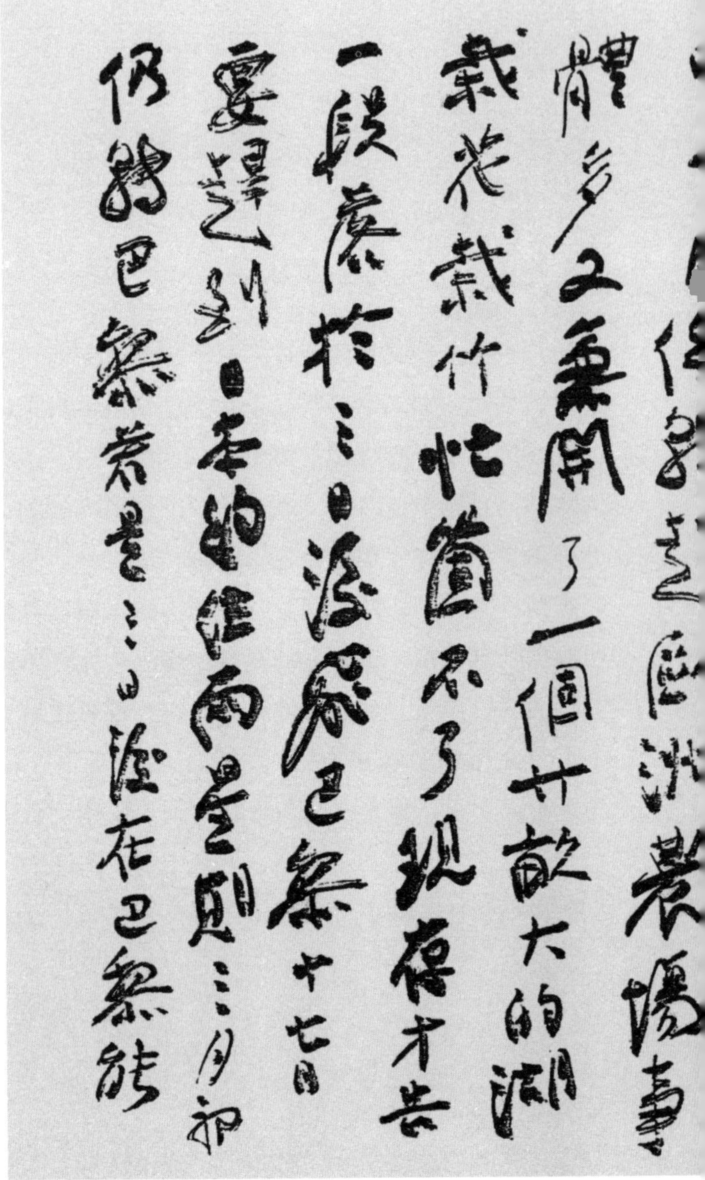

作客之藍洲農場事
體骨多了，又重開了一個廿畝大的湖
栽花栽竹，忙個不了，現在才告
一段落，於三日後飛巴黎，十七日
要攜之到日本的作品，展期三月初
你轉巴黎，最是三日，現在巴黎能

三哥三嫂：不得來信已有
兩个月了，不知為何，前得蕭
建初信，知道他們人倒了，身體當是
哥嫂的已經無恙一月餘，但是
哥嫂知沒有回信，弟擔心
哥嫂身體

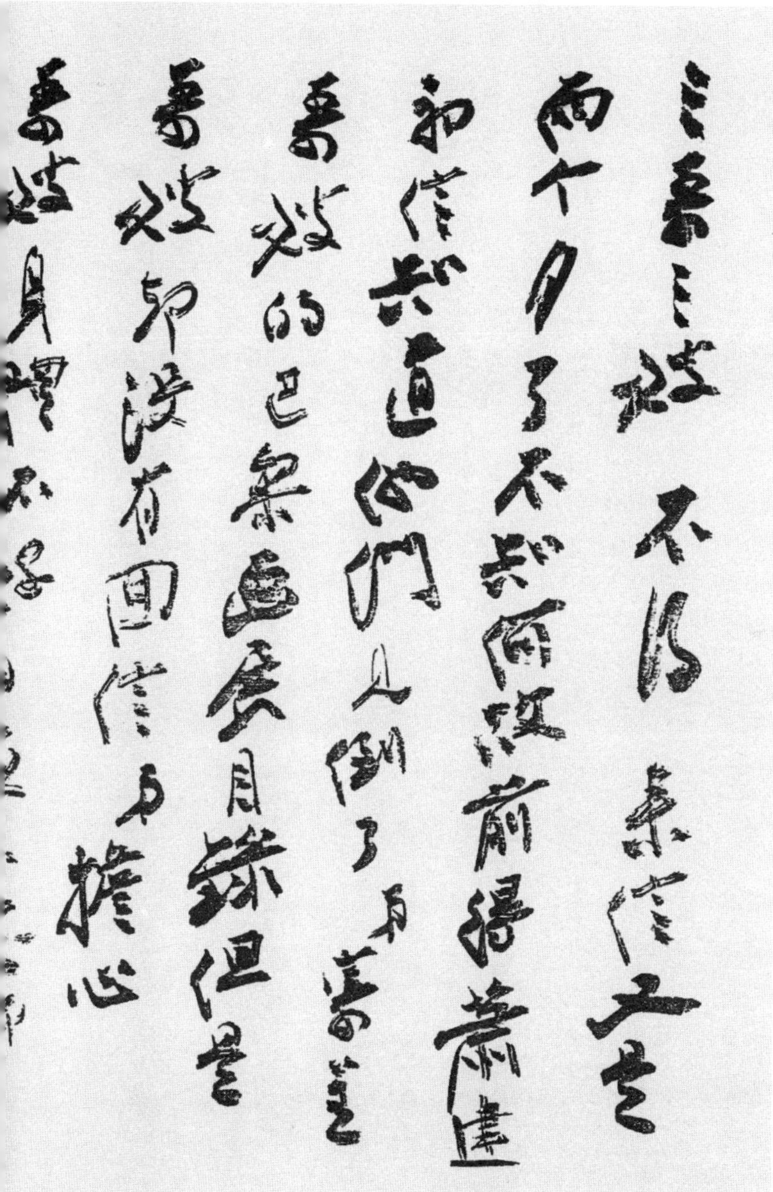

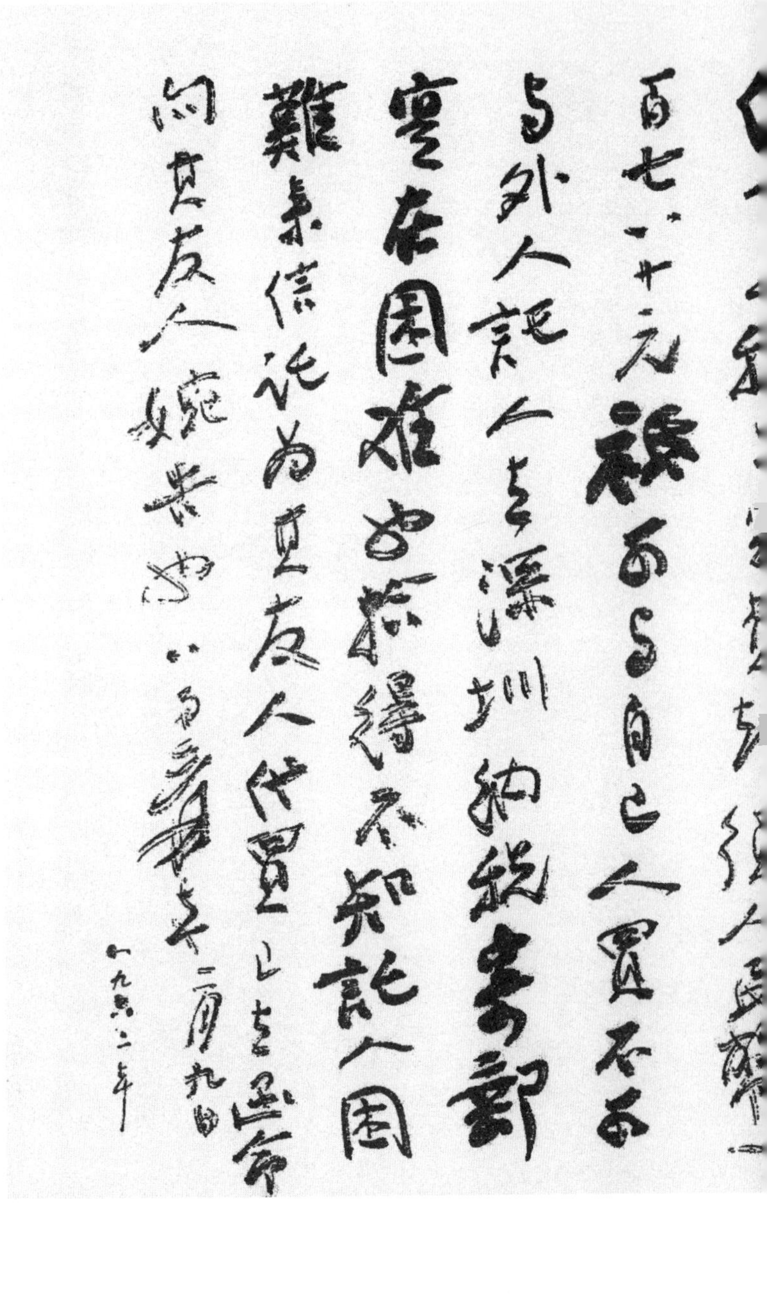

百七、八十元，極西自己人買不來，與外人說，人去深圳納稅寄郵寄來困難，安排得不？知說人困難？來信說為其友人代買，已去函問其友人，婉告之也。爰翁 二月九日

一九八二年

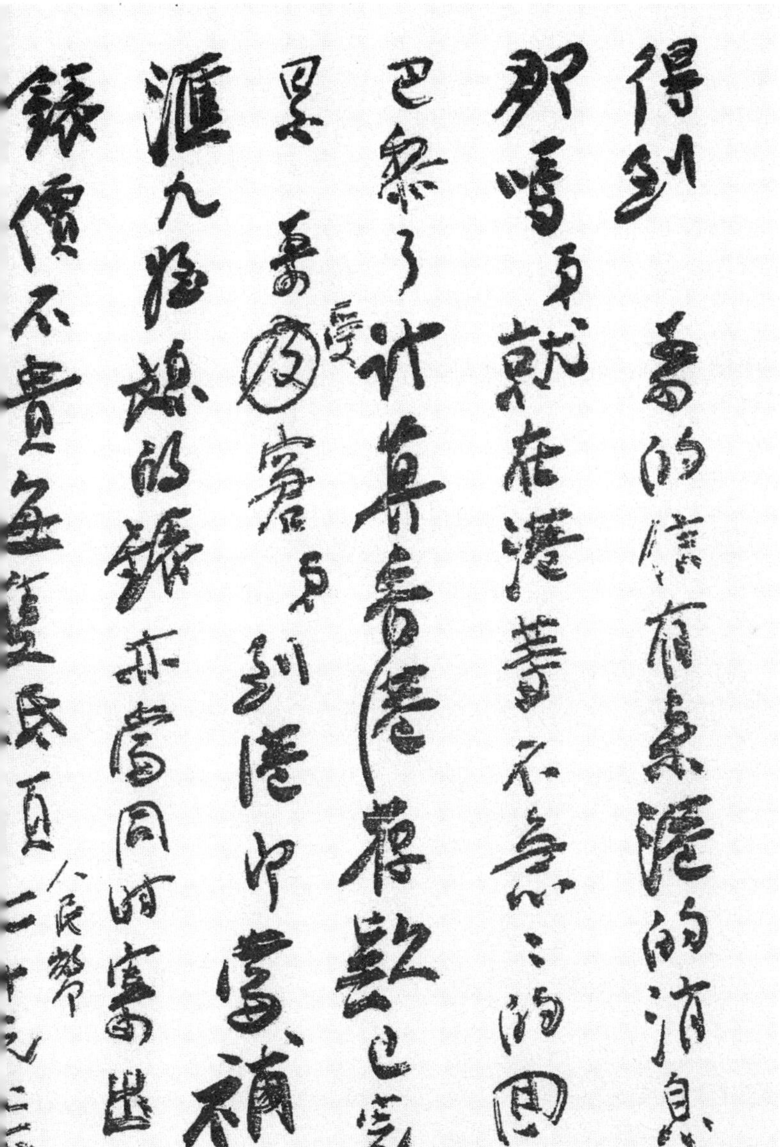

得到萬的信有關港的消息
那時弟就在港若不急急的回國
已氣了計算香港存款已完
回去要受寄來到港中當補不
滙九龍旗的錢亦當同時寄出
錢價不貴每港元 人民幣 二十元二角

解　读

元月九日、二月九日两信，均提到萧建初、张心瑞夫妇来信见到了“弟寄呈哥嫂”的巴黎画展目录，可见他对此画展的重视，他很想听听兄嫂对他新作（包括泼彩）的观感，可是迟迟无回音，因两个月不得来信，生怕“哥嫂身体不好，日夜不安”。当然也怕健康原因而无法远行会晤，由此可见，为老年弟兄相会相聚，年逾六旬的大千，费尽了心思。诚如张大千诗云：“相思日日缕肝肺”，“念远怀人更忆家”，“万里故乡频入梦，挂帆何日是归年”。

1956 年张大千巴黎画展的宣传画

他在信中又一次表示“希望哥嫂能于阴历二三月来到香港会晤，弟了解国内情形，便可同归也”。看来大千的“说归”也不完全是虚话。阴历二三月正值春暖花开，便于出行。对于三兄三嫂的此次申请，大千又一次满怀希望，他估计近日也许能收到三哥获准的书信，于是把自己在巴黎、日本的旅程、日程清清楚楚告示三哥三嫂：“于三日后飞巴黎，十七日要赶到日本，约住两星期，三月初仍转巴黎。若是三日后在巴黎能得到哥的信，有来港的消息，那吗（么）弟就在港等，不急急的回巴黎了。”由于太高兴了，连“那吗（么）”“不急急的”日常口语，也随手写入信中。

张大千自1953年在巴西圣保罗购建八德园。据当年陪同大千一起选址和受托与物主商谈的老友蔡昌鸾回忆：“那天下午，雨过天晴，两人步行到离（蔡君负责管理的）简氏农场不远的土坡上，坐在路旁一株倒下的大树干上，大千远望雨后云天，一抹晴翠，远林如黛，归鸟相呼……然后手指其下说，下面这片园林是谁的？我想买下，筑一花园。蔡君当时欣然受托，并很快与物主——一名意大利人达成协议，总价为五十万巴币，包括一栋农舍与一辆吉普车，园中（有一千五百株柿子）并有两千株新种的玫瑰与油加利，后来总价又加至八十万巴币。头款四十万，余款分八年付清，每年五万，但最后一期因原主放弃而未付，当时折合美金二十万元。总面积六巴亩半即二百七十亩，[海拔]高度为两千多英尺，年均温28度，气候略似云南昆明，地形则类似成都平原。”（见许启泰《张大千的八德园世界》，台北：商务印书馆2003年版）

原来张氏为购置八德园，负债四十万巴币（约十万美金），每年要付五万巴币（约一万二千五百美金）欠款，自1954年起，一直要还到1961年。最后一期因原主放弃而未付，也就是说，1961年的一万多美金省了下来，于是张氏家人将省下来的这笔钱用在整修园林上了，“开了一个二十亩大的湖，栽花栽竹，忙个不了”。以至原定一月份赴欧，因农场事直到二月才告一段落而成行。

联系张氏前信所说“每年卖画所得万余美金”，实际上，他的卖画收入远远不止此数，是打了埋伏的，怕不明事理的子侄辈以为他在海外发了大财而有无厌之求。

又是为九侄媳寄表：“表价不贵，每只只须人民币七十元上下，但是上税与邮费须人民币一百七八十元，只可与自己人买，不可与外人。”大千在致三哥信中，提到为九侄、九侄媳买手表不止一次，怕也与外人代买，所以信末又加了一段话：“托人去深圳纳税寄邮，实在困难也。拾得不知托人困难，来信托人为其友人代买，已去函命向其友人婉告也。”拾得是大千先生的爱女，大千在信中故意编造说自己女儿来信托自己为其友人买手表，明是婉拒爱女，暗中也示意九侄媳，不要为友人代购了。希望九侄媳能体谅八叔的一片苦心。

1963年3月4日

三哥三嫂赐鉴:

自去年得到兄嫂到了上海之讯，举家欢忭欲狂，既而乃知不能来港澳相聚，复又折回简阳，遂再不得兄嫂消息，不知究竟如何？按月所兑之港币百元收到否？今十一侄女来此已近一月，十侄女亦将来晤，不知兄嫂何以竟不能来，弟待十侄女见面后，即仍南返，一切情形十一侄女还川后当详陈也。望兄嫂仍继续申请，必可获准。肃叩福体胜常。

八弟爰，三月四日

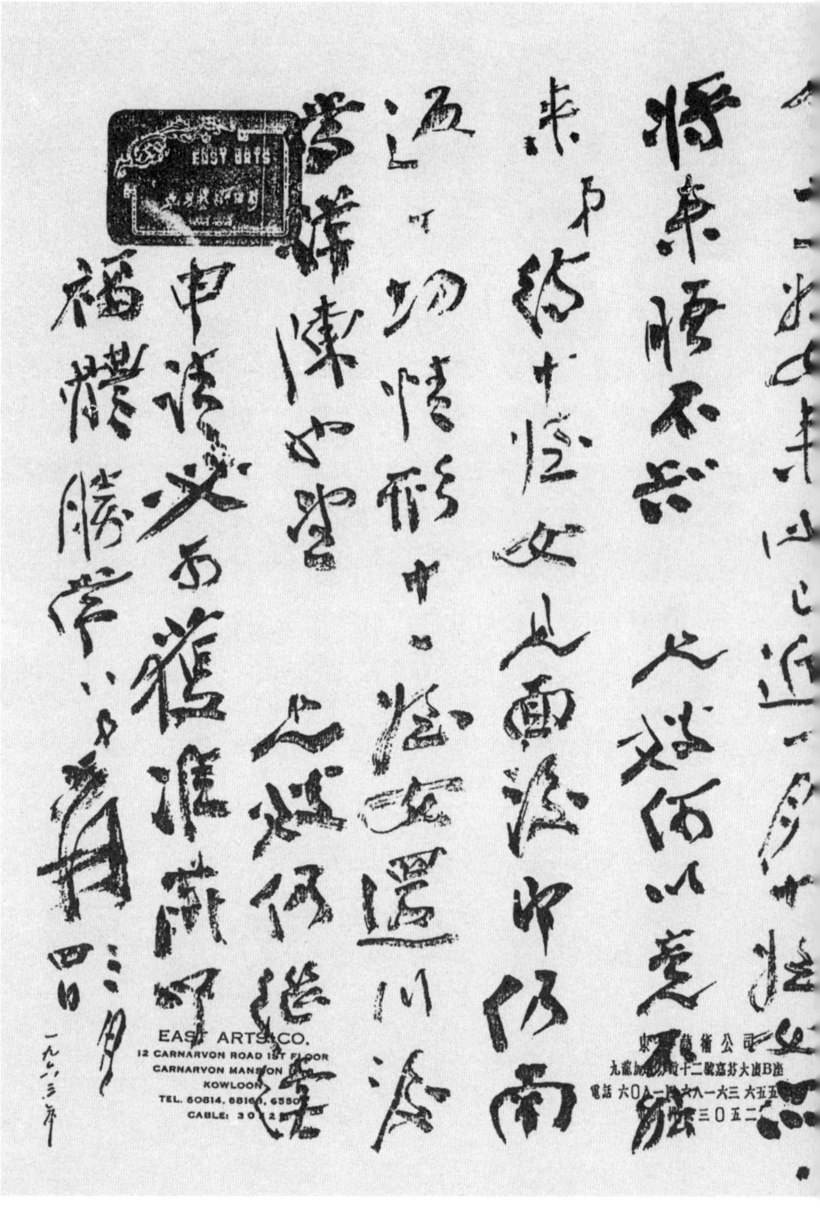
EAST ARTS CO.
12 CARNARVON ROAD 1ST FLOOR
CARNARVON MANSION
KOWLOON
TEL. 60814, 68163, 6550
CABLE: 30 2
東方藝術公司
電話 六〇八一四 六八一六三 六五五
三〇五二
一九六三年

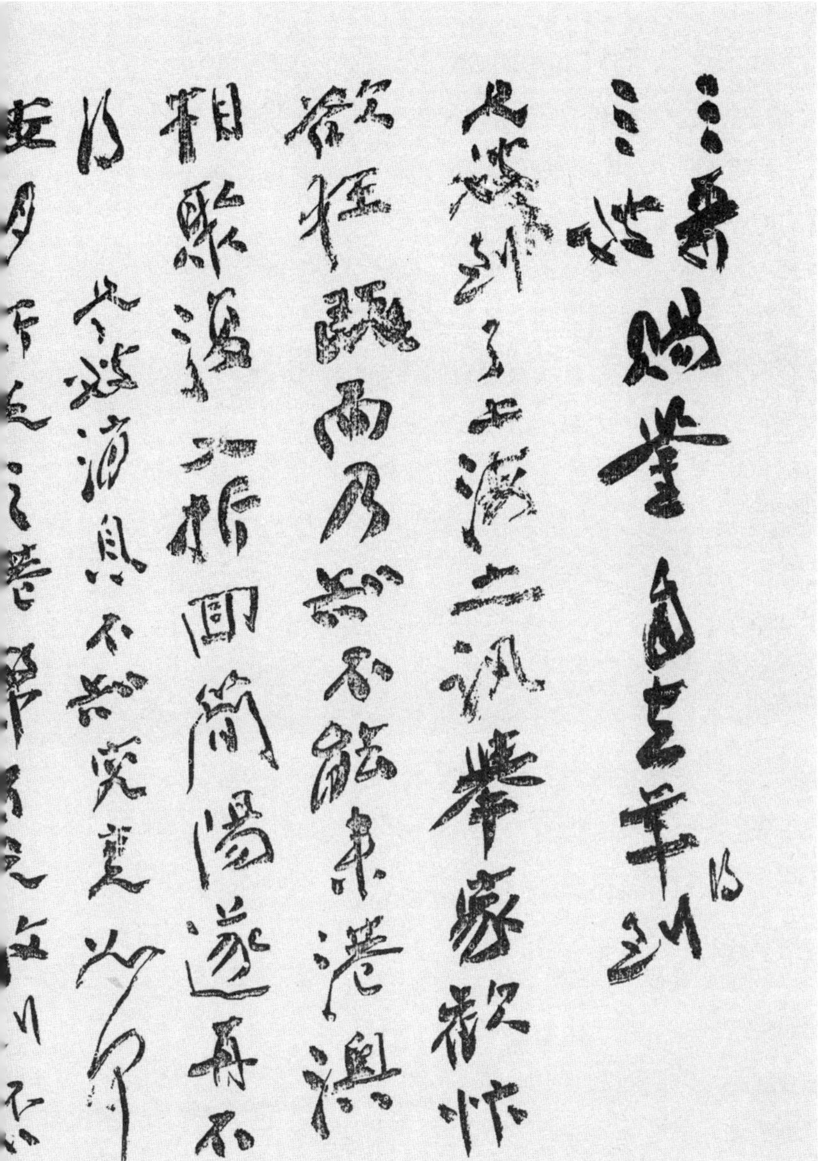

解 读

1962年2月9日致三哥信中，满怀希望定能获准出境，终于“得到兄嫂到了上海之讯，举家欢忭欲狂”。可是最终竟是一场空欢喜。上海受阻，“乃知不能来港澳相聚，复又折回简阳，遂再不得兄嫂消息，不知究竟如何”。

张氏获悉兄嫂到上海之讯，很可能是从浣嫂杨浣青口中得知的，因为浣嫂获准赴澳门探亲，被张大千带到巴西。杨浣青只是听说张丽诚夫妇到过上海，而不知他们到上海何事。据九侄张心义回忆，父母此次赴沪，是在三哥张心铭的陪同下途经上海，想到安徽郎溪扫曾太婆之墓，而不是为出境之事。后因到上海后旅资告罄，无法前往，向南京的堂弟张心珏（大千的第五个儿子，黄凝素所生）借了车马费才折回简阳的。大千不明情况，以为是获准赴沪，非但空喜一场，还对兄嫂屡屡遭阻大惑不解：“今十一侄女来此已近一月，十侄女亦将来晤，不知兄嫂何以竟不能来？”他哪里知道，大陆的探亲政策是直系亲戚才能享受探亲待遇，十一侄女张心庆、十侄女张心瑞都是他的亲生女儿，当是直系亲族，而三兄三嫂虽被大千视同父母，实际上只是旁系亲族。又据张心义告知，他多次陪同父亲去内江公安局，或去简阳公安分处。也许是看在张丽诚是简阳政协委员的份儿上，又上了年纪，办事人答复都很客气，总是“你们年岁大了，受不起车旅劳顿”为由婉拒。一次，他们把张大千的一封信（内有“只要兄嫂来香港会晤，问明国内情形，即可变卖巴西家产，陪同兄嫂回国”云云之信）寄给了内江公安局，也石沉大海。

至于张心庆、张心瑞何以能赴港探亲呢？据张心庆告知，她是经过四川省统战部门的同意才获允的。我问张心庆统战部门有何要求，回说希望她能劝劝老人家回国。

张心庆如何劝父回国，父女均未提及。但时隔二十多年后，张心庆在《回忆爸爸几件事》一文中，写到了她的香港见闻。她在文中忆道："1963年暑假，我申请去香港探亲，那时爸爸在乐斯酒店，每天都在忙着绘画。那次探亲，我带着五岁的小女儿小咪。她每天站在画案旁看爷爷画画，手里不时捡起一些刚裁剩下的小白纸条，吵着要爷爷给她画鱼。爸爸满足了小咪的要求，寥寥数笔就勾出几条似在水里游乐、神态各异的小鱼，小咪爱不释手。当时有位师兄买了一些汽车、飞机玩具送给小咪，故意逗她，要用这些玩具换她的'小鱼'，小咪一听，马上摇头说：'叔

张大千与外孙女小咪（张敏）摄于香港

1982年张大千送给外孙女小咪的画作

叔，您的汽车、飞机，百货公司都能买到，我的小鱼是爷爷画给我的，别处买不到，我不换。’当时爸爸不禁哈哈大笑，指着小咪说：‘别看她人小，你还骗不到她所爱的东西。’”

1963年4月22日

三哥三嫂：

日前得复示，谨悉哥嫂不愿再为申请来港与弟相晤，弟痛心万分，此生此世无复见面之矣。望哥嫂保重。弟但有一分力量，仍当月汇少许，略助生活之不足。拾得侄尚未到来，弟等到见面之后，即南归。十一侄亦待拾得到来即同回川也。铭侄、义侄及心慧侄所需，弟一时无力，但能有办法，仍必寄去。幸转示侄辈谅叔迟迟。

四月廿二日，八弟爰叩头

明日为老父阴寿，后日为弟生日，一家不能团聚可叹可恨。

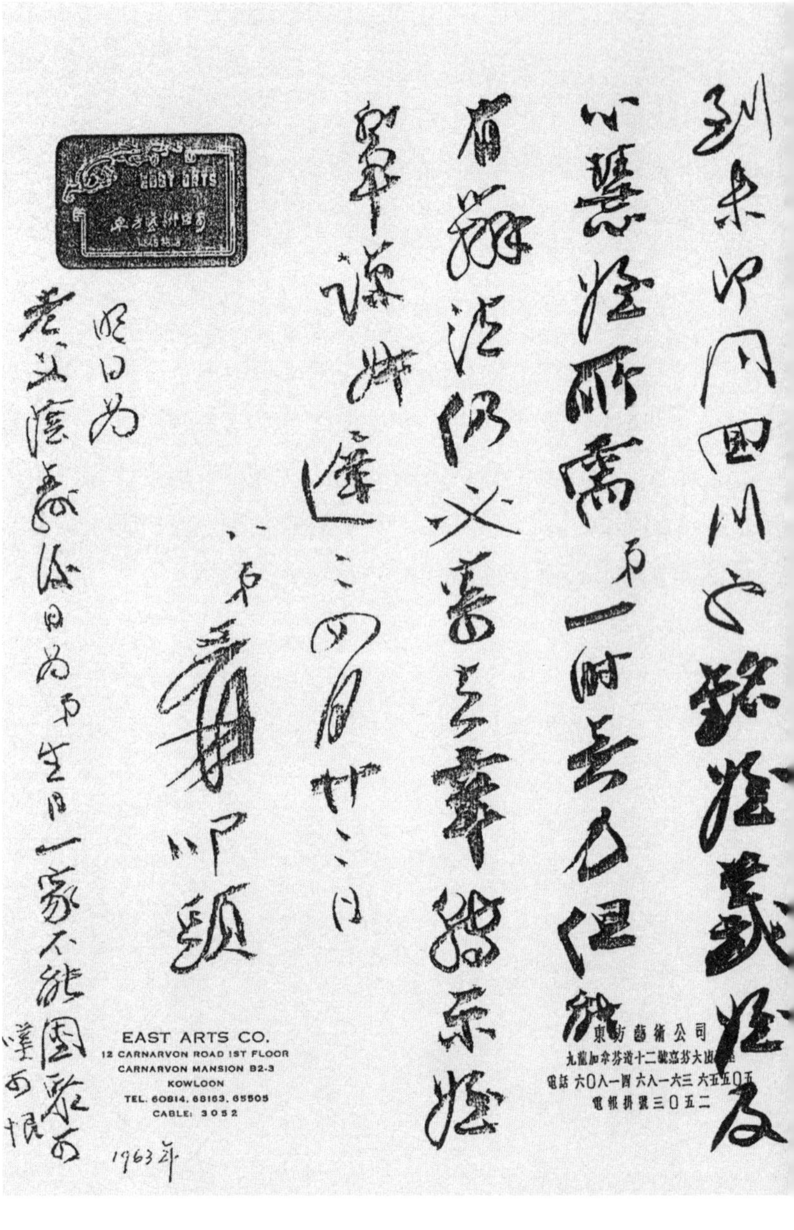
東方藝術公司
九龍加拿芬道十二號嘉芬大廈
電話 六〇八一四 六八一六三 六五五〇五
電報掛號三〇五二
EAST ARTS CO.
12 CARNARVON ROAD 1ST FLOOR
CARNARVON MANSION B2-3
KOWLOON
TEL. 60814, 68163, 65505
CABLE: 3052
1963年

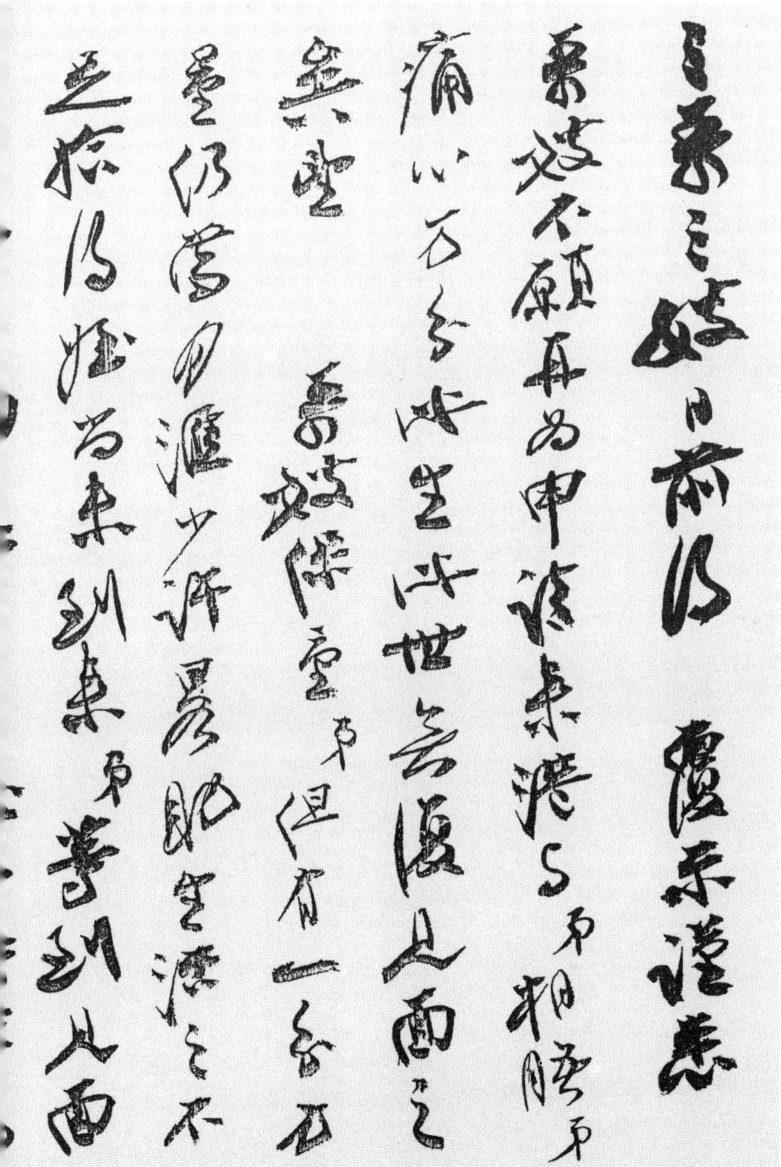
三哥三嫂：日前得　覆示谨悉
哥嫂不愿再为申请来港[illegible]弟相[illegible]弟
痛心万分，此生此世无复见面之
期望　哥嫂深望弟但有一分力
量仍当月汇少许[illegible]汇之不
足于仍[illegible]来到来弟[illegible]到兄西

解 读

张大千读到了“哥嫂不愿再为申请来港与弟相晤”的复示，这封复示，等于宣告老年弟兄“此生此世无复见面之矣”，心中当是“痛心万分”。从60年代伊始，兄弟之间鱼雁传书，为谋划海外相晤相聚，耗尽了多少心思，而年近八旬的三哥三嫂又为申请出境之事，往返于简阳、内江、成都公安部门，费尽了多少口舌。三兄低声下气，看人脸色，最后依然不准出境，这又是何等令人心碎之事啊！他只得祈求“哥嫂保重身体”，并表示“弟但有一分力量，仍当月汇少许，略助生活之不足”。

新中国成立后，张丽诚夫妇因年老无工作，无生活来源，全靠三子抚养。长子张心礼在外地工作，次子张心铭在重庆工作，而老夫妇则与三子（即九侄）张心义在一起生活。心义夫妇都在简阳区银行工作，又生有三个子女，上有二老，下有三小，显然数十元的薪金是不够用的，须有张心礼、张心铭、长孙张达先按月寄生活费才能勉强谋生。1958年，张心义又因简阳银行系统反右扩大化，被划为右派，开除公职，戴帽下放劳改，雪上加霜，生活更加困难。此事为海外的大千获悉，所以按月汇寄港币百元，作为给哥嫂的生活补助。过年过节再多汇一些，另寄生活食用品，以补内地市场供应之不足。据张心义告知：八叔按月寄回的均是港币或美金，可以兑换外汇券，用外汇券购物，可以购得市场所没有的紧缺食品，诸如糖果、糕点、衣物等等。大千按月必寄，有时疏忽晚寄，还深表歉意。

信中提到了“铭侄、义侄及心慧侄所需，弟一时无力，但能有办法，仍必寄去”，这里的“所需”，也许是后信中（八月

张大千《入眼荒寒一洒然》

廿五日）提到的“美金”。信中虽云“一时无力”，但仍寄去了。“两月前弟曾托人于香港与兄兑回美金二百，铭侄、义侄美金各一百。”大千对兄嫂子侄的情义由此可见一斑。

1963年8月25日

三哥赐鉴：

前两得来示，俱未能即时奉复，至为惶恐。缘久游回家，家事颇多繁复，不幸浣嫂又以心脏病入医院，才三日忽尔（而）弃世。弟虽六十四五人，从不更事，罗侄更无论矣！办理丧葬，真是不知所措，所幸朋友尚多，襄助安葬于摩诘公墓，稍待数月，再行修墓树碑。十一侄已行回川，不知曾到洛带来省兄否。拾侄挈其小女来巴西，拟住数月始返。兄已得出国许可，闻之至慰，但弟今年年内无法出外，一因家事牵掣，二因十月底十一月初弟有画展举行，弟希望兄明年二三月动身来港，弟决来迎接。两月前弟曾托人于香港与兄兑回美金二百，铭侄、义侄美金各一百，至今未得来信，不知究竟收到否。千万速即赐复为盼。

八月廿五日，八弟爰大千

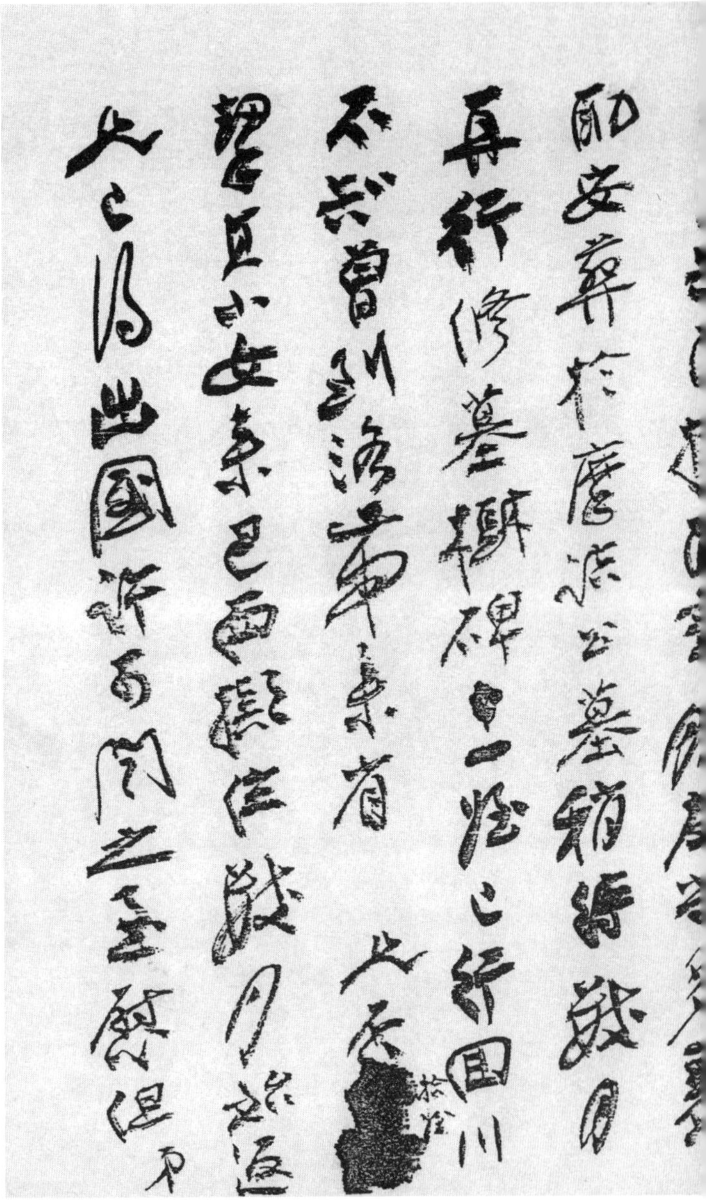

既安葬於唐張公墓稍得戢身
再行修墓樹碑一俟已行回川
不然曾訓諭兒輩着大[illegible]
躍且小女兒已西渡[illegible]
大已隨出國行前問之至感[illegible]

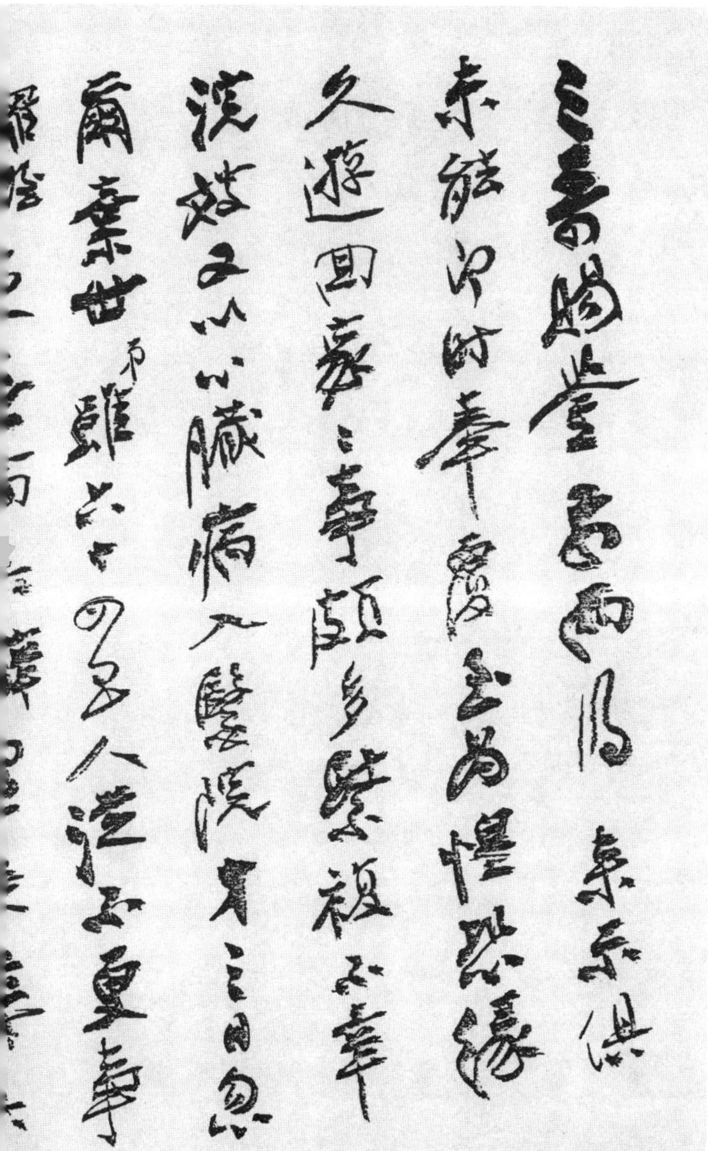

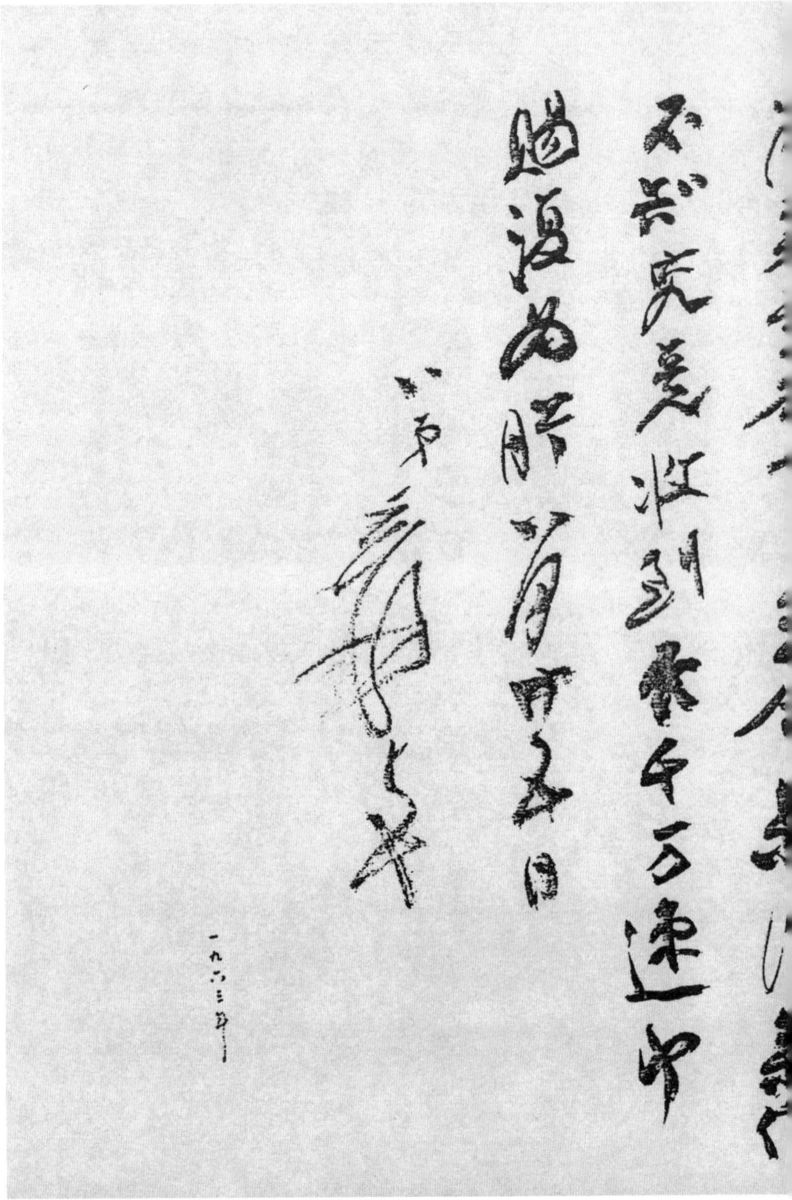

一九六三年

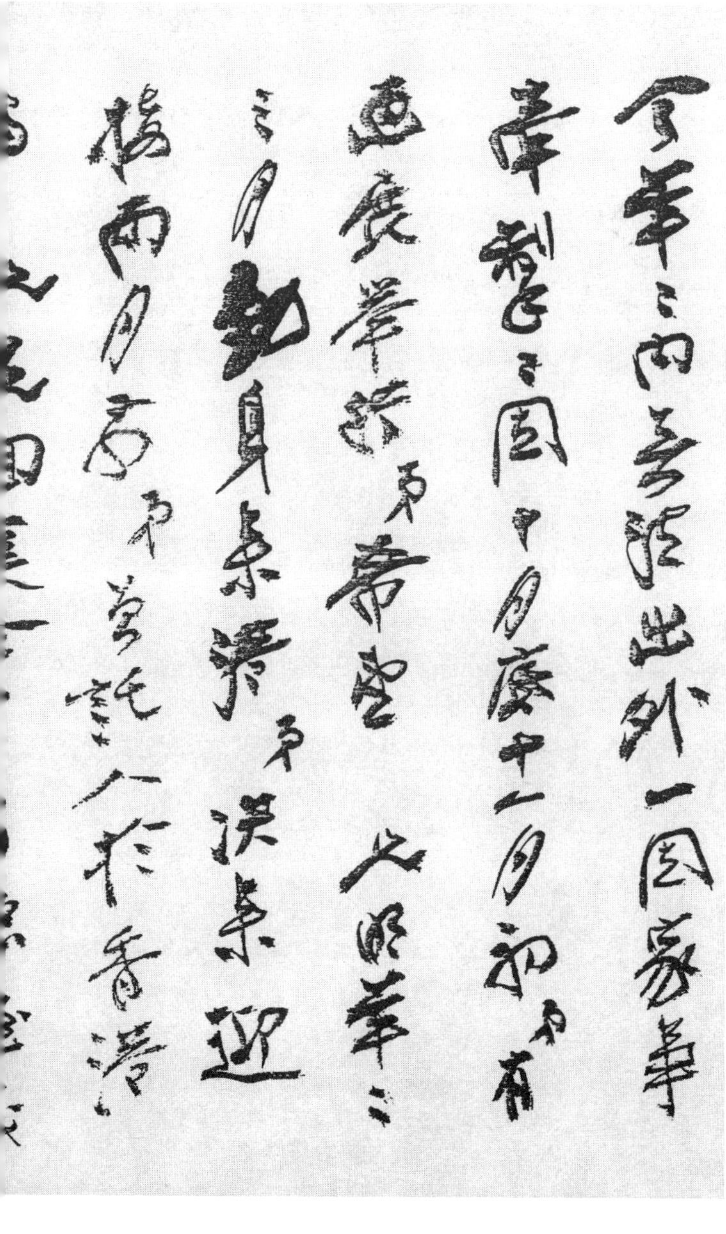

解 读

浣嫂杨浣青是张大千的二嫂，也是张善子的第二位夫人。因二哥壮年病逝，所以大千十分敬重二嫂。善子病逝后，大千挑起了供养浣嫂母女（嘉德）的生活担子，按月供需，并两次把她接到香港侍奉，最后又把她接到巴西颐养天年，养老送终，尽到了当弟弟的全责。大千本想像对待二嫂一样，把三哥三嫂也接到海外奉养（会晤是说辞，奉养是实情），可是一而再再而三地被拒签，引得二老心灰意懒，复示不再申请赴港。不知是谁误传“兄已得出国许可，闻之甚慰”。

张心瑞（拾得）是张大千的爱女，自幼聪明伶俐，也喜欢书画，深得其父的宠爱，后来嫁给了大风堂的弟子萧建初。

1949年底，大千离开大陆之后，一直写信并委托朋友帮忙，希望把留在国内的亲属办出国去。心瑞曾在1952年从成都到了广

张大千与女儿张心瑞
摄于八德园

州，但最终还是没有能够去到香港与父亲团聚。之后大千携家移居南美，始终没有放弃要女儿女婿出国团聚的愿望。1963年，经大千好友叶浅予帮助，领到赴港探亲的通行证，5月18日，心瑞带小女儿莲莲抵达香港。父女分别十四载，大千不忍与女儿短暂相聚之后又要分离，遂请朋友帮忙给心瑞母女办了台湾旅行证件，拿到巴西签证。6月，心瑞母女去了巴西。张心瑞母女在巴西八德园生活了将近一年，在《拾得珍宝》一书中，张心瑞写道：

> 父亲要我来巴西，并不仅仅是探亲，他是希望我一直留在他身边，以后再把建初和孩子们办来。父亲年过花甲，除了在家辛勤作画，还要时常外出办画展。除了保罗弟可以为父亲分担一些事务，其余的弟弟妹妹还在读书，又不认得中文，父亲要他们翻书查找数据都做不到。我真不忍心看到父亲那样辛劳，也很想留在父亲身边侍奉尽孝，但当时的国家公民出国政策和国内的政治情况与现在很不相同，建初他们要出国是不太可能的，而如果我滞留不归，还会给他们造成政治上的牵连。留与不留对我都是很艰难的选择。父亲其实与我一样，都在矛盾的心情中徘徊。父亲好几次说“爸爸喜聚不喜散”，“爸爸这辈子喜聚不喜散”，但聚了这边散了那边，聚了那边散了这边，去留都不是两全的。父亲说或许可以把外孙女莲莲留下来，我仍然很犹豫。有一天父亲画了一幅《雀石图》逗莲莲，说要把画裁开拿一半给莲莲，看到莲莲着急的样子，父亲在画上题写了“送一半留一半，莲莲、莲莲你看看，到底你要那

张大千送萧莲的“送一半，留一半”的《雀石图》

（哪）一半”，把画给了莲莲。莲莲当然高兴，她哪里懂得外祖父在玩笑后面的悲伤。我知道，父亲是忍痛舍去他的女儿，保全了我和建初一个完整的家。其实我的内心又何尝不疼痛和纠结。父亲的疼爱让我感念终身，而未能陪伴父亲，因我的离去让父亲难过，也成为我一生的内疚。

1964年1月21日

三哥三嫂亲鉴：

自去年回巴西后，十月又到欧洲。于瑞士因洗澡跌伤右肋骨，至今医云已愈，仍然时时作痛，久久未能写信为憾憾也。近来想哥嫂安好，兹托人于香港与哥嫂兑回港币三百元，以为零用。此款到时，恐在二月底矣，不能为春节之需，是弟疏忽处也。拾侄仍在此，须稍迟方还川，弟在此间亦暂不出门，但有意于四五月去日本看花，若哥嫂能出来，则当赴香港迎候。

一月廿一日，八弟爰大千

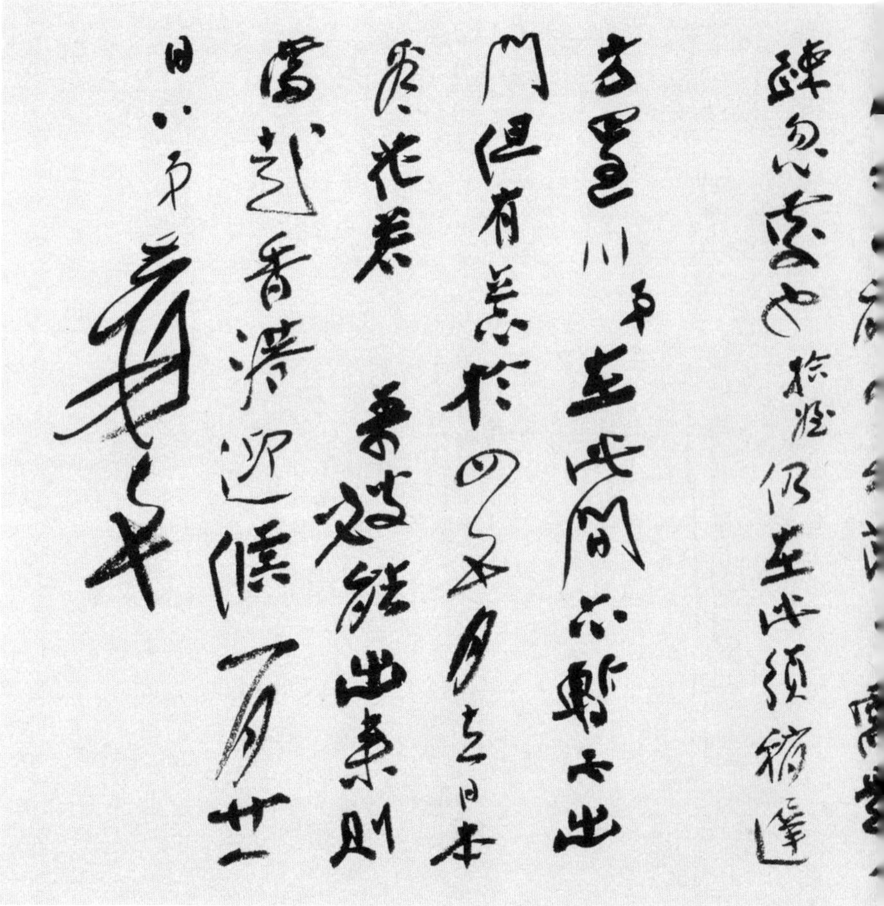

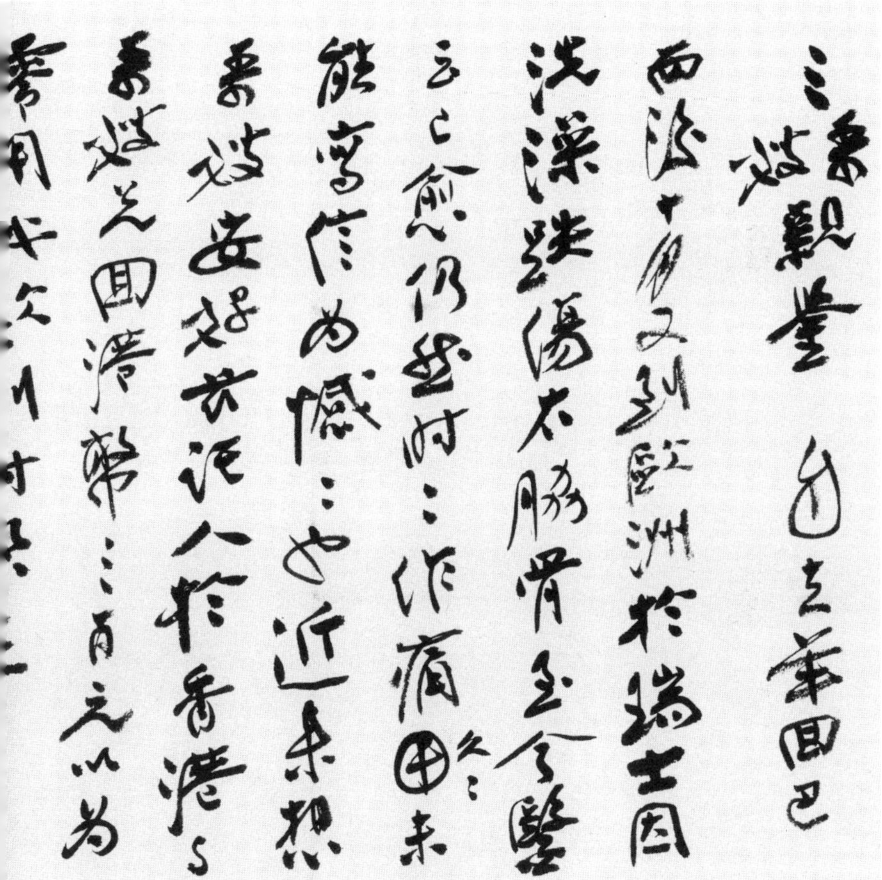
三哥嫂觀鑒 自去年回巴
西後十一月又到歐洲於瑞士因
洗澡跌傷右脇骨至今醫
之之愈仍然時時作痛因之久久未
能寫信為憾憾也近來想
哥嫂安好[illegible]去信人於香港
哥嫂之回港帶之之消息之以為
[illegible]

解　读

去年八月廿五日致信三兄嫂，至今相隔五个月未通音讯，原因是他又去了一次瑞士。“因洗澡跌伤右肋骨，至今医云已愈，仍然时时作痛，久久未能写信为憾憾也。”要不是春节将至，赶紧兑港币以为零用，怕还不一定写这封信呢。张心庆、张心瑞省亲，前信只淡淡提及数笔：“十一侄已行回川，不知曾到洛带来省兄否。十侄挈其小女来巴西，拟住数月始返。”张心庆是曾正蓉所生，自幼乖巧。她只是在香港与父相晤，团聚时间虽然不长，但父女间应该有许多私房话，也难免有祖国进步，劝说父亲回归大陆之类的话。心瑞、心庆同是大千的女儿，都带了外孙女到香港，心瑞母女随父亲去了巴西，心庆母女却返回内地。大千不便明说个中缘由，只能在信中简单写一句：“拾侄仍在此，须稍迟方还川。”

张大千寄给三哥三嫂的贺年卡，内有张大千夫妇与张心瑞母女及心瑞胞弟心夷（左一）合影

张大千、徐雯波夫妇在日本看樱花

信中又一次提到“有意于四五月去日本看花”。四五月正是初夏时节，初夏去日本看什么花？自然是樱花、荷花，尤其是荷花，从初夏一直可以看到盛夏。张大千赴日本看花，看得最多的是梅花和荷花。早春看梅，夏日看荷，在众多花卉中，他画得最多，诗题得最多的也是梅花和荷花。他对梅花之所以情钟，并不是因为梅花的美和艳，而是因为梅花象征高洁孤傲的情操，这从他的题梅诗中可以充分看出来。如：“梅花落尽杏花园，二月春风燕子归。半世江南图画里，而今能画不能归。”又如：“十年流荡海西涯，结个茅堂不是家。不是不归归自好，只愁移不得梅花。”他喜爱荷花，也是喜爱荷花的“出淤泥而不染”的品格，诚如他在题荷诗中所咏：“抱月飘烟袅袅身，淡浓梳裹总清新。江妃自惜凌波袜，肯受人间半点尘？”在另一首题画诗中，他又咏道：“不施脂粉不浓妆，水殿风微有暗香。要识江妃真颜色，晚凉新浴出兰汤。”由于张氏“即有欧美之行”（5月4日赴西德科隆举办近作展），故而去日本看花也就作罢。

1966年2月18日

丽哥明嫂：

自三年前于巴西寄呈彩色照片数幅，未得回示，遂未再函叩安。近三年各处求医疗治目疾，愈治愈坏，几于失明，但仍卖画为生，模糊影响，以心使手，真写意而已。不知近日哥嫂健康如何，修哥病已复元否？嘉德八侄昨有信来，琳琳去岁亦有信来，俱未言及。子侄辈大半如此，可叹。兹寄上二小画，便知弟目力之衰也。得回示后当再寄上也。二月十八日遥祝哥嫂双寿。

八弟爰叩头

回示交香港李祖莱先生转，为祷。

荷花一张请转四叔，萝侄附叩。

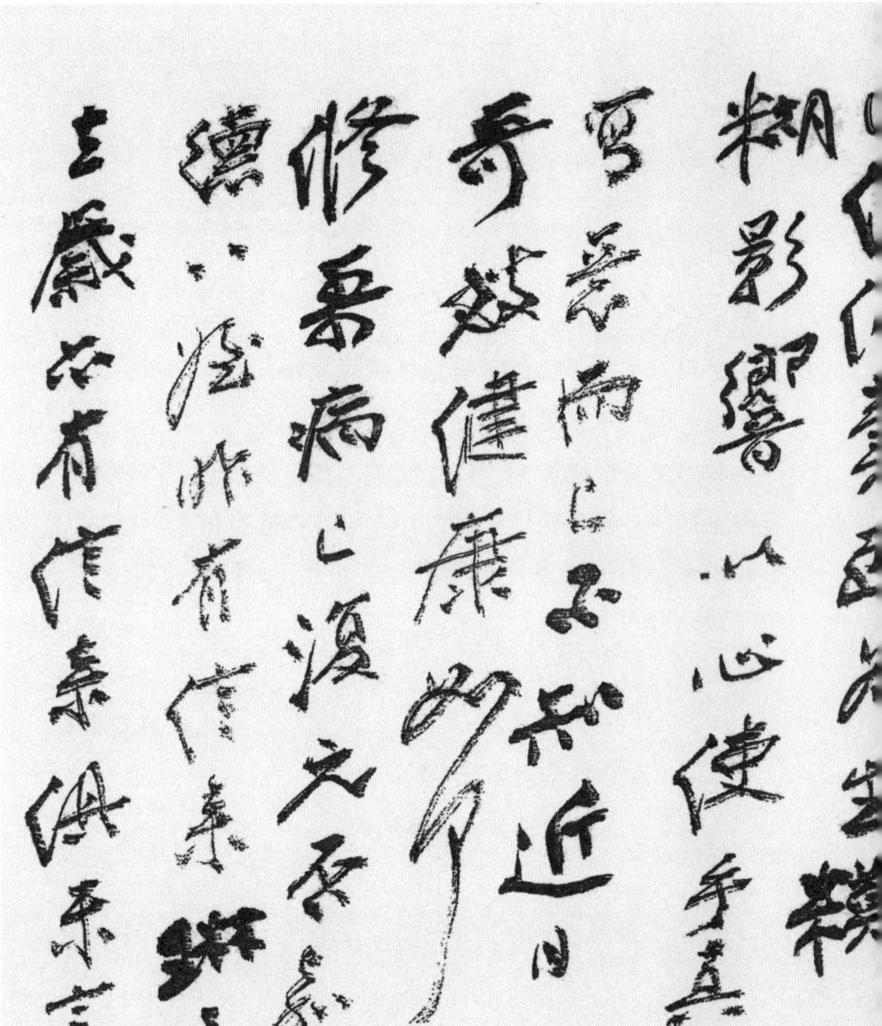

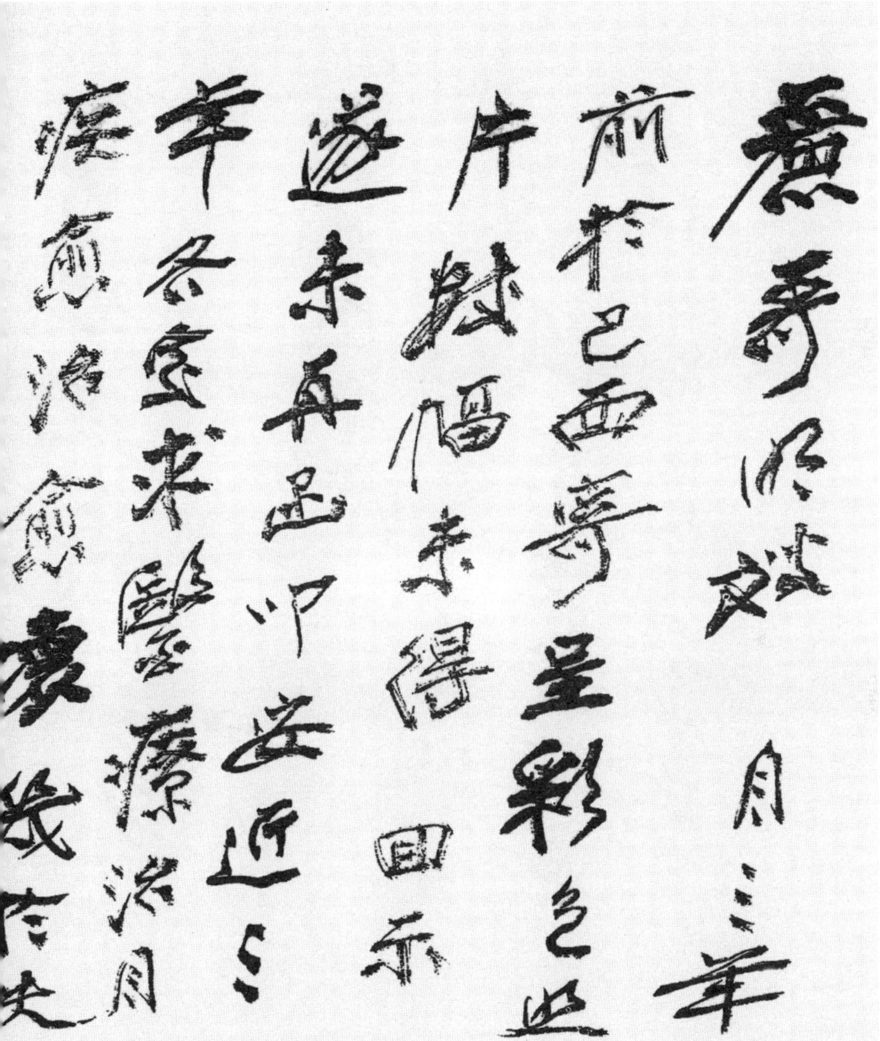

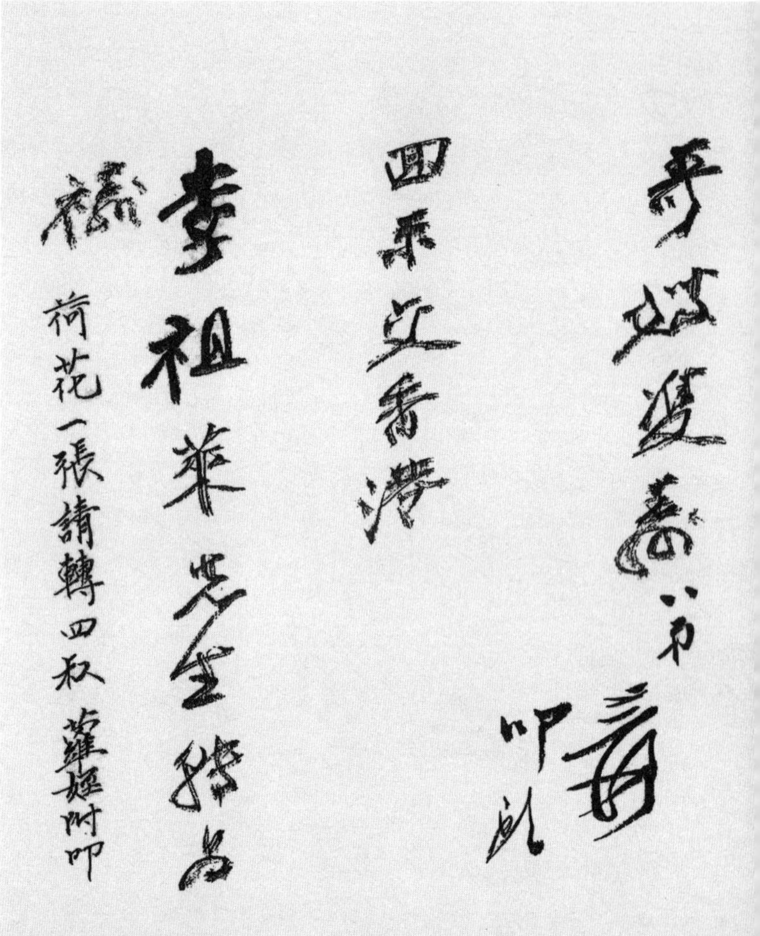
弟[illegible][illegible][illegible]、、弟爰叩頭
四兄文[illegible]香港
李祖萊先生轉呈
[illegible]
荷花一張請轉四叔　蘿姪附叩

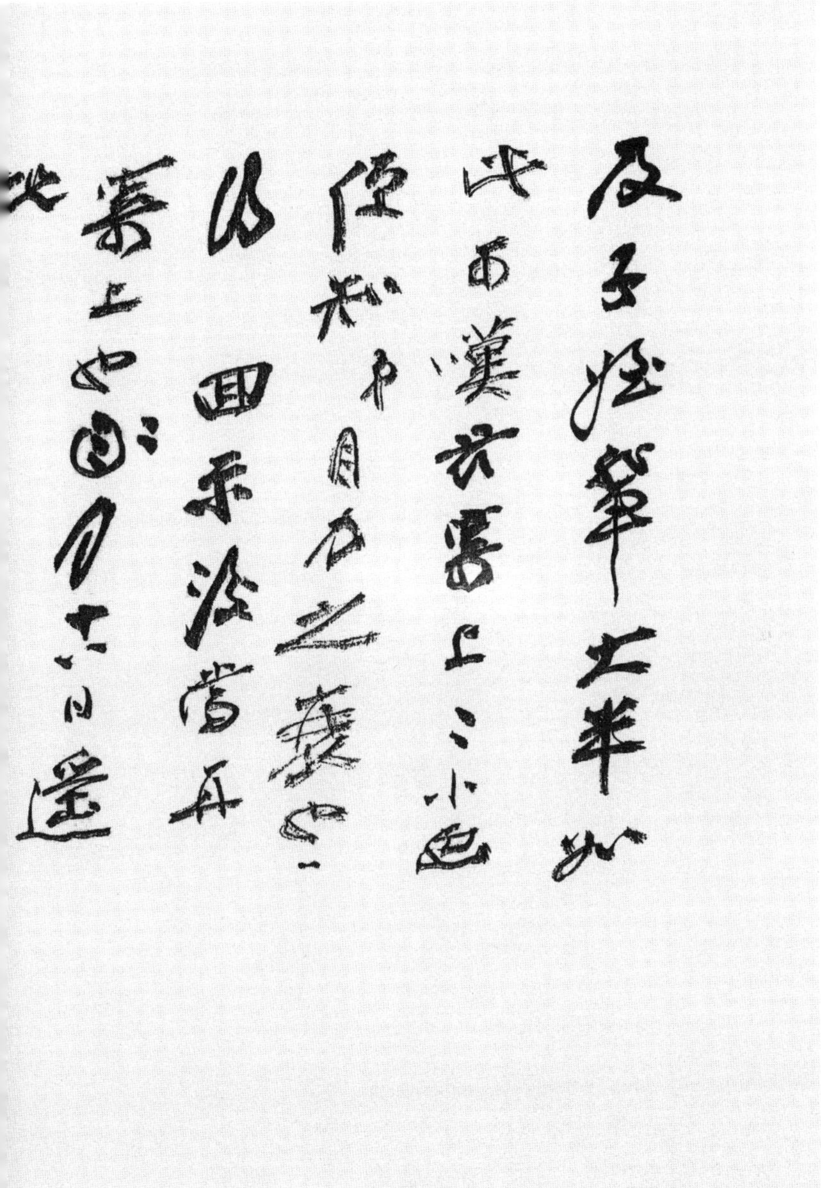

解　读

这封信是由保罗去美国为父亲办事，途经比利时而寄出的，原因是当时中美不通邮件。这两年中缘何断了信件？会不会与张大千的目疾加重（除了目疾，还有胆病，详见1974年信），各处求医有关？又据张心义见告，1963年前后，张丽诚以民主人士的身份被推选为简阳县政协委员。当上了县政协委员，自然成了县里有影响的人物，他之所以不再申请出境及减少与大千的通信，会不会也与此有关？

张大千的目疾，病根在糖尿病。早在20世纪40年代，张大千已得了糖尿病。1957年夏日，张大千在巴西八德园内指挥工人堆置假山，见数工人搬一巨石砌假山，遂上前相助，谁知用力过猛，突觉两眼发黑，原以为休息数日即可恢复视力，孰料数日后依然如故，视物不清。遂赴圣保罗医院检查，诊断是眼底毛细血管因用力过度而破裂。医嘱严禁作画，静心休养。但治疗别无上策。静养两月后，眼疾无甚好转，只得赴美国纽约，在哥伦比亚大学眼科研究院住院治疗。经检查，亦系眼视网膜毛细血管破裂，瘀血积于视网膜，故视力模糊。医生还说，用力过猛，固是导致微血管破裂的诱因，但根本原因在于糖尿病。现手术及药物均不能根除，只有先治糖尿病，同时休息，待视网膜瘀血自行吸收。

嗣后，他的眼疾时好时坏，60年代又因赴欧美多次举办画展，用眼过度又引发了目疾，各处求医，且“愈治愈坏，几于失明”。一方面是各处求医治病，一方面又要卖画为生，因视力衰退，细笔工笔画不了了，只能“以心使手，真写意而已”。于

张大千于八德园的人工景观《悬崖松》前留影

是大笔挥洒，泼墨泼彩应运而生。真所谓物极必反，绝处逢生。视力衰退对一个画家（尤其对靠卖画为生的张大千来说），当然不是一件好事，但在特定的条件下，对特定的画家而言，坏事也能变成好事。当然，张大千之所以独创泼墨泼彩，主要源于他集大成的传统艺术修养，水到渠成，还在于他观摩了西欧现代画派的自动泼彩绘画技法，视力衰退有病，也只是一个诱因而已。

信中言及的二幅小画，怕是粗笔写意，意在令三哥“知弟目力之衰也”。回示交香港李祖莱先生转，李祖莱是张大千在上海

张大千的山水画

时期的红颜知己李秋君的七弟，当是心腹好友，故信件回示可由他转交。信的末尾是保罗附笔请三叔（张大千的三哥）转交张大千为四哥所绘的荷花。

1968年4月8日

三哥三嫂赐鉴：

月前在旅途中，得港友转来赐书，谨悉。代永世兄汇款，已蒙收到，以行程无定所，又复冗忙未得即复，顷者还归巴西，又得惠示，兄与弟俱老矣，不得聚首，每每思念则为下泪。月之二十七号为弟七十诞辰，悬身海外，尤为难过。兹仍托代永世兄兑上港币二百余元，收到乞命九侄略治肴馔补祝哥嫂二月十二、初六寿辰，为一日之欢也。四哥处亦托代永兑去，又照片一帧附呈，知弟须发亦尽白矣。

四月八号，八弟爰大千

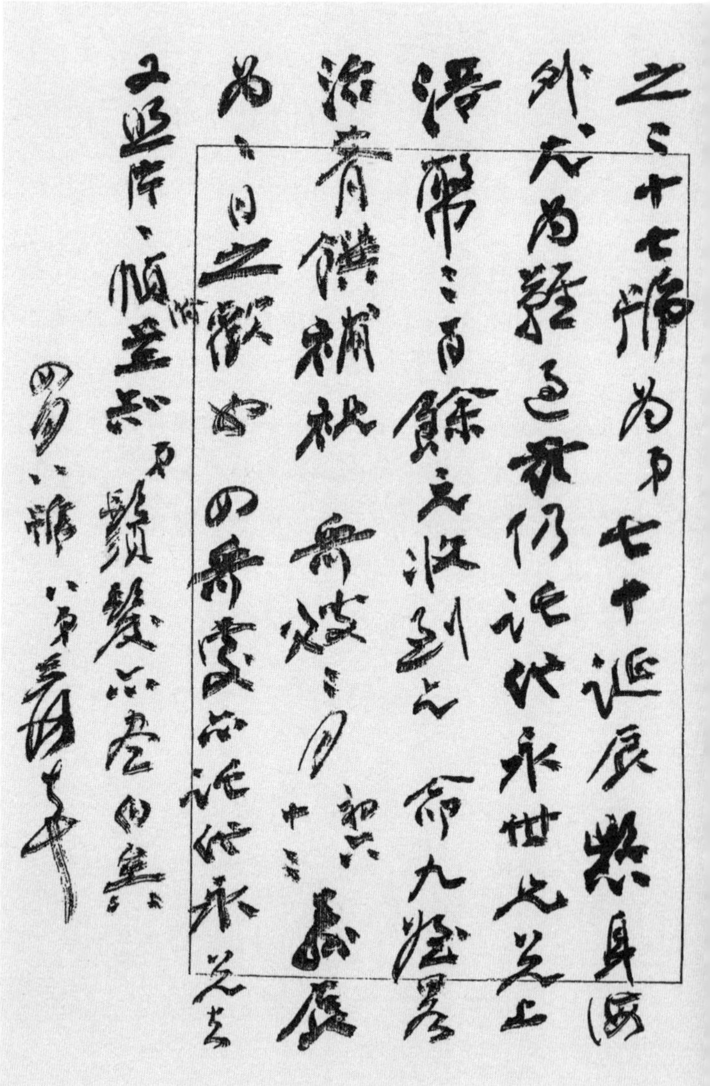
之〃十七姪為弟七十誕辰[illegible]具[illegible]
鈔〃，尤為難[illegible]，[illegible]仍託代求世兄先上
[illegible]帶〃百餘元收到[illegible]，命九姪[illegible]
[illegible]饌[illegible]無[illegible]〃日初六壽辰
為〃日之歡，[illegible]無[illegible]亦託代求兄先[illegible]
又[illegible]，順[illegible]弟鬢髮亦[illegible]白矣
四月[illegible]日 八弟爰[illegible]

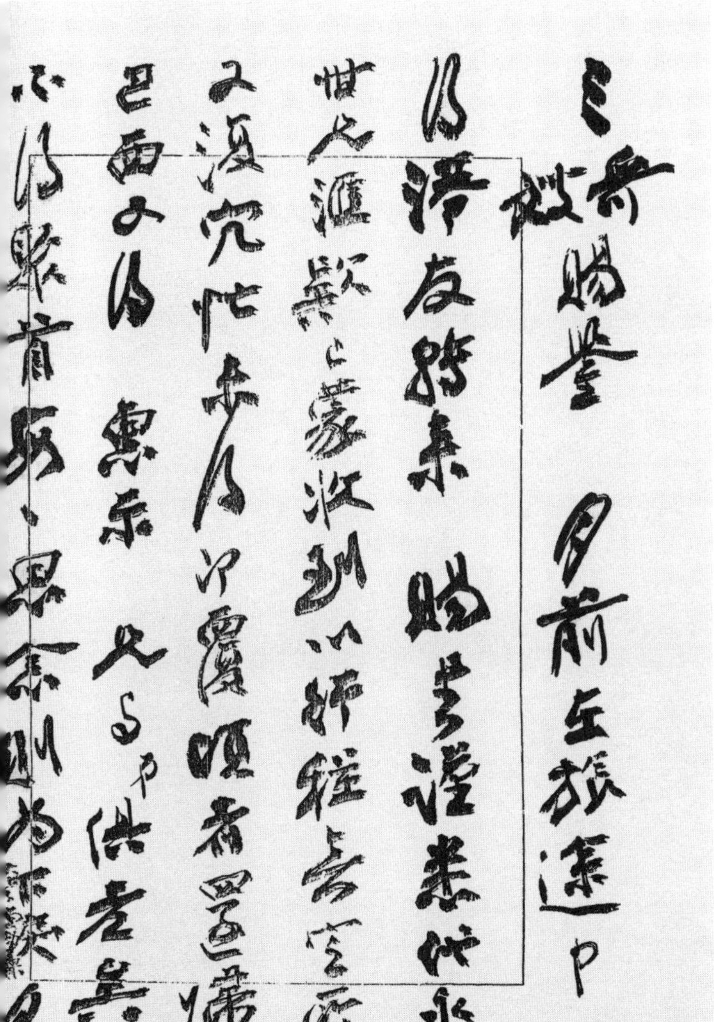

解 读

此信云“月之二十七号为弟七十寿辰”，故推断写于 1968 年 4 月 8 日。张大千的七十寿辰是在巴西八德园家中度过的。为庆贺张氏的七十寿辰，台湾老友策划了一份特殊的贺礼，这就是由张大千口述，谢家孝笔撰，在台北《征信新闻报》连载，系统介绍张大千生平事迹的专栏“张大千的世界”。谢家孝又赶在张氏寿诞之时，将此书出版，以作献礼。

张大千由自己的七十寿辰，联想到远在大陆的三哥三嫂的寿辰，于是仍托门人罗代永兑汇港币二百余元，并乞命九侄张心义略治肴馔，为其父母补祝寿辰。以此为老年兄弟不得聚首，权作

八德园画室前的佛手树

大千七十画作，2014 年 9 月 5 日张保罗向台北历史博物馆捐赠《张大千七十自画像》。这是保罗在家中与父亲自画像的合影

精神会餐，尽一日之欢，求得自己心理上的慰藉。

1968 年 4 月 27 日（农历四月初一），是张大千的七十大寿之日，家人在八德园内为他设宴祝寿，他作了一幅《七十自画像》，并题诗道："七十婆娑老境成，观河真觉负平生。新来事事都昏聩，只有看山两眼明。大千居士年七十矣，自写尘颜，并拈小诗题其上，戊申四月，摩诘山中八德园。"

1969年6月7日

三哥三嫂惠鉴：

两月前得罗代永兄转来手示，未能即刻（复信）使兄嫂悬望。因弟彼时正有远行也，遥想兄嫂及侄辈侄孙辈俱各安好，此间亦俱平善。四哥病后如何？总不得内江一信。去年弟曾分寄像（今用相）片多幅，又寄四哥画三幅，哥来示亦未提及，想俱遗失矣。兹复托代永兄汇上小数并弟近影一幅，收到乞即简复。

六月七日，八弟爰百叩

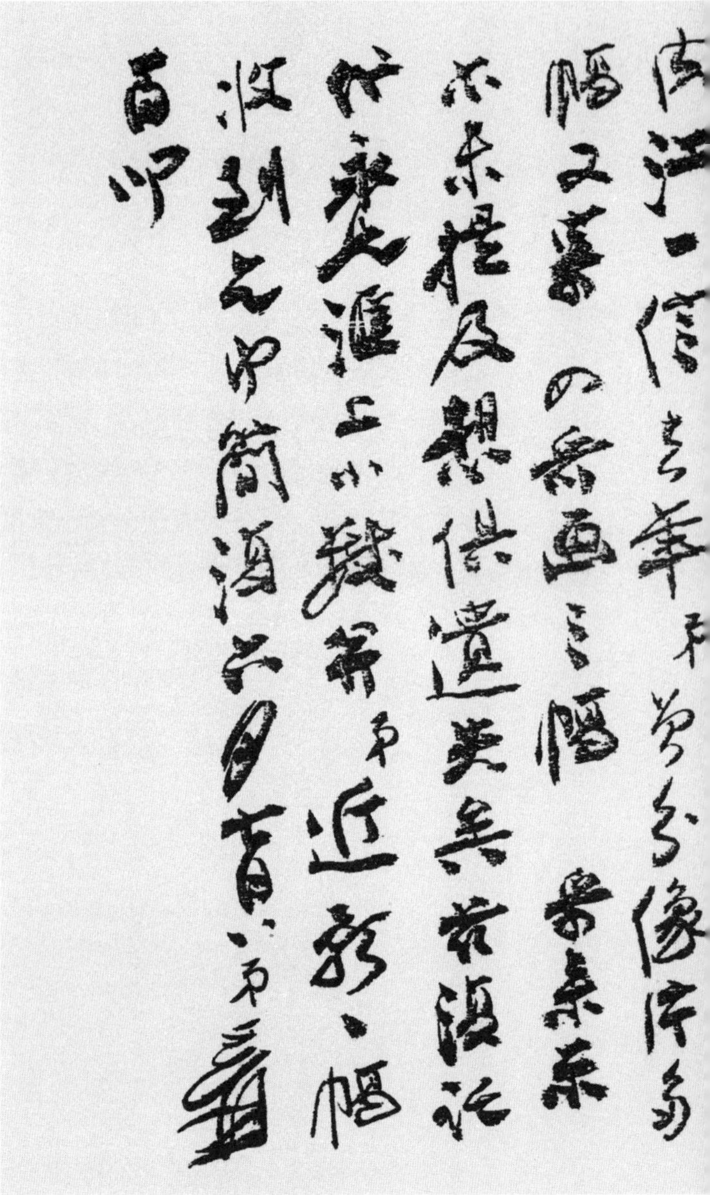

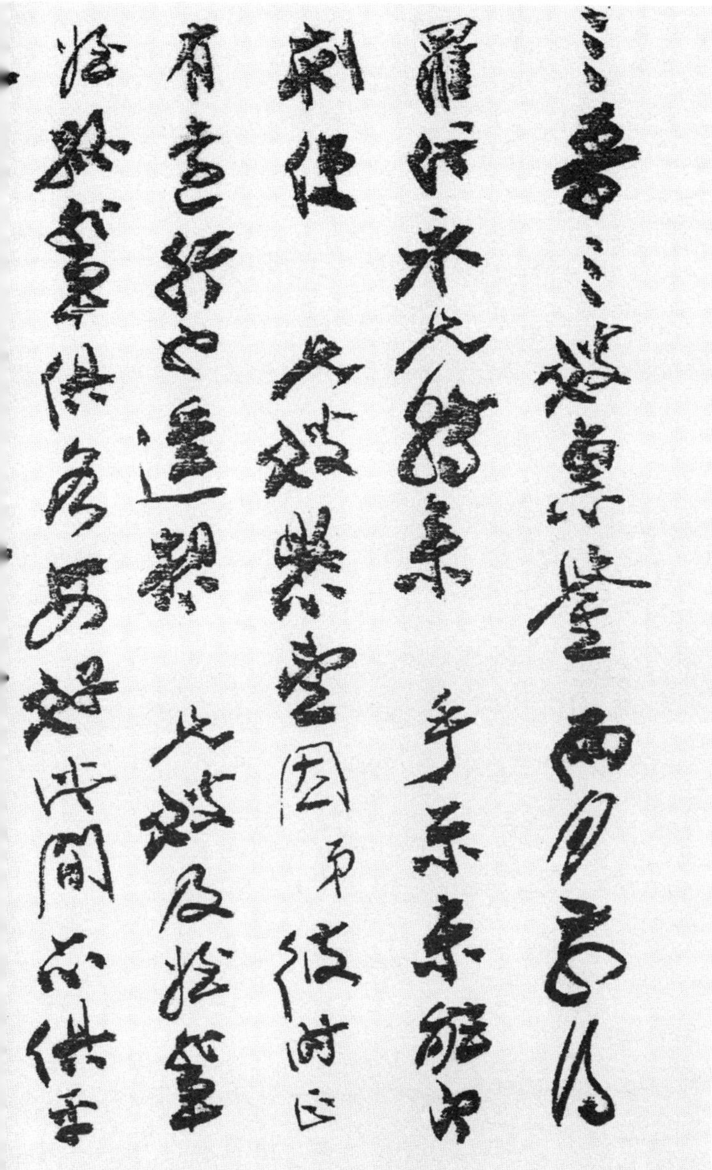

解 读

此信定在1969年，因信云“两月前得罗代永兄转来手示”，也就是说该年4月前后读到三哥手示，而“因弟彼时正有远行也”。什么远行？查李永翘编《张大千全传》1969年条：约5月，台北“故宫博物院”举行《张大千先生捐赠故宫临摹敦煌壁画特展》。既然是特展，张氏夫妇当然要应邀出席。信中的远行，怕就是赴台远行。因两岸关系紧张，信中不便明示。据有关记载，张氏当年在敦煌临摹壁画近三年，历尽艰苦，共摹得壁画二百多

张大千漫步八德园

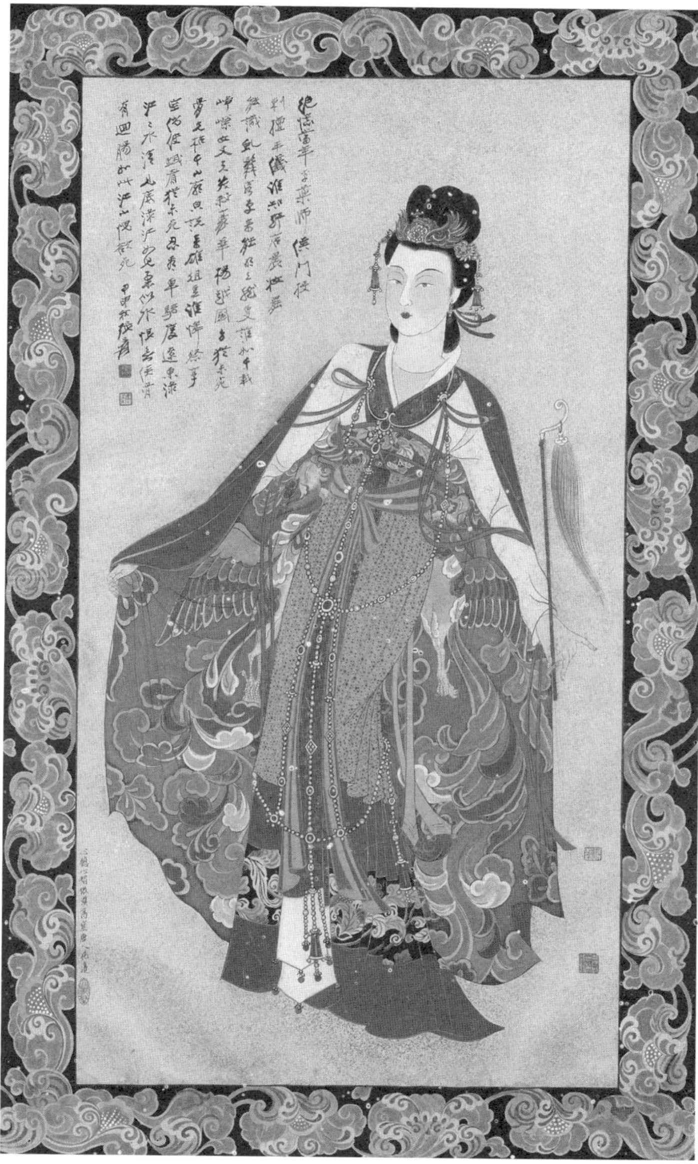

张大千所摹敦煌壁画

件。1949年岁末，他搭乘的是张群特批的军用飞机，特批三人上机，准带八十公斤行李，由于大件壁画携带不便，只带了数十件小型壁画，这次捐赠台北“故宫”的，就是这批壁画。而留在大陆的二百件大幅壁画，则由杨宛君代表张氏家属捐赠给四川省博物馆了。

对四哥张文修的病情，大千先生十分关心。据邱笑秋说，师无大病，只是老年常见病，况且他精通医道，当善加调理。不知是何原因，他“总不得内江一信”，也许正值“文革”动乱年间，与海外通信诸多不便。

又据邱笑秋回忆：“文革”初期，全国各地掀起“破四旧”、横扫一切“牛鬼蛇神”的行动，很识时务的张文修，为应付红卫兵的造反行动，主动从家中清理出部分无大用的古旧书刊及伪劣书画在家门口焚烧，付之一炬，以示与“四旧”决裂。但对八弟寄存的书画却是精心保管。我问笑秋，见过信中提到的三幅画没有，他说没有印象。也许真的“俱遗失”了。

1970年6月12日

丽哥：

数月奉到复示并前年哥过内江与修哥合影，两兄皆老矣，所幸并皆康健。修哥虽脚有微疾，而神明不衰，犹能著作医书，至可喜慰。弟目疾日甚，写此大字亦甚茫然，将于九月半东去配制软片隐形眼镜，不知能稍有帮助否。月前弟以胃溃疡及摄伏腺发炎入院割治，幸无大苦，出院已三周矣。饮食稍不便，行走时感困乏，想不久当可恢复也。弟在外生活尚稍安适，惟日日想念老年弟兄不得团聚为恨恨也。前曾托祖莱兄与两兄兑上小数，想已收到。兹再托兑若干，望哥随时赐示，使弟得知居家状况，亦得略尽弟道耳。十侄媳慧敏、十一侄女心庆成都居处弟亦不知，望示及为祷，八侄女嘉德之子聪聪外侄甥在弟身边，中学本年毕业，长得健壮可爱。最小侄女心声，今夏亦已高中毕业，下学［期］入大学矣。九侄有子女几人望示及，敬叩平安万福。明嫂同此。

八弟爰大千，六月十二日

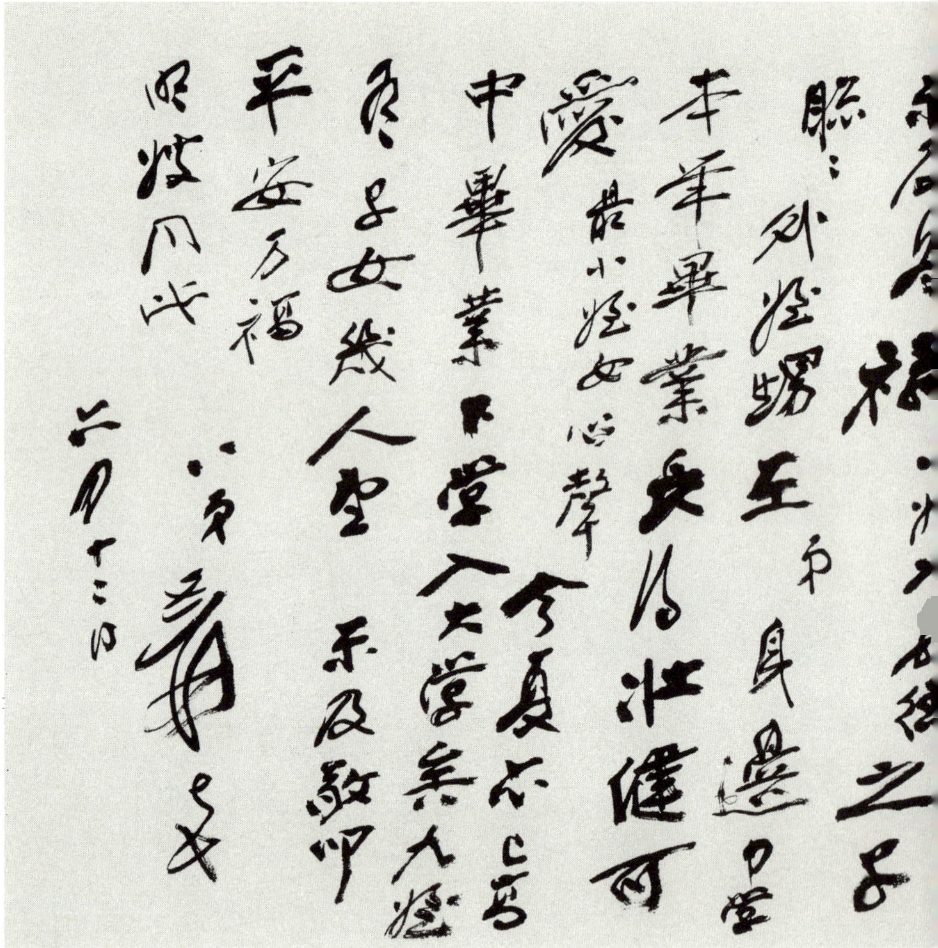

[illegible]

聪聪、外姪婿左右：[illegible]具悉[illegible]學本年畢業，兵[illegible]壯健可愛。最小姪女心聲今夏亦已高中畢業，下學入大學矣。大姪兒子女幾人？望示及。敬叩平安多福。

爰翁[illegible]

照姪同此

六月十二日

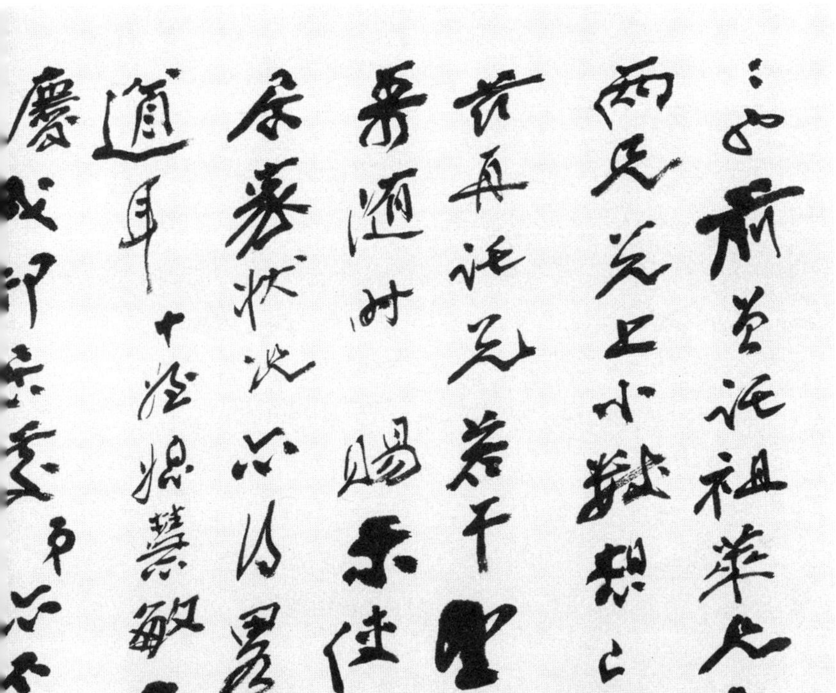

解　读

三哥复信中有前年过内江与修哥（指张文修）合影云云，并寄来了合影照片。大千看后感慨道："两兄皆老矣，所幸并皆康健，修哥虽脚有微疾，而神明不衰，犹能著作医书，至可喜慰。"

张文修行四，是大千的四哥。张文修通诗文、中医学。早年在资阳任教，大千曾随四哥习诗文；抗战时期，张文修陷落在北平，行医为生。据其次子张心俭回忆："1945年8月，日本投降。道路稍通后，八叔给我三百银元，命我赶赴北平迎接父母回川。1946年夏，父母抵渝，他们兄弟分别八年，一朝相见，其悲欢之情，见者无不感叹！"（见《张大千的生平和艺术》）新中国成立后，张文修作为知名爱国民主人士，出任内江县第一任县长，又

三哥张丽诚（左）与四哥张文修60年代摄于内江

以医学界中医代表，被选为四川省政协委员，参政议政。据四川知名画家邱笑秋告知，1963年，陈毅副总理曾请张文修到成都，为其母亲治病。病愈，陈老总自掏腰包，取出半个月的工资，在张文修的门前修了一段柏油马路，以便小车接送直抵门口。“文革”中他属于省内的保护对象，未受冲击，故“犹能著作医书”。邱笑秋还告诉我说，他从青年时代起，就投师张文修学诗文书画，并由张文修引入大风堂，私淑张大千，并在张文修家中看到张大千60年代寄赠的书画及书简。前信罗侄（张心一）附叩的“荷花一张请转四叔”，他就见到过。可惜的是，张大千致四哥的在内江的全部所藏及致四哥的家书，均被其后人出手换钱了。

从这封书简看，字迹又粗又大，有些字难以辨认，诚如信云“弟目疾日甚，写此大字亦甚茫然”。据悉，当时他的左目已近于失明，要去配制软片隐形眼镜。隐形眼镜，只能减轻镜片镜架的重量，增添美观，却减轻不了视力的模糊，也就是说提高不了视力，更解决不了因糖尿病引出的视网膜毛细血管瘀血的问题。可叹可叹！

病不单行，除目疾外，又因胃溃疡及摄伏腺发炎入院割治。摄伏腺即前列腺，是老年性常见病，西医割治属小手术，故“幸无大苦”。但胃溃疡是他的误断，实际上是十二指肠溃疡。有关胆结石的治疗，详见1974年致三哥的家书，此处不赘。

由思念兄嫂念及子侄，十侄媳鲁慧敏是鲁大昌（曾任国民党第八战区东路总指挥）之女，遵父母之命与张大千长子张心智结为夫妻，后因感情不和离异。张大千在致三哥的信中两次提到鲁慧敏，打听她的居处，想对她有所帮助。八侄女嘉德，是二哥张

张大千寄呈三哥的生日照
（摄于 1968 年）

善子的二女儿，杨浣青所生。嘉德之子聪聪，1959 年随外婆赴澳门，又折返上海，1962 年再随外婆赴港探亲，被大千留在香港求学，长得健壮可爱，而今中学毕业了，可告慰亡兄和健在的三哥三嫂。张心庆从香港回成都后，不知为什么连居处地址（也许搬了家）也不告诉老父亲，引起了老父的不安。真是可怜天下父母心呵！

1971年3月3日

（信前）敬乞七弟数（速）转简阳三哥手收。

三哥三嫂：

去年十月李七弟来看望弟，住一月始归香港，弟曾托其与哥嫂及四哥、庆侄、小阿乌数处，按月分兑小数以补助家用。至今数月，哥与四哥及庆侄、小阿乌四处俱无信来，深为悬念。昨夜梦见三嫂如在内江老屋，有愁哭之容。醒来十分难过，独自饮泣，但祝主佑全家平安。老年手足不得团聚，至为苦痛，望见弟此信，即速赐回示。若万一身体欠安，乞命九侄来函，至盼至祷。

八弟爰大千，三月三日

解 读

“文革”期间，张大千十分关注内地亲友的安危，而对内地的“文革”动向，又多从香港友人处获知，信中的李七弟就是其中的一位。李七弟即李祖莱，他专程赴巴西探视老友张大千，当详述大陆内情。大千按月分兑“哥嫂及四哥、庆侄、小阿乌数处”的家用生活补助金，20世纪70年代均由李祖莱代寄。估计李祖莱汇款已有三四个月了，为什么“四处俱无信来”？难怪他“深为悬念”。

常言道：日有所思，夜有所梦。深为悬念的结果是：“昨夜梦见三嫂如在内江老屋，有愁哭之容。”三嫂罗正明八岁就到张家当童养媳，照料大千幼年的生活，兼照料张家的杂务，可以说是张家最勤苦的人，也是幼年张大千最亲近的人，“长嫂若母”用在罗正明的身上最恰当不过。正因为幼年的大千对三嫂感情至深，“故而深为悬念”，故而会梦见三嫂愁哭，“醒来十分难过，独自饮泣”。此类梦境，笔者也历经过，也饮泣过，感同身受。读到这里，亦深为大千与三兄嫂之“老年手足不得团聚，至为苦痛”而苦痛！

张大千随父母信奉天主教，早年曾在内江教会学堂求过学，嗣后又与天主教大主教于斌来往较多，故信中又有“祝主佑全家平安”之语。此信求复心情十分急切，生怕兄嫂身体欠安，“若万一身体欠安，乞命九侄来函，至盼至祷”。

信前有“敬乞七弟数（速）转简阳三哥手收”之语，估计是托看望的李祖莱回港时转寄的。

1972年1月17日

三哥左右：

顷得祖莱七弟转来收到汇款复示，欣慰万分。祖莱为李秋君三小姐之弟，待弟如亲手足，弟之一切俱须赖其照拂，哥以七弟呼之可也。弟目力半失，左眼完全失明，戴最老之老花眼镜，核桃大小之字亦看不清，写字作画，全凭想像（今用象），不以目力。三嫂八十四岁，犹能穿针，哥八十九岁能长途旅行，真晚年之福。

顷中美已有交往，哥能申请与三嫂同来香港一游否？哥试为申请，地址即祖莱七弟处，得准确日期，弟即到港迎接。四哥卧病近能行动否？心素三侄女重庆住址望录示。仿佛七八年前绍安曾来书云将结婚，弟曾兑港币三百元，因无回信，遂未再兑，不知近在何处？心礼二侄、心铭三侄住址亦望示知。附呈小画一帧、像（今用相）片二张，收到望即赐复。

正月十七日，八弟爰大千

三嫂安。弟媳雯波叩安。十二侄保罗、十七侄心澄、十九侄心夷、二十一侄心印、十四侄女心娴、十五侄女心沛、十六侄女心声同叩。

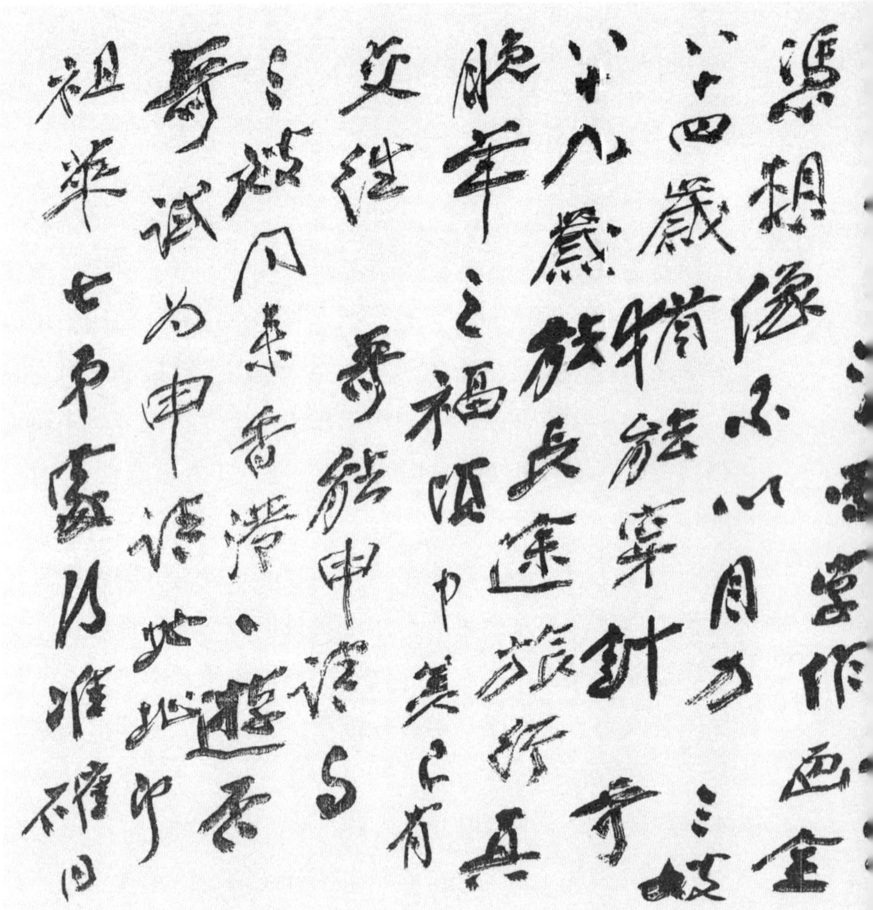

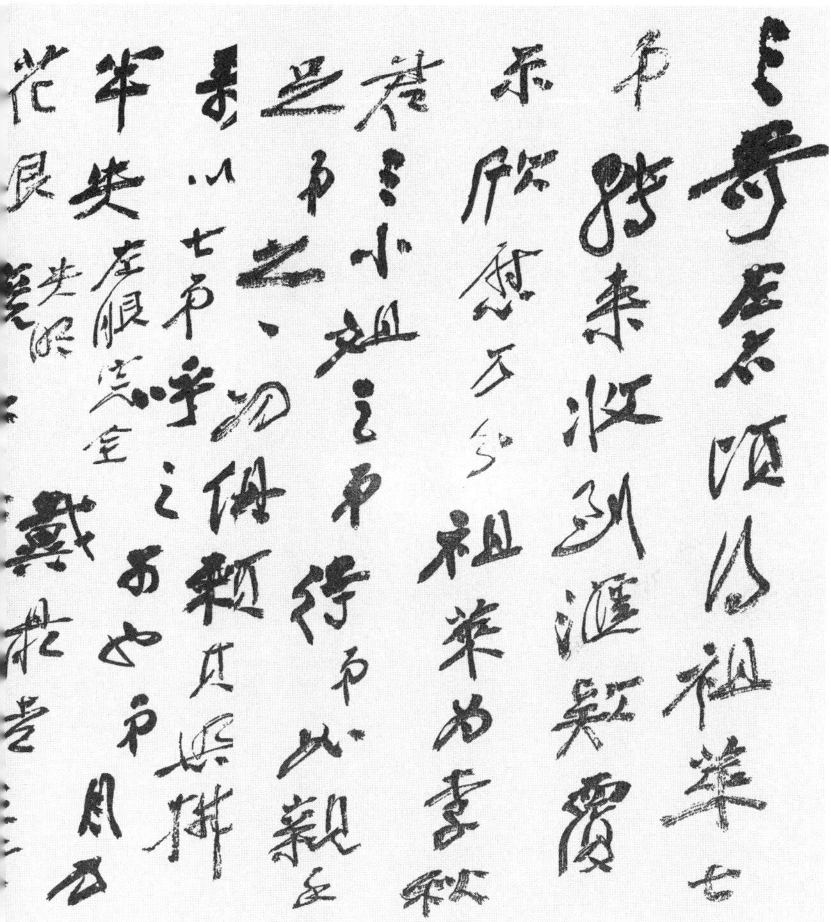

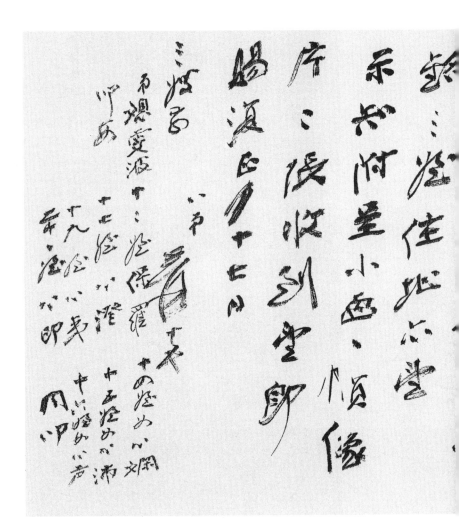

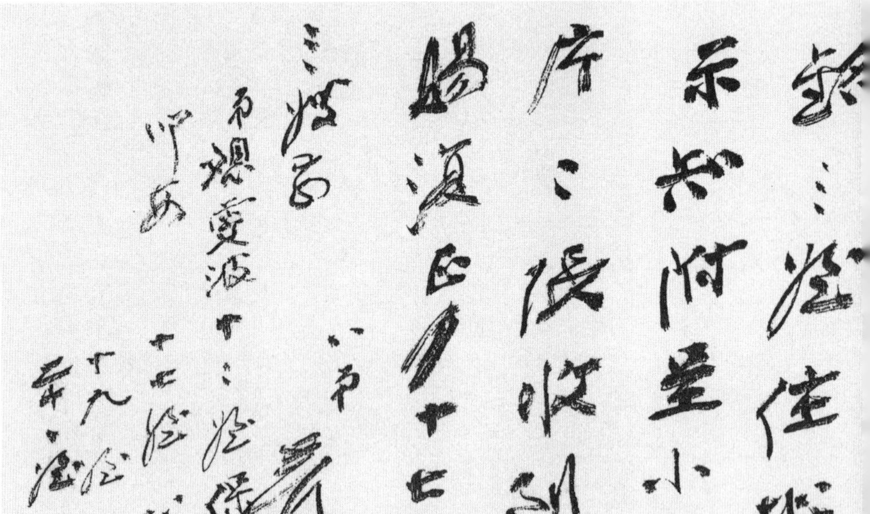

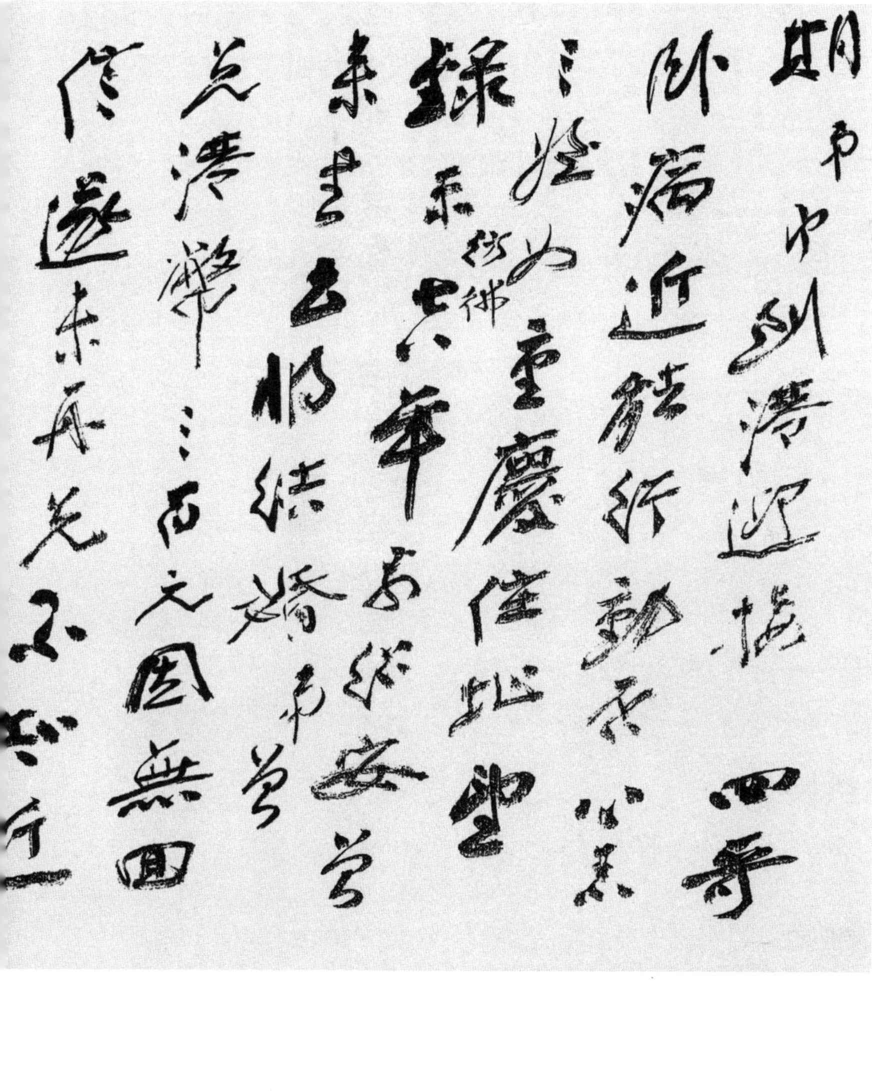

解 读

谢天谢地，终于盼到了回信，自然要欣慰万分。

前信多次出现大千委托李祖莱兑寄兄嫂、子侄钱物之事，这里索性和盘托出李祖莱的身份及与他的交情："祖莱为李秋君三小姐之弟，待弟如亲手足，弟之一切俱赖其照拂，哥以七弟呼之可也。"为什么大千要郑重其事地把祖莱托付给三哥呢？因为他是李秋君的七弟，而李秋君与张大千又有一段不同寻常的关系。表面上亲如兄妹，实际上情逾金石。

早在20世纪20年代初，张大千尚未成名之际，就在上海

张大千夫妇与友人李祖莱（后左一）、张目寒（后左二）及大风堂门人孙云生（左一）合影于台北

20 世纪 40 年代后期，张大千与李祖韩（左四）、李秋君（右五）在李府前留影

的宁波大望族李云书府中与李秋君见面，两人一见倾心。李云书欲将秋君许配给大千，可是大千已有妻室（一妻一妾），遂向李云书大伯婉辞。由此两人订为兄妹，李秋君却终身不嫁。李秋君亦擅书画，是上海女子书画会的会长。三四十年代，张大千在上海多次举办画展，每次画展均由李秋君与其大哥李祖韩操办，她对张氏的绘画事业甚有帮助。他俩同龄，五十岁时在李府一起祝寿，篆刻名家陈巨来有“千秋百岁”一章赠之。张氏还将自己的两名爱女心瑞、心沛过继给李秋君。两人生前曾互写墓碑，约定死后邻穴而葬。可以认为，在海外的张大千，最想聚首叙旧的内地友人当推李秋君。可是李秋君又怎么能出境探友呢？“文革”期间，由于李秋君的家庭出身及海外关系，难免受到冲击，于1971年病逝上海。也就是说，张大千写这封信时，李秋君已经离开了人间。家人怕他受刺激，对他秘而不宣，所以他浑然不知。

张大千的视力每况愈下，左眼已完全失明，写字作画，全凭想象，不以目力。附呈小画一帧，据邱笑秋说，他看到过张大千为张丽诚画的《群仙祝寿图》，是祝三哥九十大寿的画，三尺整纸。以年推算，1973年是张丽诚的九十大寿，会不会就是指这幅画？

从三哥来信中，他得知三嫂八十四岁犹能穿针，三哥八十九岁能长途旅行，自是高兴异常。估计这封信是三哥看了他“梦见三嫂如在内江老屋，有愁苦之容”的信后，回信有意展示老兄嫂的健康状态，宽慰八弟。果然，三兄嫂的健康状况，又一次牵动了他的老年兄弟聚首之愿。因巴西八德园涉及当地水库建设，张大千只得再次迁居，由巴西迁到美国，几经周折，终于在旧金山

张大千赠九十寿翁山水中堂。图为张丽诚在画前留影

著名风景区“十七里海岸”滨石乡内买到了一处较大的房屋。并不惜巨资，重新改建。他命人将园中旧有橡树尽数拔去，拟修成一大画室。又命人挖土为池，垒石为山，搭亭筑台，并四处搜觅产于中国的花草树木遍植园中，拟精心建成一座纯粹东方名园。基于在美国又有了新的住处——环荜庵，联系当年“中美已有交往”，他想借中美关系好转的这股东风，再次求三哥试为申请，同来香港一聚，然后趁机将兄嫂带到美国同享天伦之乐。真是痴心不改啊！

此信除了一一询问子侄的居处近况外，最关心的还是卧病在床的四哥病情，似乎冥冥中有某种预感，信尾的落款格外庄重（是二十二封家书中唯一最庄重的一封），他率领全家九人，一一署名同叩。一祝三兄三嫂健康长寿，二祝四哥早日康复。不幸的是，四哥张文修就在这一年病逝，享年八十六岁。四哥子侄怕八叔受不了，也对他秘而不宣。

1974年10月

三哥三嫂赐鉴：

今年来不得音讯，惟略从祖莱七弟处得知一二，稍慰寸心。而老弟兄久久不得相见，悲痛何足言也。弟四月初度，翌日即得心脏病，入院二周始转危为安。已而胆石复发，胆略愈，十二指肠又患溃疡。自起病至今，忽忽四月矣，百事俱废，行走亦须人扶掖。于各方友好，信续信断。昨日忽得七弟转来兄亲笔小字细书及九侄函禀，知阖家平善。病愈一年，命作兰花水仙，半年来不亲纸笔，本手生，强尽心墨竹一幅，行笔知弟心情虽快而手不听使，奈何奈何。

兄之不能出国与弟之不能还同一情况，言念及此，中心如割矣。七弟不久当来省弟。家中所需，当仍托其照料也。心健侄十年无音信，想已死矣。兄有否闻，倘有所闻望告知，弟决不为此伤痛也。

弟爰大千

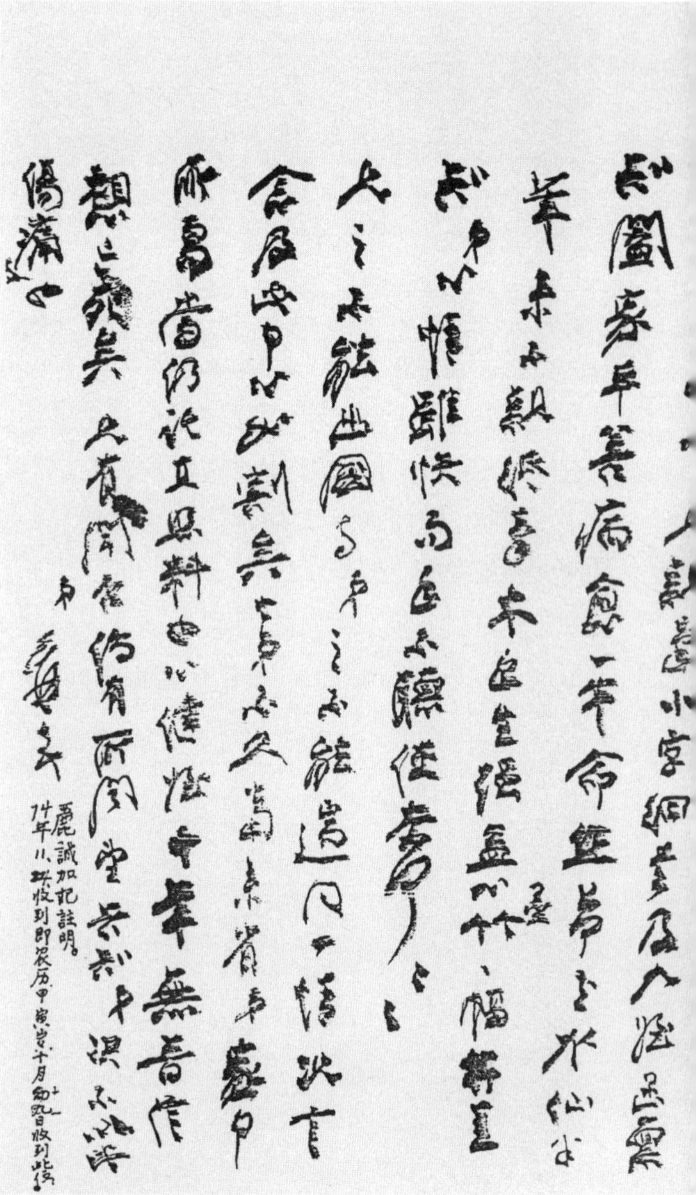
愿誠加記註明。
74年11、卅收到即农历甲寅岁十月初九日收到此信。

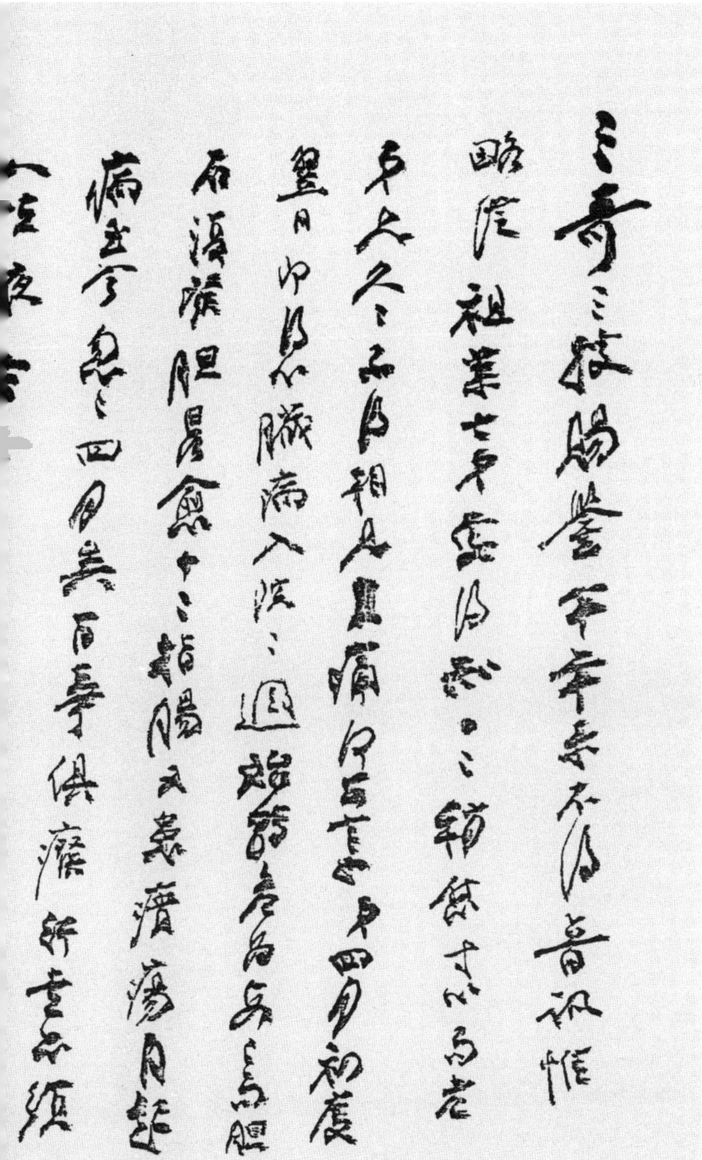
三哥三嫂賜鑒：年來長不得音訊，惟
略從祖業七弟處得悉一一，錦[illegible]寸心為[illegible]。
弟久久不得相見，真痛何言也。弟四月初度
望月中旬忽患膽病入院，入院迴[illegible]診為[illegible]膽
石，須將膽囊[illegible]十二指腸又患潰瘍，胃[illegible]
病，至今息息四月矣，百事俱廢，[illegible]吾兄須

解 读

这是张丽诚收到大千的最后一封信，未署年月日。“丽诚加记注明：1974 年 11 月 24 日收到，即农历甲寅岁十月初九日收到此信”，由此推断此信当写于 1974 年 10 月前后。

张氏的这批家书中，多处言及他的病情。迁居海外后，大千最为亲友关切的事，莫过于他因眼疾而视力昏茫，一度左目失明，几乎不能作画。有关目疾，前信已经提及，不赘。除了目疾外，他还有一疾，即胆结石，此疾信中很少提到，在此信中提道：“弟四月初度，翌日即得心脏病，入院二周始转危为安，已而胆石复发，胆略愈，十二指肠又患溃疡。”

张大千初发胆结石，约在 1965 年间，也就是他与三哥中断

张大千晚年时，虽只剩下了一只眼睛可用，但仍不断创作

家书的第二年。谢家孝在《张大千的世界》一书中曾专辟“眼疾胆病”一章，详加记述。据谢家孝记载，1965年台北传出大千先生因胆结石要开刀的消息，是他给张目寒的一封信中所说的，他自叙病情是：“初在伦敦时，胸背痛楚，饮食无味，以为胃疾。及抵纽约，遂不可支，卧病十余日。及入院作详细检查，照X光片至二十余幅，所幸心脏肝胃俱好，惟胆结石大如龙眼者二枚，小者数十枚，以致影响十二指肠溃疡非动手术不可。以余旧有消渴，血糖颇多，开刀不易收口，是以惴惴。”结果他并未入院，也未动手术，但胆结石却好了，据说吃的是中药。时隔三年，当谢家孝旧事重提，张大千的回答是：“当年确实很严重，痛得我满床打滚，医生一检查，又说非动手术不可……”

九年后，大千先生因心脏病入院治疗，险象环生，转危为安，胆结石重新复发，又引发十二指肠溃疡，病势汹汹。“自起病至今，忽忽四月矣，百事俱废，行走亦须人扶掖。”病愈的大千，忽得李祖莱转来三哥的亲笔小字及九侄的报平安家书，三哥命作“兰花水仙”。半年不亲纸笔的八弟，欣然命笔，画墨竹一幅。对于画了一辈子的大画家来说，心手相应是毋庸置疑的基本功，可是半年不动笔的大千，行笔滞缓，深感“心情虽快而手不听使”。只得徒呼“奈何奈何”。

病中的大千，想得最多的依然是“老弟兄久久不得相见，悲痛何足言也”！要知道这一年的三哥，已愈九旬，而他也七十有五，万里迢迢，弟兄欲得相见，已断无可能。断了相见的念头，他终于得出一个结论：“兄之不能出国与弟之不能还同一情况。”如果说，20世纪60年代的兄弟不能相见，一个不让出国，一个不能归国，是特定的政治原因造成的话，那么时至今日，一对老病缠身的弟兄，只能隔洋相望，也无法相见了。“言念及此，中心如割矣。”

信中，张大千第一次向三哥询问“十年无音信”的亲生儿子张心健，张心健是徐雯波所生。40年代末他偕徐雯波去国远游，只携带一孩儿。徐雯波顾全大局，将自己亲生儿子心健留下，而带上了已与大千离异的黄凝素之女心沛。张心健留下后，曾寄养在裱画刘师傅家中，后由夫人曾正蓉领回，与张心庆姐弟一起生活。此事张心庆赴港探亲时，定向父详告。可是“文革”中张心健自杀身亡事，子女谁也不敢告诉父亲。张大千十年不得此儿音信，明知凶多吉少，想问又怕问，最后又不得不向三哥询问，希望三哥能将实情告知，并言明“弟决不为此伤痛也”。不伤痛是不可能的。他伤痛，顾全大局的徐雯波会更加伤痛！

1981年2月15日

丽哥亲鉴：

十余年不得哥嫂消息，只于梦中时时相对而泣。哥不能来，弟不能归。弟心悲痛，莫由陈诉。顷者先后得十侄哑弗电告，九侄心义来函，敬悉哥嫂与修哥俱尚安泰，弟稍得心安。兹托至友徐伯郊兄兑上美金二百元，收到乞命九侄速速回信，以后得时时通信，胜于梦中相抱而泣也。辛酉元月十一日，敬颂哥嫂万福。

八弟爰叩禀

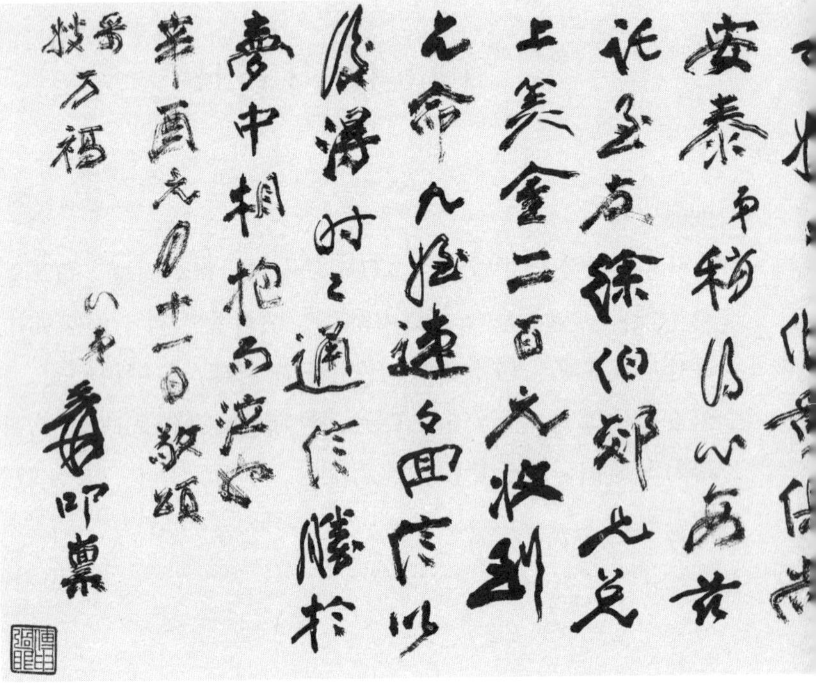
安泰。弟稍得心安。兹
托友人徐伯郊兄
上美金二百元收到
之。命儿媳速回信以
慰渴想。通信胜于
梦中相抱而泣也。
辛酉元月十一日敬颂
阖第万福
八弟 爰叩禀

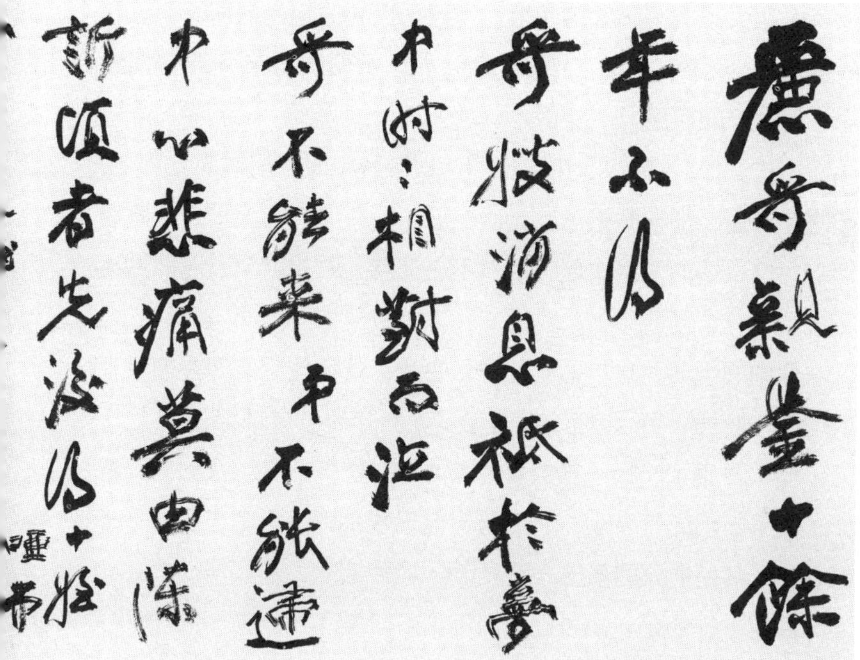

解 读

此信是大千致三哥的最后一封信，与1974年之信相隔七年。七年中，大千由美国叶落归根，回到了祖国的宝岛台湾。但思念故土，思念哥嫂之情，仍绵绵不断。信中所言十余年不得哥嫂消息，是大千的误记。

不过，“哥不能来，弟不能归，只于梦中时时相对而泣”，诸如此类口语，却一脉相承，无法相忘。远在海外的大千，依然记挂着两位兄嫂的安泰康健，依然不忘托友人汇兑款金，以助生活之资。

信中的哑弗，是指他的长子张心智，曾随他赴敦煌参加过临摹壁画。他长期生活、工作在宁夏，后任宁夏博物馆馆长。

信中附寄了一幅《松凉夏健人》。这是一幅40年代的旧稿新作，他不断给兄嫂寄画，一则是告诉兄嫂弟尚能弄笔谋生，不必担心；二则是助兄嫂不虞之需，可以以画换钱。

值得一提的是，丽哥已于四年（1977年）前病逝于内江，心义、心智怕八叔父闻讯悲痛，故意在电话、通信中隐瞒。实际上这已是丽哥再也无法读到的一封家书了，当然他也无法看到这幅祝他健康长寿的《松凉夏健人》。

相隔仅一日，大千又得八侄心俭、十侄心智电告，告知丽哥与修哥平安的消息，又托至好徐伯郊汇上美金二百元，以为药饵之资。

致四哥张文修

张文修（1885—1972），名正学，又名楫，以字行，排行第四。早年从教，中年行医，以医术行世。大千自幼从四哥习字读诗，获益良多。

张大千与张文修（右），20世纪40年代摄于北平罗贤胡同

1963 年大千为四哥所绘之画。文字写着：“ 癸卯之秋写呈四哥文修同游峨眉，匆匆已是十八年矣，良可兴感。八弟爰三巴摩诘山中。”

1948年3月7日

……书，草草书就，未识可用否？六侄病愈能作画展出，至为欣慰。前与六侄玻璃瓶所盛颜色，并皆名贵之品，近时至不易得者，画展时幸勿浪用。花青、赭石、蜀笺等，日内嘱君礼托路局友人带上。倘更有所需，乞随时赐示，即寄也。

明日萧二哥周年，弟将赴土硚扫墓，弟廿四日赶归，原以萧二哥二十六日病殁之故，及至萧府，始知定为清明日纪念也。专此肃叩刻安。

弟爰再拜，三月七日

玉嫂、守姨同候，四侄、六侄及三小侄安好。

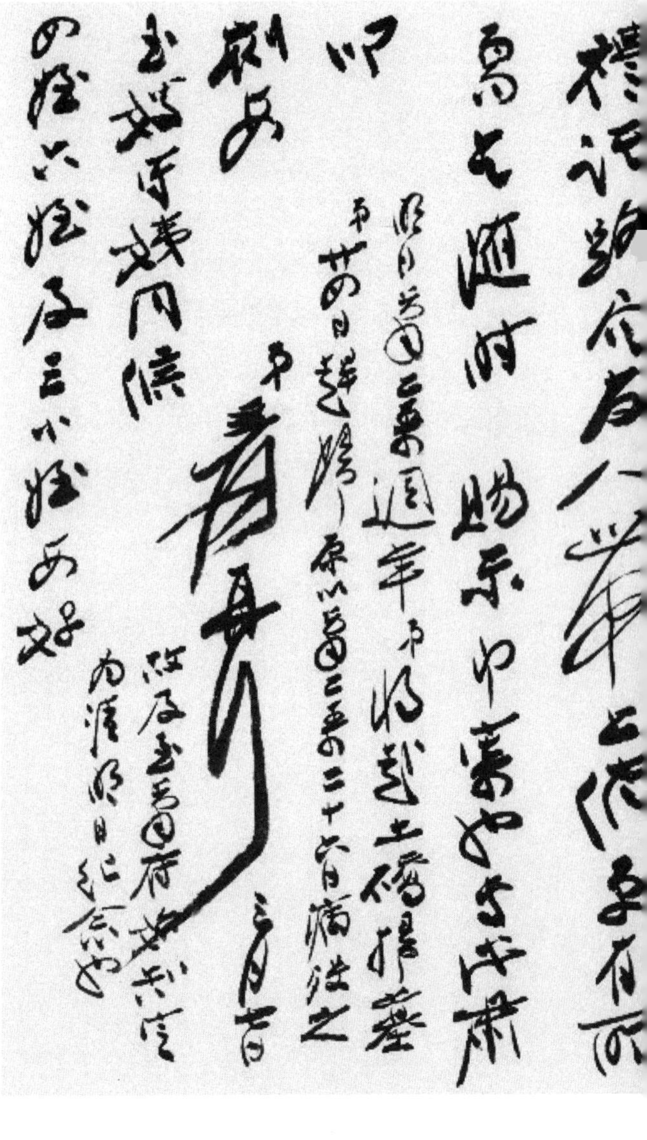

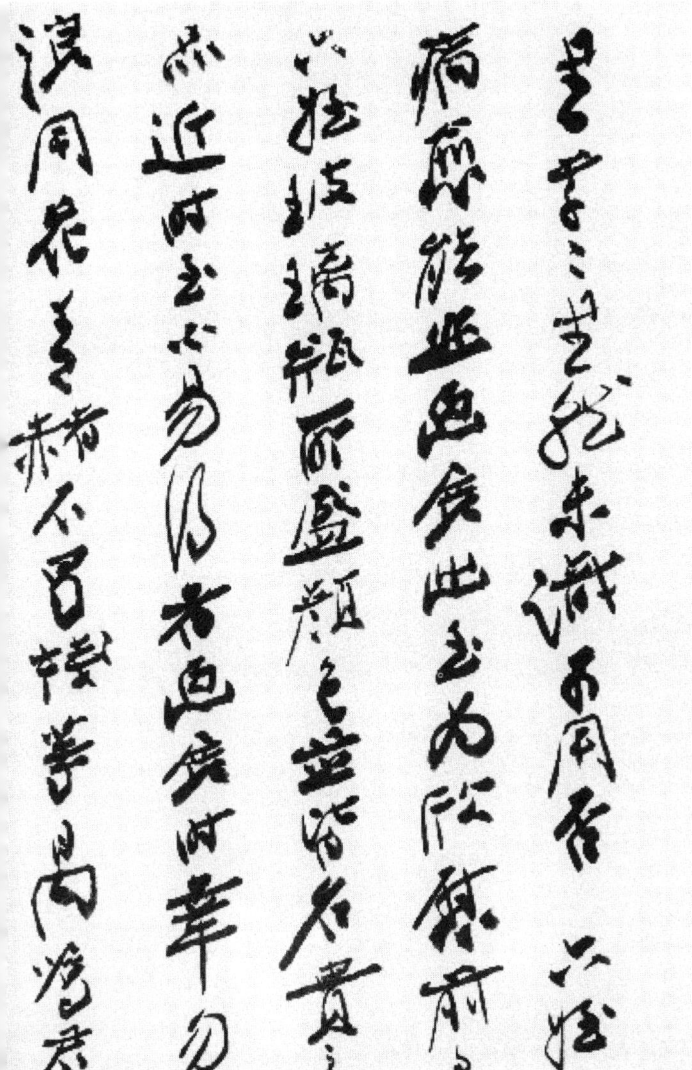

解 读

此信缺页，信中的第一个“书”字是接上页的。从内容看，当致修哥。信中谈及二事，一是谈在文修家中养病的六侄心德，“病愈能作画展出，至为欣慰”。但又叮嘱六侄，要他作画时，颜料须省着用，因为这些颜料“并皆名贵之品，近时至不易得者，画展时幸勿浪用”。二是谈萧二哥周年祭奠之事，他原以为萧二哥病殁于 11 月 26 日，实际上是 11 月 19 日。

信中补写的一段小字是：“明日萧二哥周年，弟将赴土硚扫墓。第二十四日赶归。原以萧二哥二十六日病殁之故，及至萧府，始知定为清明日纪念也。”萧二哥名萧冀之，是成都和通钱庄老板，大千先生的好朋友。信的末尾问候玉嫂、守姨。玉嫂是大千四哥张文修第二位夫人，仅生有一女张心仁，在张家女儿中排行第四，故大千信中称四侄或仁侄。守姨为第三位夫人，生有三个儿子心怡、心廉、心端，也就是信中问候的三小侄。

1949年8月18日

修哥左右：

前日上一书，未蒙赐复，至以为念。悚息悚息。六侄每日注射，已见好转，但须不间断方能复原耳。哥能来否，弟不久又有远行，其调护方面，仍盼哥在持之。五侄昨日始得晤面，云不日又将赴新都营干，弟初意五侄能留成都照应六侄，今日以事业所在，固不敢强留之也。前六侄意欲结婚，来函澳门索结婚费，但未提为谁家小姐，何时订婚？想哥为之聘定者。近方病困，自当从缓办理，弟亦未便询问之。子侄辈婚姻本不应参加意见，但关切之心未能遽割耳。专安叩请刻安。

弟爰大千,八月十八日

玉嫂、守姨及诸子侄附好。

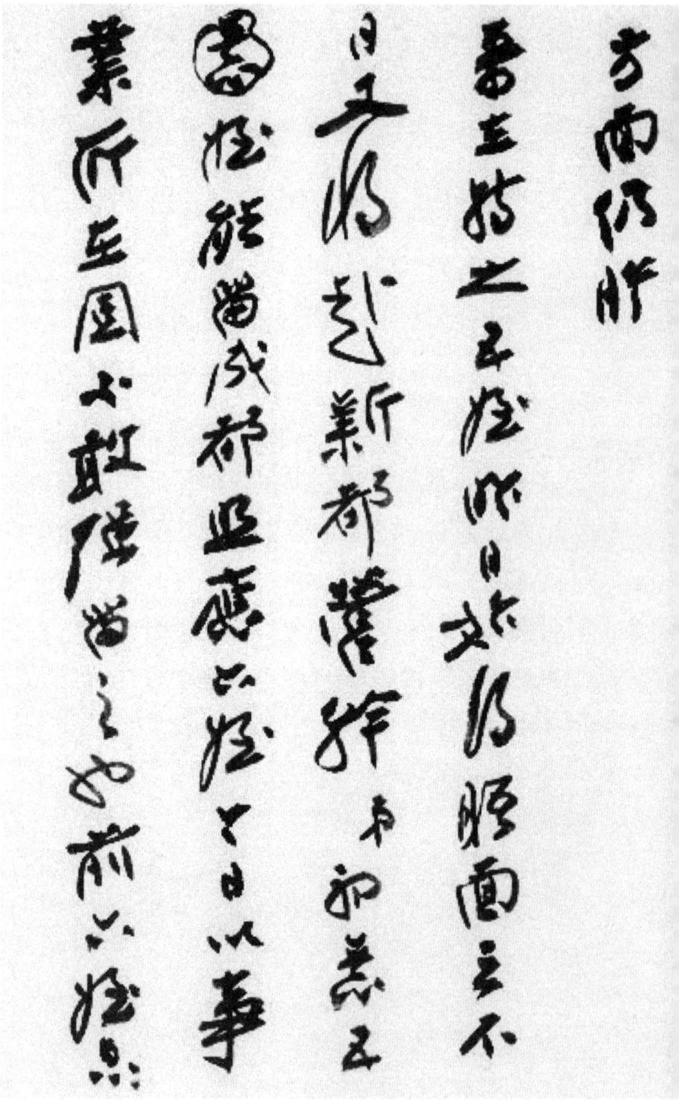

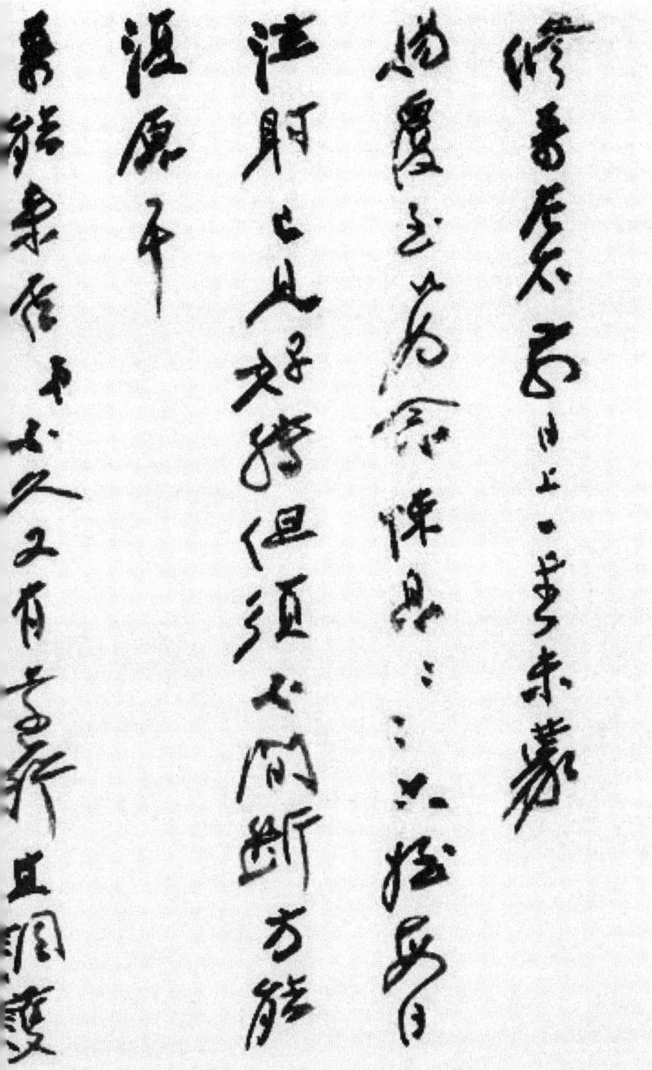

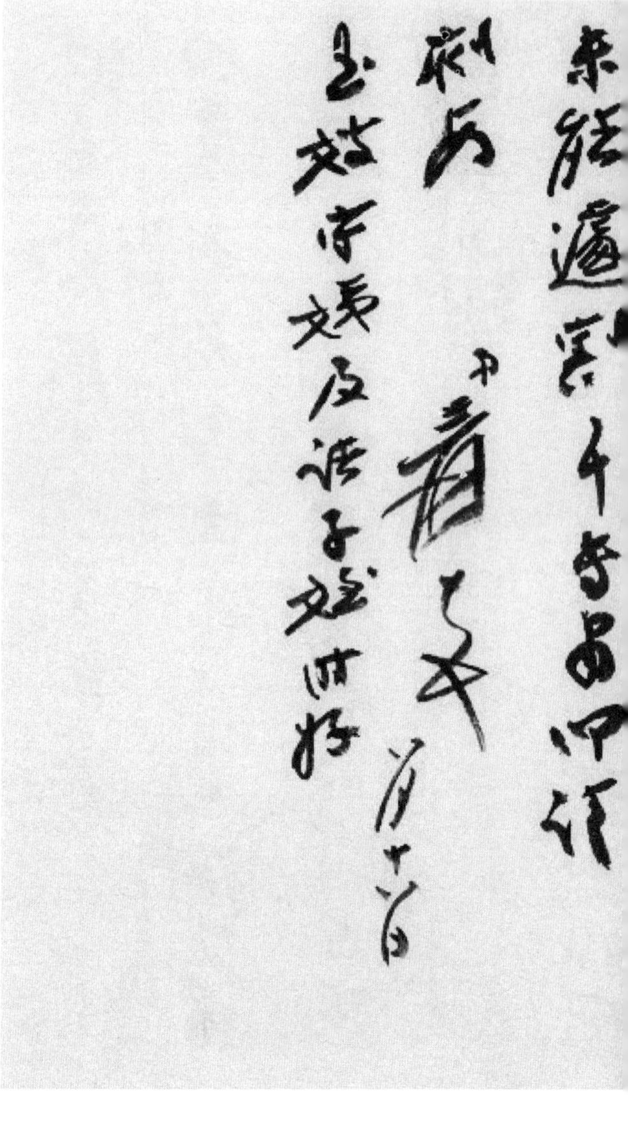
来信[illegible]寄[illegible]回信
[illegible] 爰[illegible]
[illegible]月十日
玉[illegible]及诸子侄均好

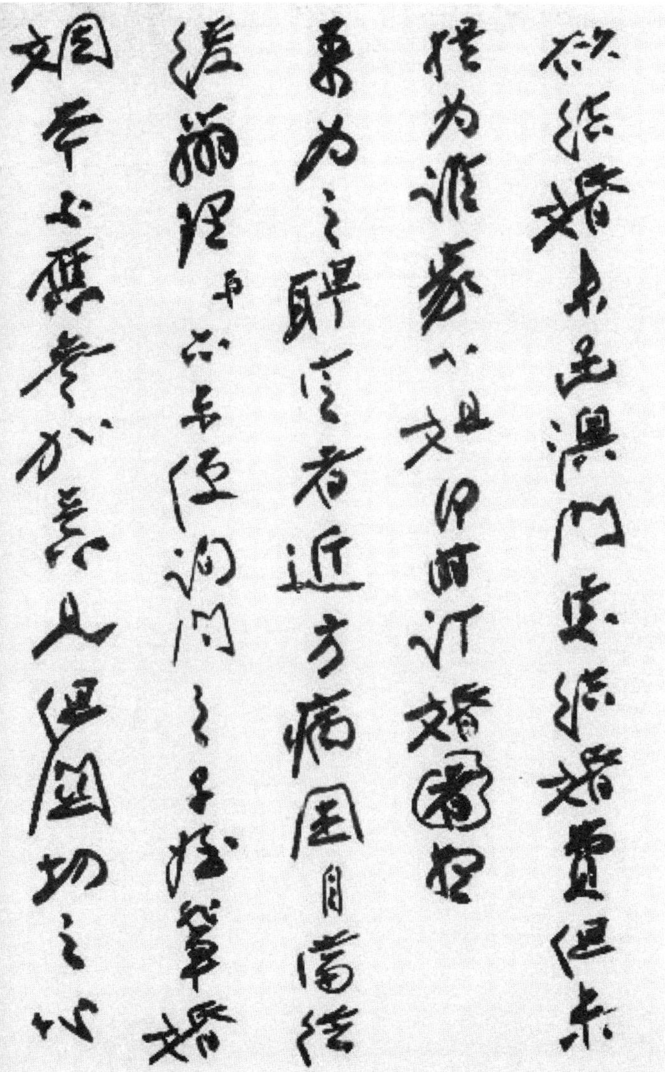

解 读

据张氏后人告知，此信当写于1949年。信中提到的六侄即张心德（比德）。他是张文修之次子，因二哥张善孖无子，故三岁时过继给张善孖。张善孖逝世后，心德就追随张大千。他不仅能画，还擅长摄影、唱戏、拉胡琴，多才多艺，深得大千喜爱。他也是大千身边得力的助手。早年不幸患肾病，久治无效，1953年病逝于南美洲阿根廷。信中提到他欲结婚之事，张心德第一次结婚是1944年3月，不料新婚不久，妻子就病逝了。1949年初大千携儿子保罗赴香港办展览，之后又赴澳门，住在蔡姓好朋友家，至1949年6月才离开澳门返回成都。故家书中有“来函澳门”之语。信尾问候语为“玉嫂、守姨及诸子侄附好”。信中的五侄指的是张心奇，他是张文修的长子，张心德的哥哥。

1966年4月15日

修哥：

十年以来南北东西，都未得与哥通音讯，时从丽哥与诸子侄处知哥兴居康胜，而医务劳悴，无以休息，深为念切。老年手足，末（未）由晤聚，奈何奈何！顷奉丽哥来示，谓去腊曾赴成都受寒，远归内江，遂卧病医院。暂虽脱险，尚未复原，中心惊怛，痛切万分。庆侄来禀称，四叔病中犹冀得见弟近作，如对面以慰老怀，谨先寄呈三小幅，以后尚当再寄，万望珍摄。仁侄想侍左右，迟五日为老父冥诞，仍率侄辈诸孙上供，但不得全家团聚为恨耳。

三月廿五日，四月十五号，八弟爰大千

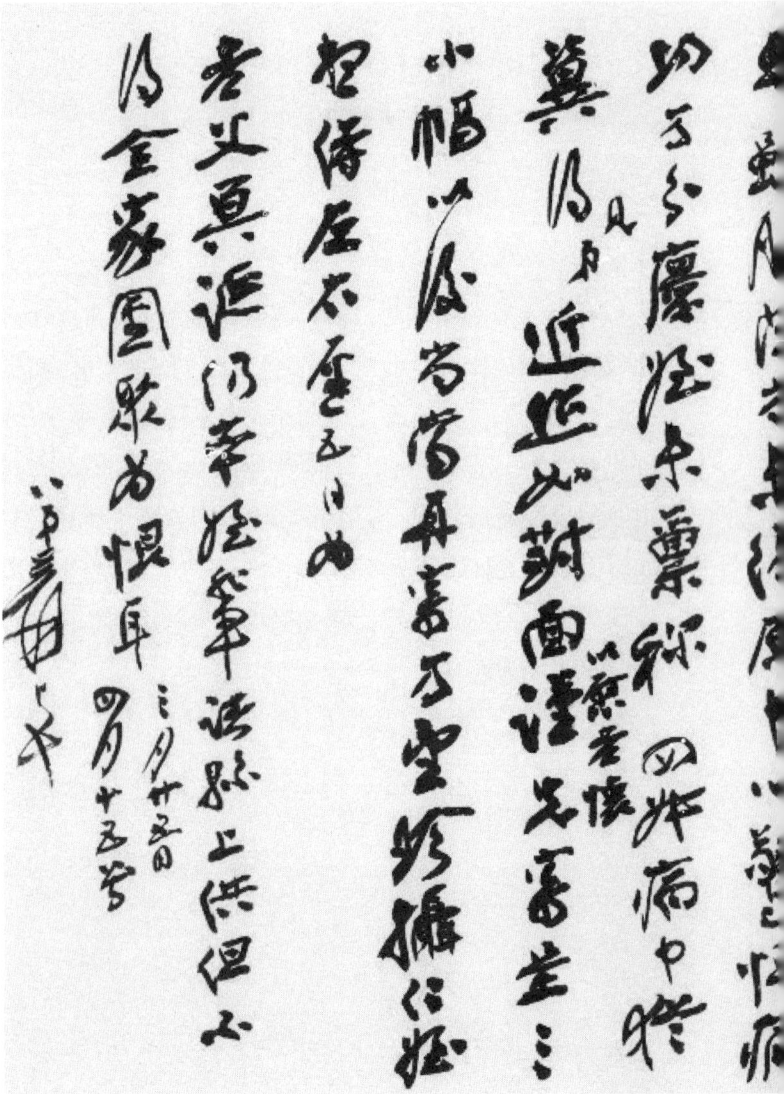

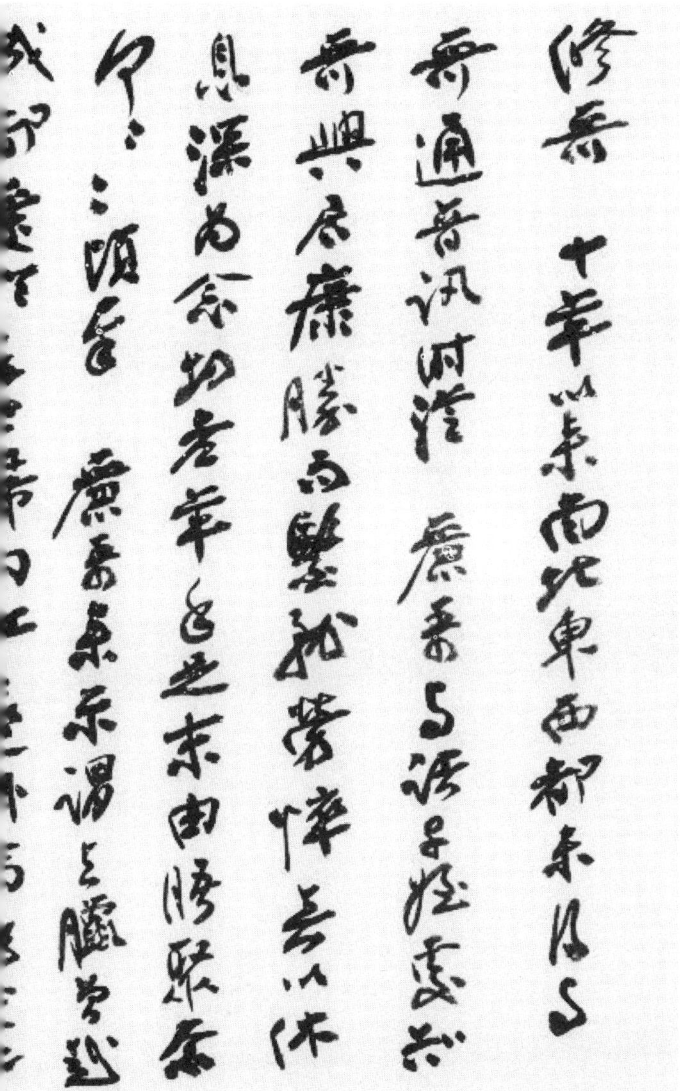

解 读

大千与修哥有近十年未通音讯，却时从丽哥与诸子侄处得知哥兴居康胜。此次是因丽哥来示，告知修哥病卧医院，尚未复原，又得心庆侄来禀，四叔病中犹冀得见近作，故先寄呈三小幅。此信署了两个日期，信中的“三月廿五日”是农历，“四月十五号”是阳历，因信中提及“迟五日为老父冥诞”（农历三月三十日），所以写了两个日期。据三月廿五日为阳历 4 月 15 日，可推断此年为 1966 年。

张文修早年从教，中年从医，以中医行世，是内江的名医之一，故求医者甚多，有“医务劳悴，无以休息”之词，他年老体弱，又在途中受寒，于是积劳成疾，遂卧病医院。

1968年4月8日

修哥左右：

去年得手示，以奔走四方，竟无宁晷，未能上复。上月及今月，两得三哥来示，谨悉哥大病已愈，但未即康复，玉嫂、守姨相继弃世，汤药之侍，端赖仁侄，而老年兄弟遂不得聚首，奈何奈何？兄今年已八十四，弟亦七十矣，天各一方，何以为情？三四年前曾寄二画呈阅，又与仁侄一画，都未知收到否？另托罗代永世兄兑上港币二百余元，为哥略添鱼肉之资，收到之后，祈命仁侄回信，仍交代永转弟，较直（寄）巴西为妥也。谨叩痊安。

八弟爰大千，四月八号

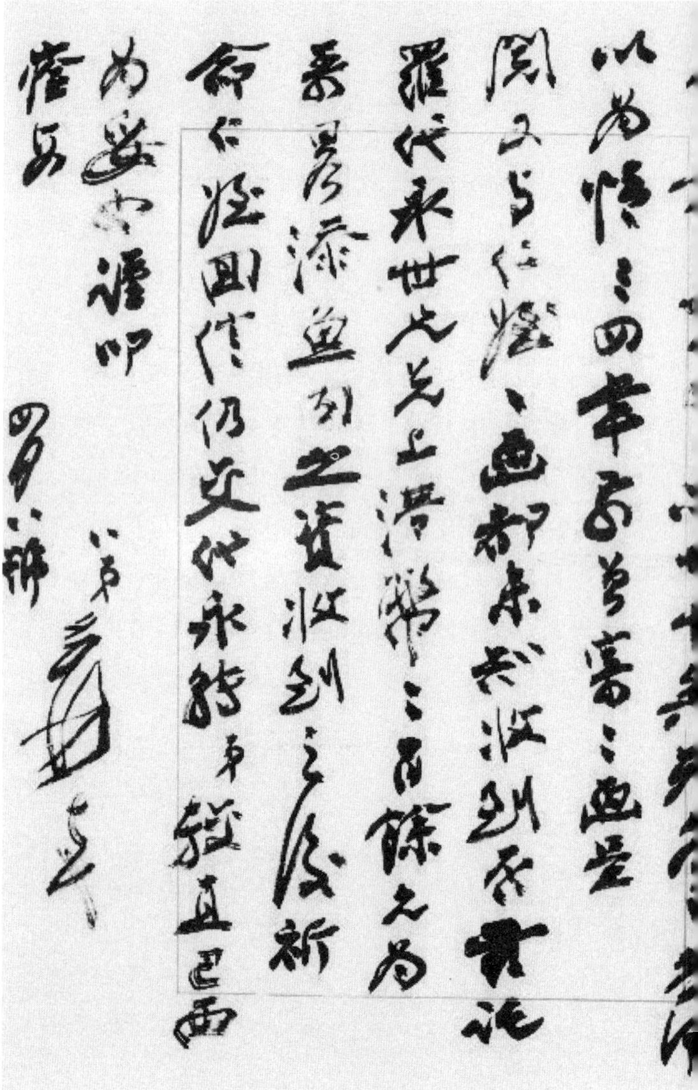

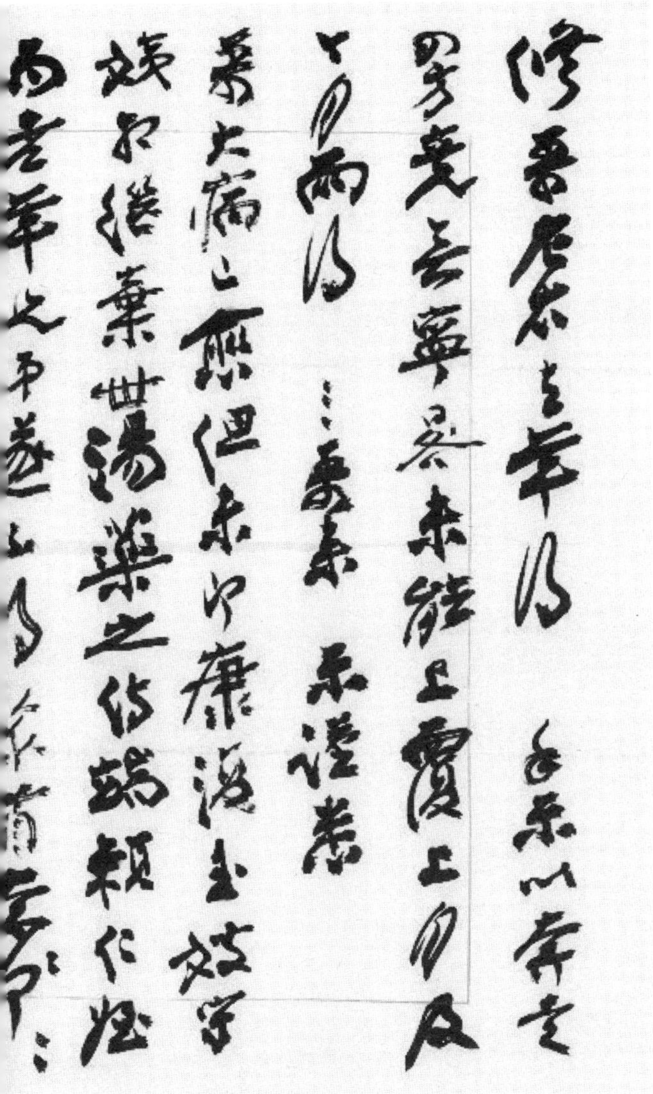

解　读

查阅大千致三哥同日信件，此日是大千的生日，他不在巴西，但家人却在八德园家中为他祝了寿。家人为他庆贺七十寿辰，他却想起了两位远在大陆的哥哥，于是同时写信，以寄思念之情，又同日托香港的门人罗代永分别兑寄港币二百元，略添鱼肉之资。信中的玉嫂、守姨均为文修的夫人，已相继去世了，病中的四哥只得靠仁侄（张文修唯一的女儿张心仁）端送汤药、照顾衣食了，联想起老年兄弟不得聚首，只得徒呼奈何。

信中问及三四年前曾寄二画呈阅，其中有一幅癸卯（1963年）之秋写呈四哥的十八年前同游峨眉图，即是1963年信中提及的“三小幅”之一。

1981年2月16日

修哥左右：

十余年不通音问，每于梦与哥抱持而泣。昨日得八侄心俭来书，又得十侄心智电告，谨悉丽哥与哥平安，分住成都、内江两处。惟哥行履不便，中心至为不安。而弟耳目俱失聪明，行动亦须人扶，致可憾也。所幸尚能捉笔卖字鬻画，侄与侄孙十数辈尚能温［饱］，乞释远念。兹托至好徐伯郊兄汇上美金二百元，以为药饵之资。收到望命俭侄速复，以便陆续汇呈。

辛酉元月十二日，八弟爰大千

弟媳雯波同叩。

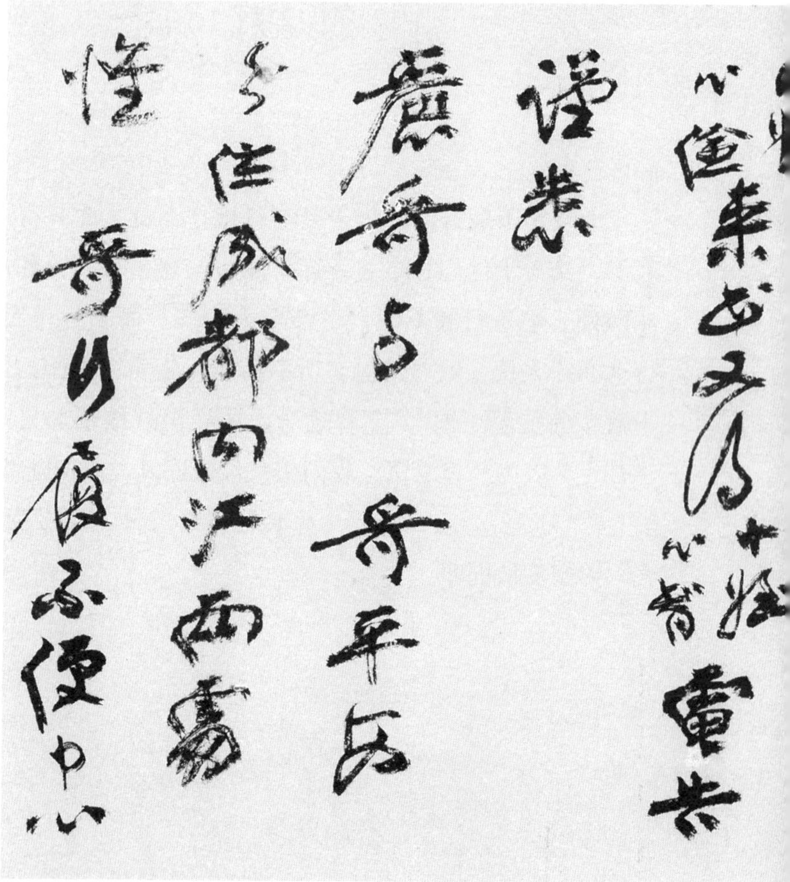

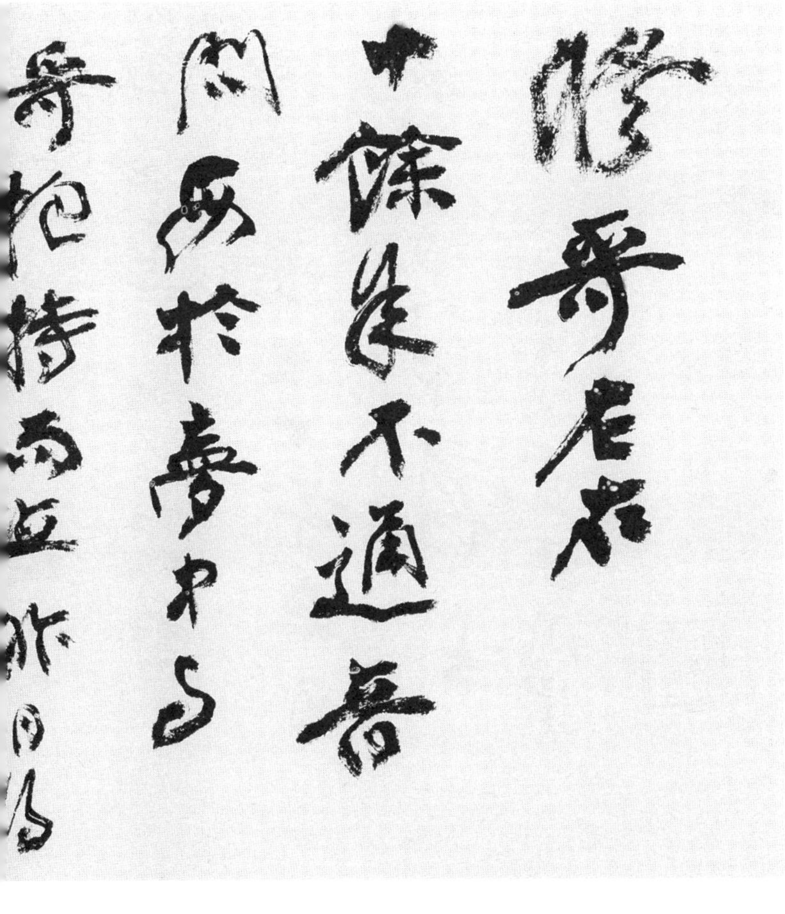

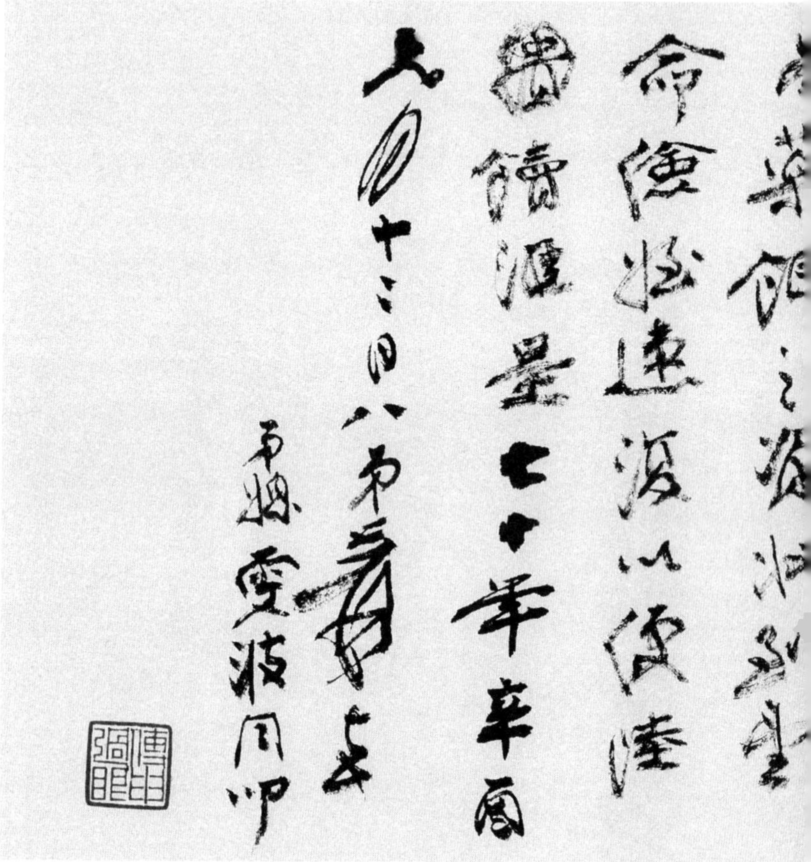
十三日 八弟爰 上
弟媳雯波同叩

解　读

此信与大千致三哥信前后相差一日，也是大千与两位哥哥的最后通信。实际上两位哥哥已看不到了。而他们的后人却一瞒再瞒，个中原因，除了怕八叔知道了难受，可能还有八叔可以继续汇寄钱物的因素在内。年逾八旬的大千，至死也不知道，丽哥、修哥早已先他离世而去了。

大千与两位哥哥寄信的同时，又分别惠赠了两幅画作，寄丽哥的是《松凉夏健人》，寄修哥的却是一幅《无量寿》。在《无量寿》的诗塘中，大千题道："见无量寿，即寿者相。非相实相，寿乃无量。天坠地覆，安居真常。不生不灭，非异非妄。"又在无量寿的右侧署款道："修哥九旬晋七降诞嘉辰之前三月写祝，八弟爰顿首百拜。"可见这是八弟为年届九十七岁的四哥恭绘的

张大千在台北"摩耶精舍"后园里的"梅丘"巨石旁摄影。1983 年 4 月 2 日，张大千逝世之后，即埋厝在这块"梅丘"巨石之下

张大千为四哥所绘《无量寿》

祝寿画。殊不知四哥早已在十年前驾鹤西去了。

据悉，大千1981年给三哥、四哥寄的这两封信，徐伯郊并未寄出，连同寄修哥的两百元美金，信中的八侄张心俭也均未收到。

致二嫂杨浣青

1947年杨浣青摄于上海，后排左起为浣青之女嘉德、大千长女心瑞、大千三子保罗（过继给浣青为子）

杨浣青下葬后亲属合影

1964年，杨浣青因心脏病在巴西过世。家人按照天主教仪式为之办理后事。巴西政府规定，人过世48小时之内必须入土，之后再修筑完善墓碑墓冢，这张照片就是在杨浣青下葬之后拍的。

照片中右边前排第一个男孩是杨浣青的外孙聪聪，依次是保罗的两个儿子，心瑞的女儿，左一为保罗的女儿，后排左一起为大千女儿心沛、心声，夫人徐雯波，女儿心娴、心瑞，儿子心澄，保罗的夫人，大千长孙承先，大千儿子心夷。保罗摄影，故不在照片中。

张家所有子女均称张善子为阿爸，杨浣青为“阿妳”，这里的“妳”读mēi，意思等同于妈妈。这是张家特有的称呼，意为张家不分叔伯昆仲的子女，都是善子夫妇的子女。同理，大千的子女称父亲的三哥三嫂为三叔三妳，四哥四嫂为四叔四妳，称自己的父母为爸爸妳妳，这于本书信中多处可见。

1962年2月9日

浣嫂赐鉴：

弟以右臂酸痛，苦于执笔。奉嫂及嘉侄书，亦迟迟未得作复。万乞恕罪！嫂跌伤想近全（痊）愈。香港托友人寄食物与汇款，计算存款已罄，此间又兑不出去，致嫂与侄受窘。弟定十二日飞巴黎，雯娣同行。十七日经港即刻与嫂兑款，千祈释念。十八日到东京约住两星期，仍经港住一日返巴黎。前托岭梅寄小孩旧衣、奶粉，未知收到否？以后食物仍当源源寄上，但望嫂能来香港一次，罗侄养鸡甚忙，隔弟处有四十余公里，须数日始来一次，本月底又要忙送尕女、满满、满女、牛牛、丑女、阿乌入学。嫂来信可暂交巴黎，弟计算三月初仍在巴黎也。

二月九日，八弟爰大千

聪聪：

八公知道你更乖了，很想看看你，想寄寄东西给你又很困难。现在八公要到日本去，经过香港一定托人买点吃的寄给你罢。婆婆要是请准了，希望你能同来。

八公字

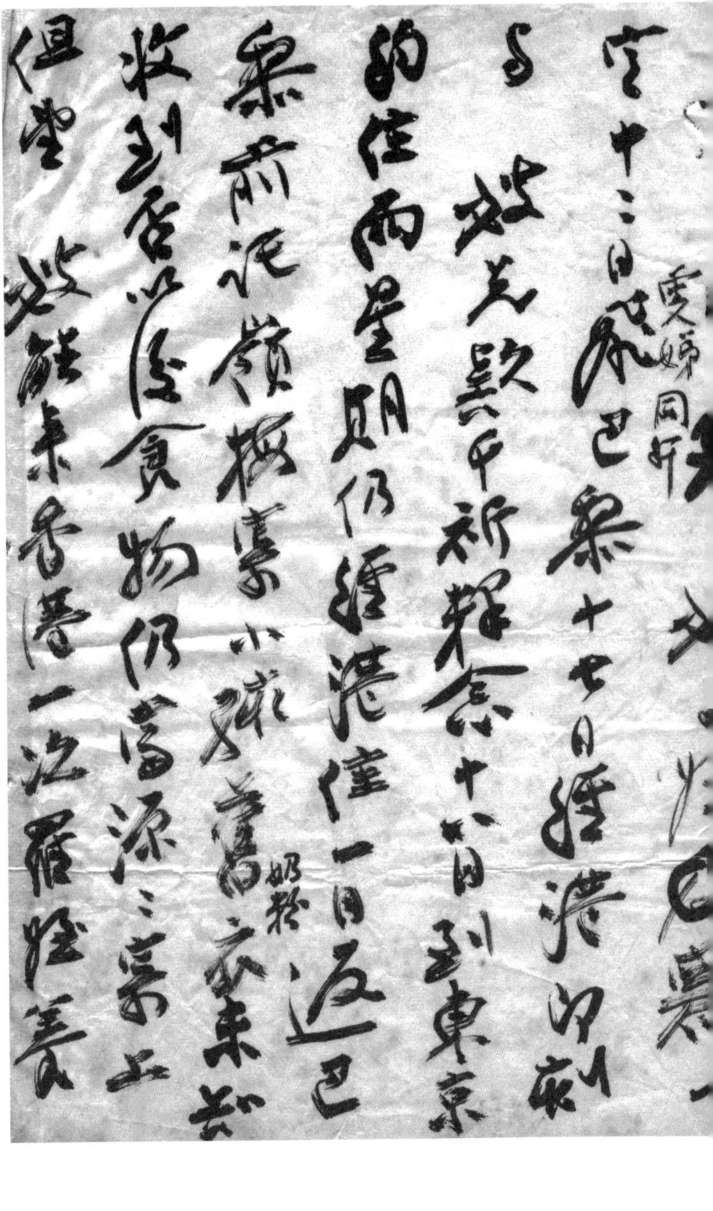
[illegible]又[illegible]
字。十二日飛(愛娟同行)巴黎,十七日經港[illegible]
之。此次美歐[illegible]新聞會,十六日到東京
約住兩星期,仍經港僅一日返巴
黎。前託嶺[illegible]寄小孩(奶粉)衣來者
收到否?以後食物仍當源源寄上。
但此次[illegible]來香港一次[illegible]

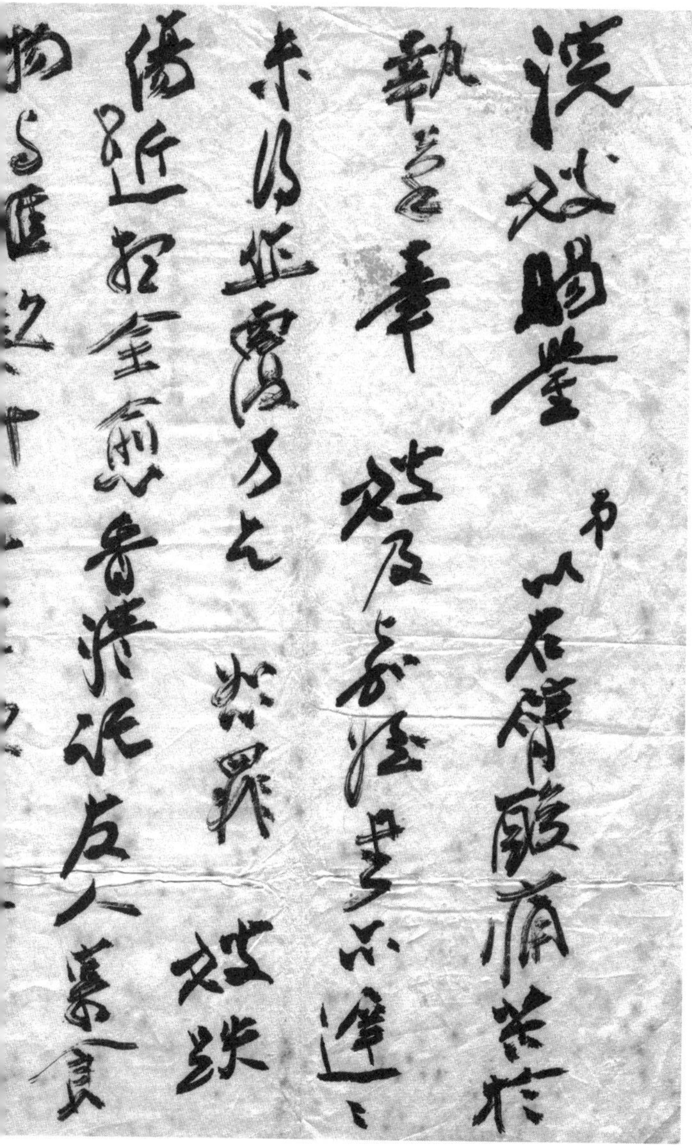

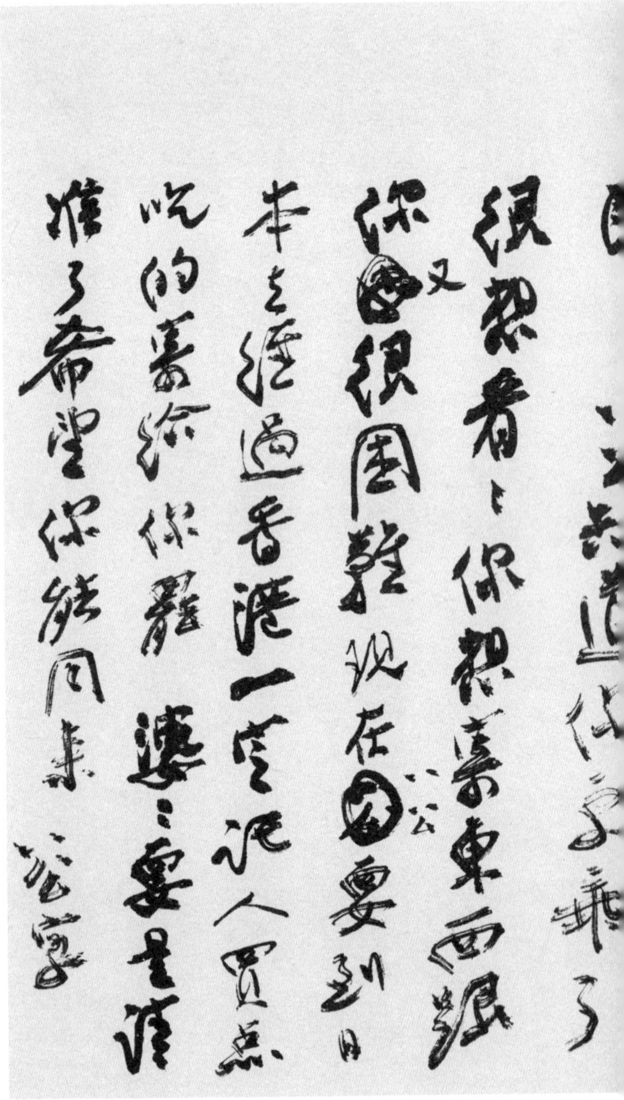
很想看看你，想要东西跟
你爸爸又很困难，现在公公要到日
本去，经过香港，一定托人买点
吃的东西给你，你虽远远，要是善
难了，希望你能同来。
公公字

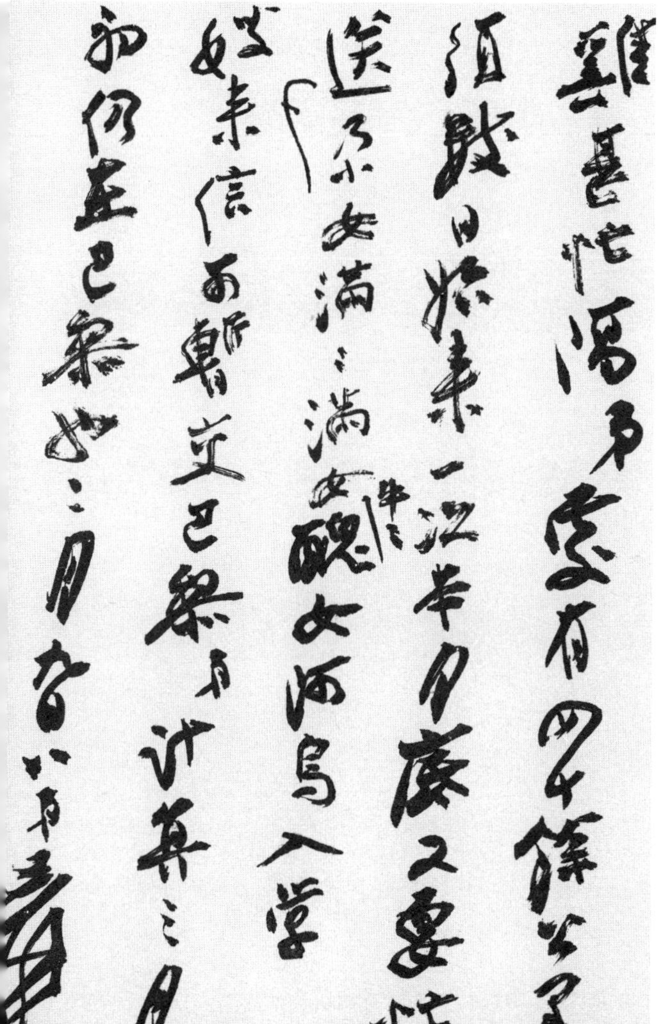

附件：继子保罗致义母杨浣青

母亲大人膝下敬禀者：

前奉慈谕，不日可来港，不胜喜悦；后又得惠示，以不获批准出境，闻之又极懊丧。忆自拜别悠忽多年，未能承欢左右，梦寐难安。本拟遵嘱回沪一叙，奈因体弱，近受医嘱已入葛量洪肺病医院疗养，辗转床褥，益增苦思。曾上电请再申请，想荷鉴及，务希再行向有关述，想人民政府宽原厚仁为怀，当以母子求晤见怜而核准，是万幸也，跪候佳音。敬叩万福！

儿保罗倚枕敬言，三月六日

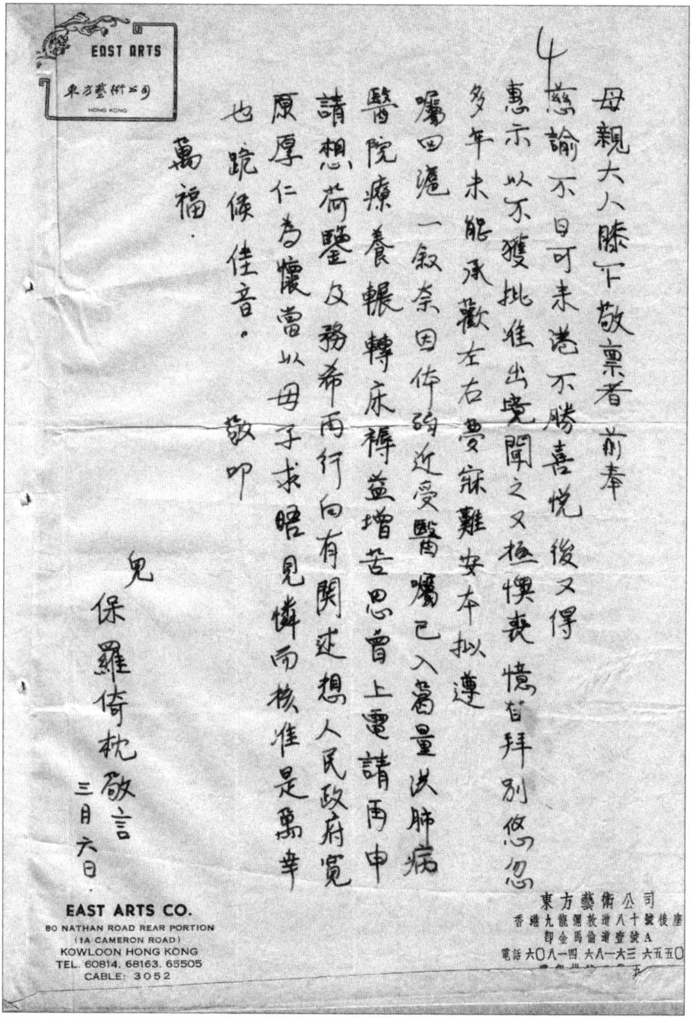

EAST ARTS
東方藝術公司
HONG KONG

4

母親大人膝下敬禀者　前奉
慈諭不日可来港　不勝喜悦　後又得
惠示以不獲批准出境　聞之又極懊喪　憶自拜別悠忽
多年未能承歡左右　夢寐難安　本拟遵
囑回滬一叙　奈因体弱　近受醫囑　已入葛量洪肺病
醫院療養　輾轉床褥　益增苦思　曾上電請再申
請想荷鑒及　務希再行向有関述想人民政府寬
原厚仁為懷　當以母子求晤見憐而核准　是萬幸
也　跪候佳音。　敬叩
萬福.

兒
保羅倚枕敬言
三月六日

EAST ARTS CO.
80 NATHAN ROAD REAR PORTION
(1A CAMERON ROAD)
KOWLOON HONG KONG
TEL. 60814. 68163. 65505
CABLE: 3052

東方藝術公司
香港九龍彌敦道八十號後座
即金馬倫道壹號A
電話 六〇八一四 六八一六三 六五五〇

解　读

浣嫂姓杨名浣青，是大千二哥张善子的第二位夫人，故称浣嫂。大千对二哥十分敬畏尊重，二哥张善子是大千在艺术道路上的引路人，更是抗日救亡中的一位有特殊贡献的爱国画家。他不仅在艺术上开创了用中国画传统形式来宣传抗日的先河，而且举办画展义卖，以善款支援抗日和赈济灾民。1938 年底，在周恩来、林森、许世英的支持下，国民政府参政会议决定派张善子以国民政府赈济委员会委员的名义出国宣传。于是他携带了《正义歌像传》《怒吼吧，中国》以及与张大千共同创作的《春骢图》等 180 幅作品，和印有法文、英文的作品宣传资料，

20 世纪 30 年代张大千（左）与张善子（右）摄于成都

经云南取道越南赴法国。后又由法国赴美，举办画展，义卖画作，募集捐款，前后约两年，先后举办了上百次画展，募得义款二十余万美元，悉数寄回国内，赈济灾民及支援抗战。难怪赢得大千的终身敬重。

由兄及嫂，长嫂若母。善子病逝后，大千对浣嫂仍很敬重，在生活上也很关心，寄物寄钱从无忘怀。20 世纪 60 年代初，大千曾邀浣嫂携侄孙聪聪到澳门小住，但未办妥赴巴西的手续，就回沪了。两年后，浣嫂又致信八弟大千，要求再赴香港探亲（探望继子保罗。二哥善子无子，张文修之子心得、大千之子保罗先后寄为继子，故浣嫂与保罗有母子之称），浣嫂探望儿子，名正言顺。这是大千又一次写信邀约浣嫂赴港，怕她舍不得离开孙儿，所以索性嘱咐浣嫂把侄孙张聪一起带来，以免后顾之虑。可是她的这次签证迟迟签不下来，怎么办？

据《张大千的世界》一书记载：大千先生拜托近在香港的挚友高岭梅设法。高岭梅写信捏词给善子夫人，说保罗在港肺病垂危，希望能见母亲一面，信中又以刺激的语气，说何以二嫂多次申请皆不获准，如此“人民政府”何曾为人民着想。不意这封信发生了效果，善子夫人获准携孙再度出来……谢家孝在书中描绘高岭梅出主意，让保罗捏词给母亲写家书，言辞尖锐，绘声绘色。读后不免令人心存疑虑，如此刺激言辞，居然能说动有关部门人士，放行过关。

不意间，在大千致浣嫂的信中夹入了张保罗的这封家书，但从信中并未看出有什么不满人民政府的些许言辞，有的只是“想人民政府宽原厚仁为怀，当以母子求晤见怜而核准，是万幸也”。

以当时政治情势度之，保罗信中未必会采用高岭梅捏词，激化矛盾，须知“人在屋檐下，焉得不低头”，更何况是求政府部门放行过关。1962 年，杨浣青申报过关，她携带外孙聪聪，先到香港，由保罗陪同到日本，再从日本乘飞机辗转到巴西。1963 年在巴西患心肌梗塞去世。八弟大千办理丧事，尽到了为浣嫂养老送终的责任。

保罗是善子的继子，也是大千的三子。他在海外一直追随其父，无论在艺术事业上，还是在处理家务上，都是大千身边最得力的助手，深受其父倚重。

致十女张心瑞

张心瑞与父亲张大千 1963 年摄于香港

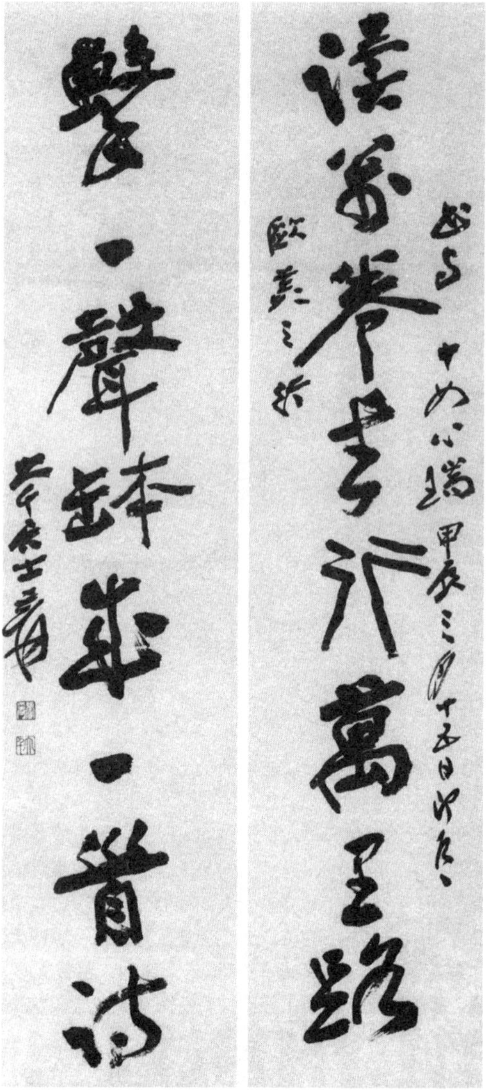

张大千为心瑞所题
行书八字联

1957年3月31日

拾女：

前在东京曾得建初及汝书，于一月十八日即返巴西，二月十五日到家，不日即移居山园。目疾小愈，大概不久可以作粗笔画矣！生活尚安，拟于九十月同雯姨重去日本治眼。

罗罗则将先去学制柿饼也。届时如汝与建初愿来香港一晤，此时可以申请，父决到港一晤也。兹寄汝照片一幅，另函转宛姨。

三月卅一日，父字

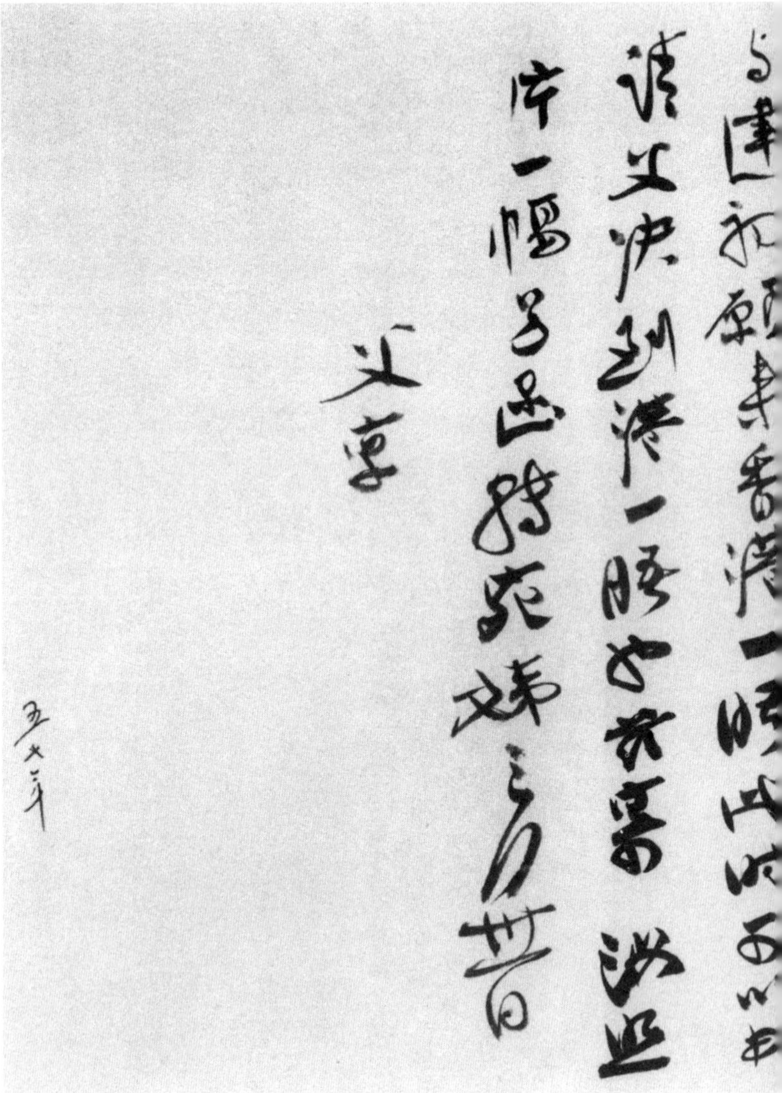
请又决到港一晤也我寄湖山
作一幅寄还时花妹之月廿日
父字
五七年

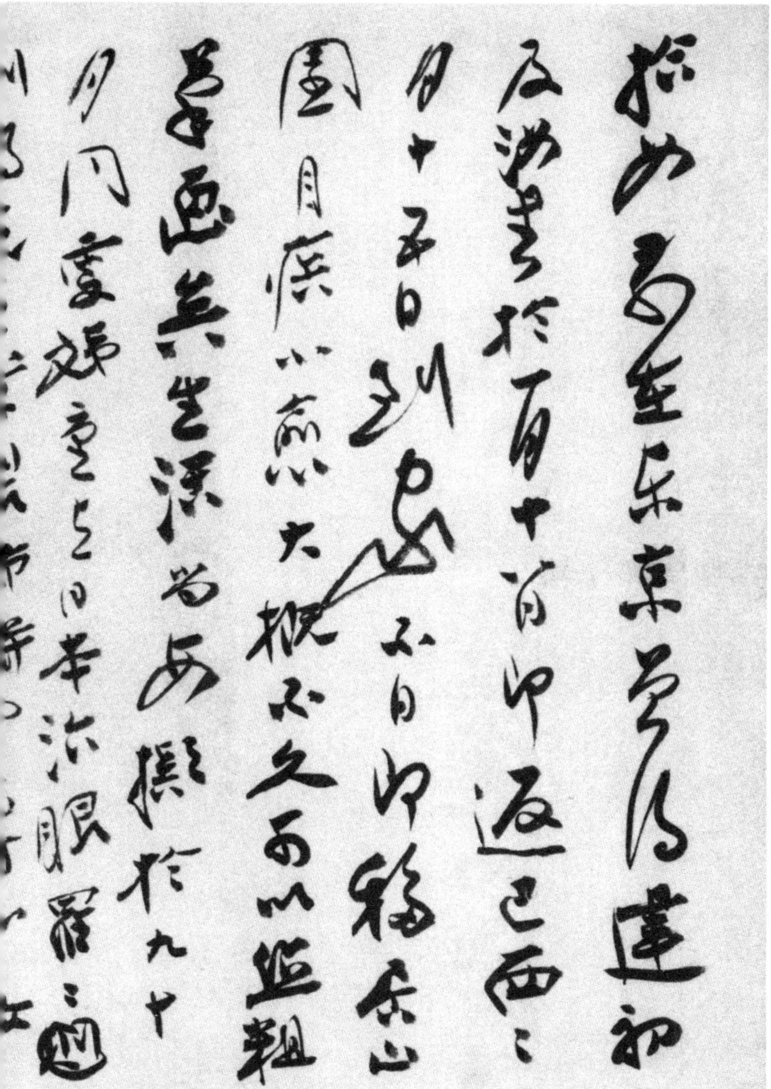

解 读

张大千先生离开大陆后，时常想念家中亲友，并不断致信问候。据张心瑞告知，20 世纪五六十年代曾前后收到父亲来信数十封，可惜“文革”中被付之一炬。这里仅存的四封信，是 1962 年她向中国文化部申请赴港探望父亲，托父亲的老友叶浅予先生转呈文化部申请书时，交给叶先生用以说明情况的。叶浅予先生用了其中的一封作申请书的附件，并在交信前誊写留底。原信连同申请书一并交由文化部存档。“文革”期间，叶浅予被批斗抄家，三封原信及抄件也随同被抄走。“文革”结束后，四封信件随同其他抄家物资一起退还叶浅予，叶先生将四封信件交还心瑞。由此

1949 年，张心瑞与萧建初摄于成都

1944年所作《倩影》是张大千为十女心瑞十八岁生日所画，此画被心瑞一直挂于卧室，伴随她度过了七十个生日

这四封信得以幸存。此信的左下侧有原子笔署“五七年”的字样，可以判断这是四信之首，信中告示十女（即张心瑞，大千长女，张家女孩子大排行第十），他与雯姨（四夫人徐雯波）要重去日本治疗目疾（视网膜剥离）；而罗罗（即张心一，也叫保罗，大千第三子，张家男孩大排行第十二）为生活计，要去学制柿饼，因八德园中盛产柿子。信中告诉心瑞，如果她与建初愿来香港一晤，现在就可以提交申请，父（大千自己）一定去港同他们见面。

萧建初（1910—2002），大风堂弟子，曾赴敦煌随大千临摹壁画，1949年与张心瑞结为夫妇，成了张大千的女婿，在四川美术学院从事中国画教学和创作。信中提到的宛姨，是指杨宛君，此时已离开成都回到北京定居。

1959年3月2日

十女：

父去西京与姨俱甚忙，昨始归。姨又未得闲与汝详函。父目疾日甚，不得与汝辈一见为恨。五月底必须南返巴西。如汝在五月间能来港，则父赶来港会晤；汝若不能来，父亦不到香港。

汝须到派出所详细说明，倘决能来，即与汝兑旅费来。如何、如何？速速回信。建初能同来一见，尤所盼也。三叔、三妳、十二近况详告为要。汝之生母处境如何？十日之内托友人在港兑款与之。

三月二日，父字

来时勿带小孩，既省钱又便利，申请亦易也。

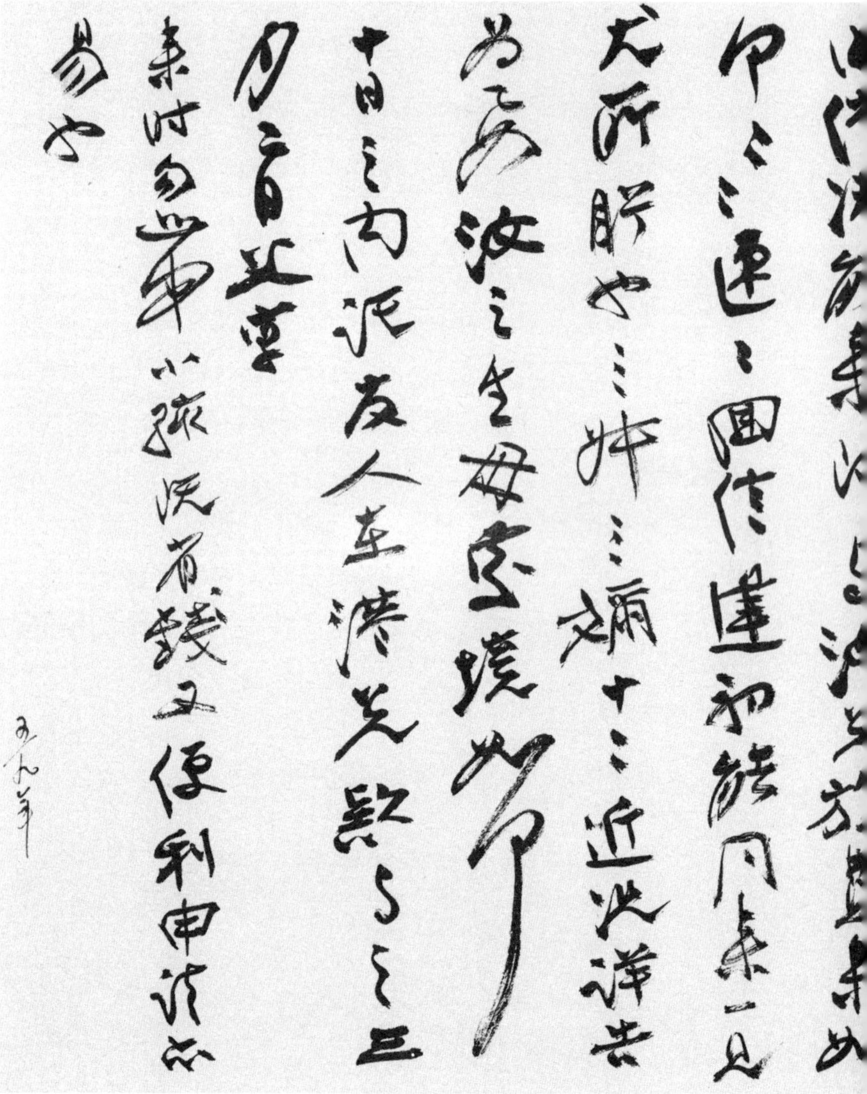

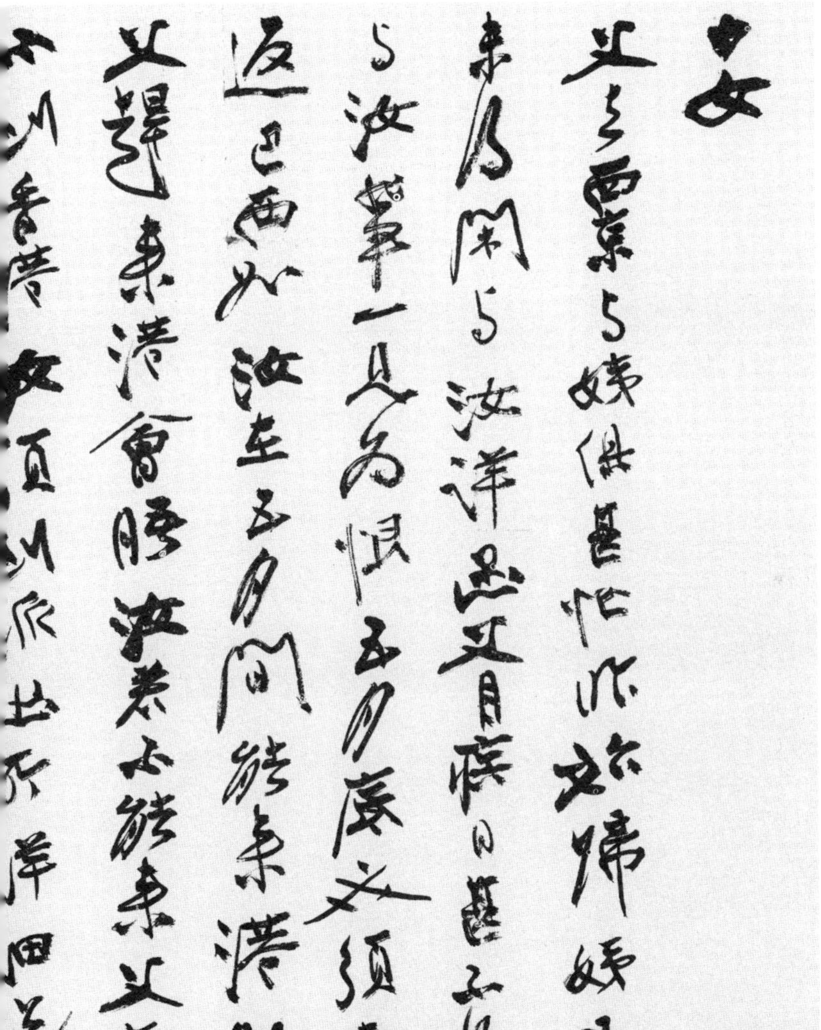

十女

父之西京与娣娣俱甚忙，忙於[illegible]婦婦又

来函閱悉，汝洋[illegible]又有[illegible]日[illegible]不能

与汝[illegible]一見為恨。五月底又须南

返。已而汝在五月間能来港，則

父歸来港，會晤汝[illegible]不能来，又亦

解 读

此信左下侧署“五九年”，可见此信写于1959年3月2日，当时他与徐雯波正在日本京都（日本旧京城，相对于新首都东京，故称西京），在老友郭有守的协助下，忙于打进欧洲艺术市场，由于“目疾日甚”，需要寻医治疗，“不得与汝辈一见为恨”。但心中又念着十女，自从1957年信中邀约建初、十女夫妇香江一晤，又过去了两年。故信中旧事重提，询问心瑞能否申请来港，若能来，即兑旅费与十女，并赶来会晤；若不能来，他亦不到香港，月底径回巴西了。信中提醒十女“须到派出所详细说明”情况，“如何、如何？速速回信，建初能同来一见，尤所盼

1940年，大千先生带家人避居青城山。大千先生与夫人黄凝素（左一）、杨宛君（右三）和儿子心智、保罗、心玉、心珏在都江堰索桥边河滩上玩耍

也”，盼见亲人之切，可窥一斑。

十女的生母名叫黄凝素，曾正蓉是张大千父母为其包办的妻子，与大千感情不洽；婚前，张大千曾与表姐谢舜华相恋，青梅竹马，十分相好。可惜谢舜华因病早夭。大千深受刺激，离家出走，当了一百天和尚，后被他二哥张善子的朋友发现，友人“通风报信”，即由他二哥“押”回四川。家里怕他再生出家的念头，急令他成婚。大千不满这门婚事，婚后即离家返回上海。两年后回到家里，黄凝素（与张家沾一点亲，父母早亡，自幼在张家长大）已成大姑娘。大千很喜欢纯朴的凝素，父母亦乐意，遂与年仅十五岁的黄凝素成婚。黄凝素为大千生养了十一个子女，曾赴敦煌为大千料理生活，尽管后来夫妻离异，但在导致离婚这件事上大千有愧于心，故不忘旧情，时在信中问及她的处境，并寄钱物接济。信中的十二指张心裕，是心瑞的妹妹，亦是黄凝素所生。她毕业于成都华西医学院药学系，后在重庆西南制药厂任制药工程师。当年与父亲少有联系，所以大千对她十分关心，连连追问十二的下落。

1960年8月7日

十女：

汝父今年六十二矣，既老且多病，亟盼汝姊妹能来香港一晤，能与汝等见面，确知内地情形，乃可归国也。汝能约建初同来，尤所望也。汝父生日在农场照像（相）寄汝，知我鬓须尽白矣。

八月七日，父自巴西摩诘山下寄

速速回信。十二在何处？

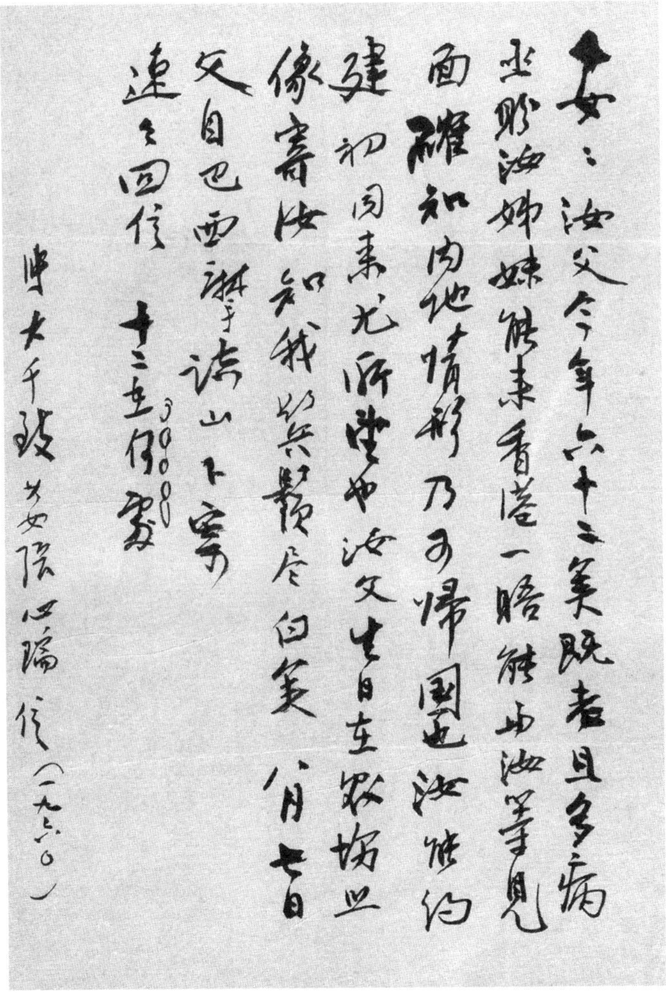

十女：汝父今年六十二矣，既老且多病，亟盼汝姊妹能来香港一晤，能与汝等見面。雖知內地情形，乃可歸國。汝能約建初同來，尤所望也。汝父生日在[illegible]照像寄汝，知我鬚髮盡白矣。八月七日
父自巴西摩詰山下寄
速速回信
十二女[illegible]

張大千致十女張心瑞信（一九六〇）

解 读

此信笔迹与其他三信明显不同。正是当年叶浅予先生为张心瑞向文化部申请赴港探亲材料时，抄誊留下的稿底，原件已归入了文化部的档案袋。所以说，这是一封由叶浅予誊抄的大千家书，叶浅予与大千相交于20世纪30年代的上海，1945年偕戴爱莲赴西康采风，途经成都，大千盛情款待老友，热忱留他们居住在会府南街家中，由黄凝素夫人接应照顾。那时大千为整理临摹的敦煌壁画和准备画展住在昭觉寺，女儿心瑞、儿子罗罗（心一）随侍身旁。叶浅予常去昭觉寺看大千作画，并向大千学习国画，大千也尝试用漫画技法创造中国画，彼此交流技艺。浅予在

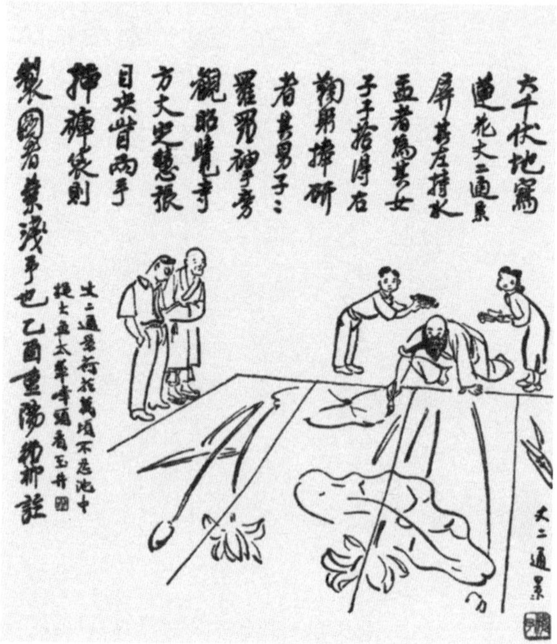

叶浅予漫画，张大千作大荷花时的情景

张大千、张心瑞摄于从港岛至九龙的轮渡上。1963年5月，心瑞携小女莲莲抵达香港，与父亲团聚。分别十四载，一得相见，父女俩的喜悦之情溢于言表

昭觉寺亲眼观看大千在丈二匹宣纸上泼墨画荷，观后灵感突发，创作了一幅《丈二通景》的漫画，画中的大千正在伏地挥笔，儿子罗罗左侧捧砚侍墨，心瑞在右侧端水盂，而在一旁与昭觉寺方丈一起观画者，双手插裤袋目瞪口呆，正是漫画作者叶浅予。老友情谊于此可见。

叶浅予为什么要誊抄呈报此信呢？因为这封家书中有一句说道："能与汝等见面，确知内地情形，乃可归国也。"这句话对萧建初、张心瑞申请探亲是十分有用的。新中国成立后，上至周总理，下及四川有关方面，不断派人做工作或释放善意，规劝张大千归国，而今大千在信中自言可以归国，岂非大好事。

此信果然起了作用，在叶浅予先生的帮助下，1963年初，四川省有关部门先后为张氏的两个女儿心庆和心瑞开了绿灯，发放

1964年，八德园的五亭湖。前排左起：心瑞、父亲、莲莲、妹妹心沛；后排石头上为妹妹心声、心娴、保罗的女儿亭亭

了赴港探亲的通行证。她们先后赴港探父，相隔十四年，父女终于得以团聚。大千随即又叫心瑞母女去巴西，并托在港的朋友为心瑞母女办好手续。心瑞携女儿萧莲去了巴西，奉侍父亲，与海外的弟妹欢聚，三代人在异国享受了天伦之乐。

1960年9月26日

十女：

前二月已托友人按月与你同你生母兑点钱，收到了没？望你时时来信，望你同建初能来香港一晤。父患肝病，精神大不如前了。

九月廿六日，父字

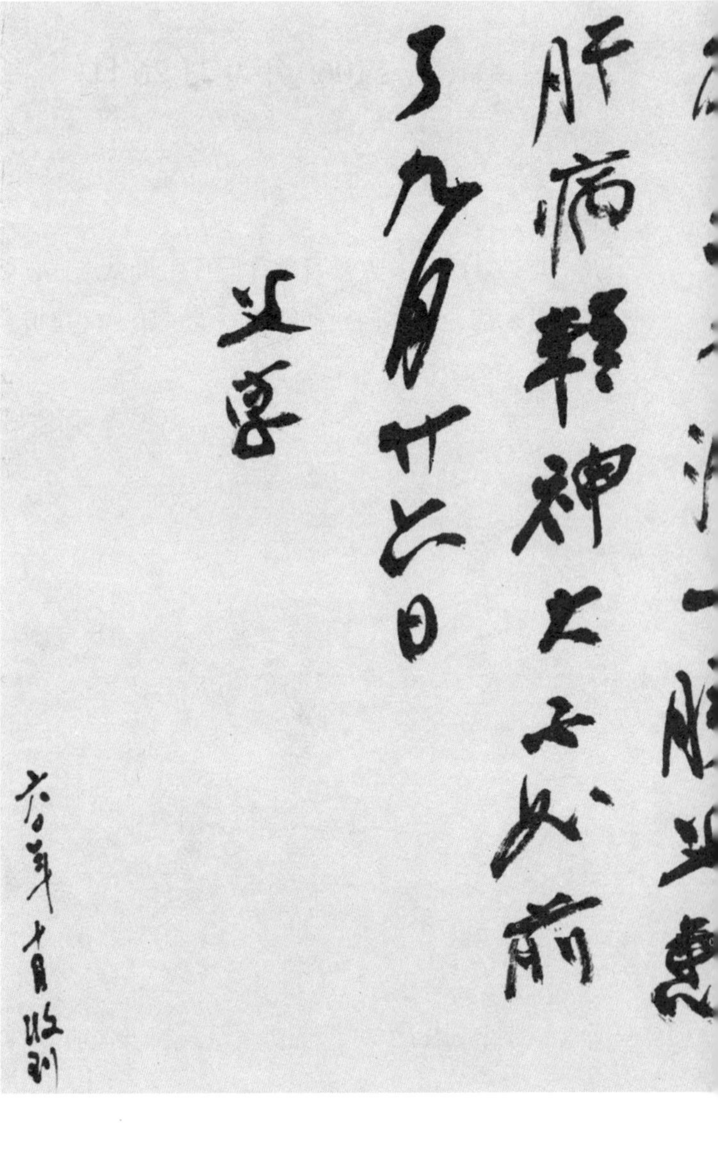

肝病精神大不如前

了 九月廿六日

爰 [illegible]

[illegible]年十月收到

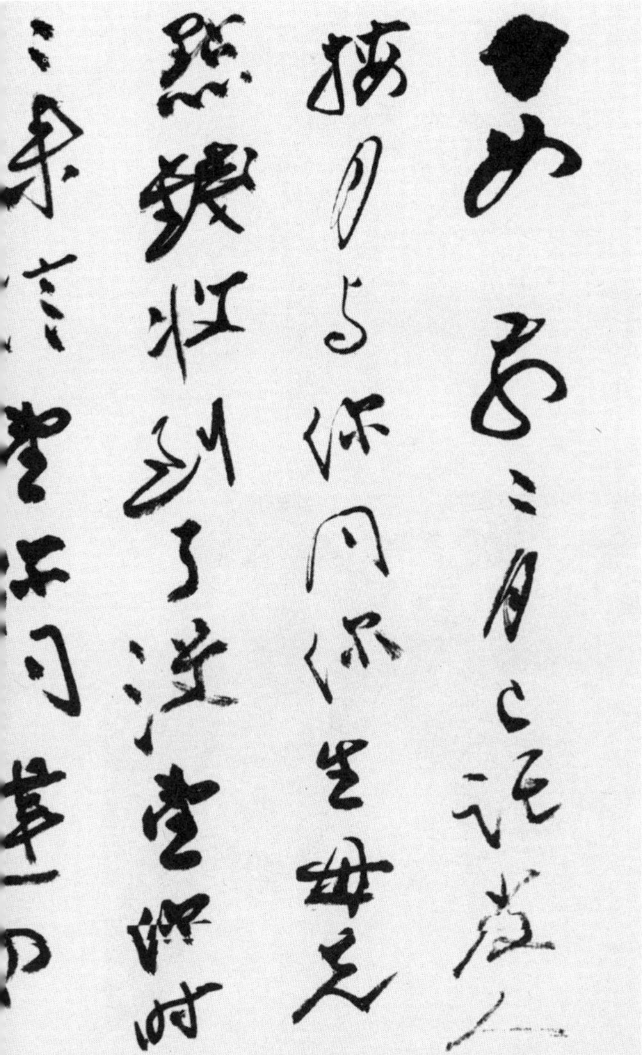

解　读

60年代大千因年老多病，急切盼望与女儿、女婿晤面的心情随处在信中可见。另外，如前所述，尽管心瑞的生母与大千离异，但因事出有因，大千仍惦记黄氏，关心她的生活，故时时在给女儿汇寄钱物时，留出一份予以接济。此信可见一斑。

1964年5月，联邦德国科隆东方艺廊举办张大千画展，适逢大千六十五寿辰，画廊主人李碧禧邀请大千先生和嘉宾乘邮船观赏莱茵河风光，并定制生日大蛋糕。照片右起为大千先生、徐雯波、郭有守，前面小孩是莲莲

1981年5月28日

辛酉四月二十五写与拾得爱女，汝细观之，当知父衰迈，又不得与汝辈相见，奈何，奈何！

八十三叟，摩耶精舍

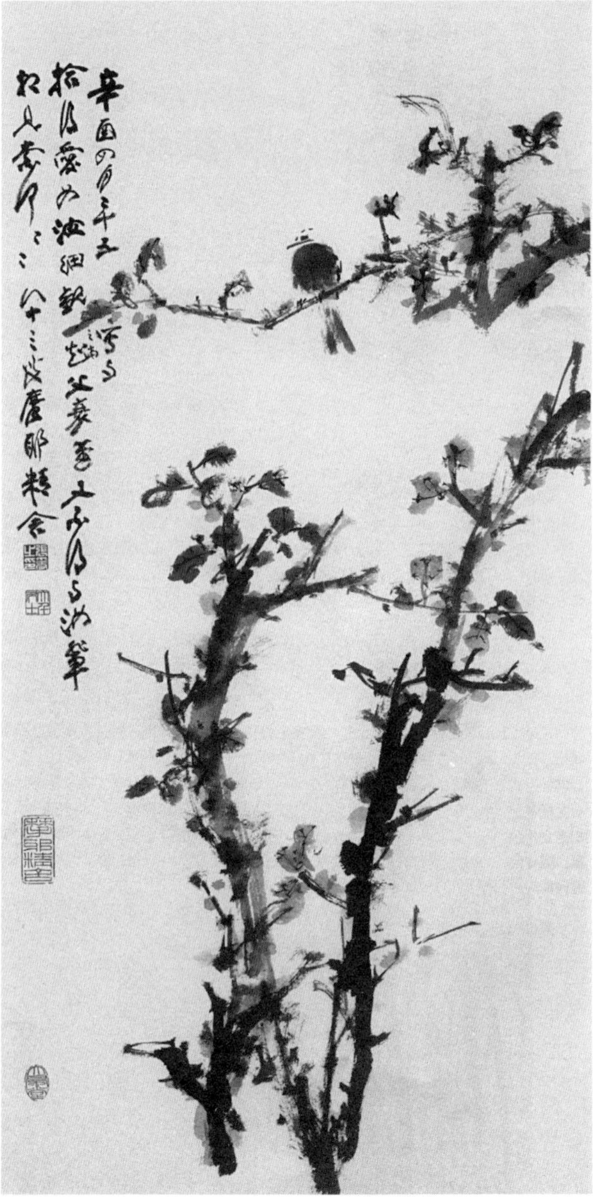

解 读

中美建交后，两国探亲往返有了很大的松动和改进。1981年初，张心瑞和萧建初以及在兰州工作的张心玉（蘧蘧，大千第四子，大排行十四）一起赴美国加州探视父亲，下榻在加州的弟弟保罗家中。可是父亲居住在台北，年老体弱，再也经不起长途跋涉；而海峡两岸仍处于对峙状态，尚未开启三通探亲事宜，心瑞一行无法赴台。怎么办？只能在保罗家中，与父亲通起越洋电话，在电话中互诉思念之情，天天打电话，只能听声不能见人。亲人之间只能用这种方式来传达感情。这也是在特殊环境中所能采用的特殊方式，实在令亲人无可奈何。在加州，心瑞一行住了小半年，回国前夕，保罗从台北取回了多幅父亲给予心瑞的书画——以题跋代替书信的画。其中有一幅《红叶栖禽》，画的是数枝老干布满了红叶，一只孤鸟站在一根老树枝上眺望远方。

张心瑞与萧建初 1981 年赴美探亲，摄于父亲加州旧居环華庵大门前

1981年8月11日

十女心瑞与老父别十八年，远来八德园省侍，忽忽别又十八年，来环荜庵乃不得相见，世乱如此，能有团聚之日否？言念及此，老泪纵横矣。奈何，奈何！写此数笔，寄汝守之，勿信妖言，当知老父念汝之深也。

辛酉七月十二日，八十三叟，摩耶精舍

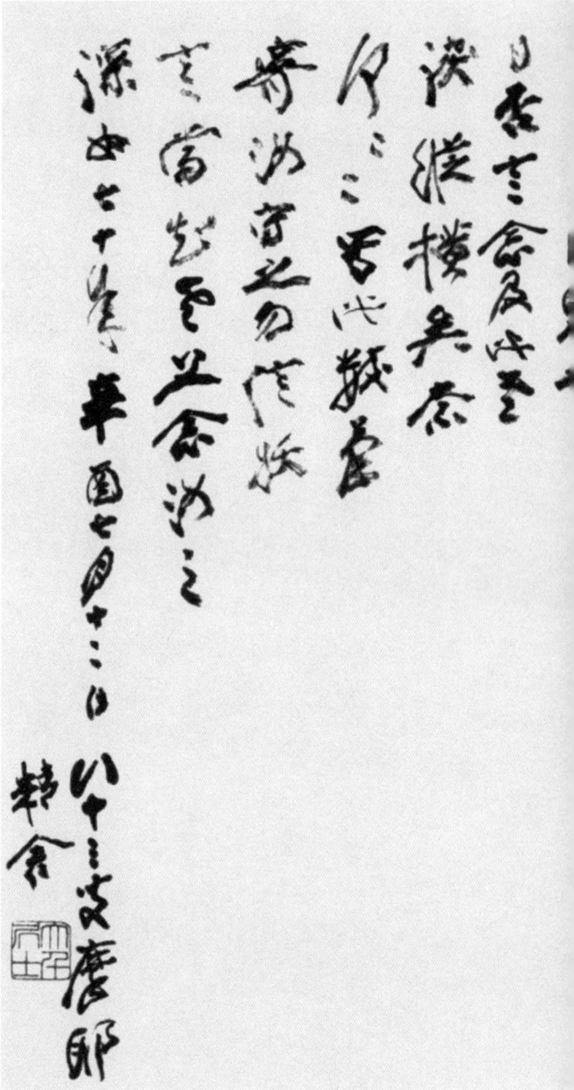

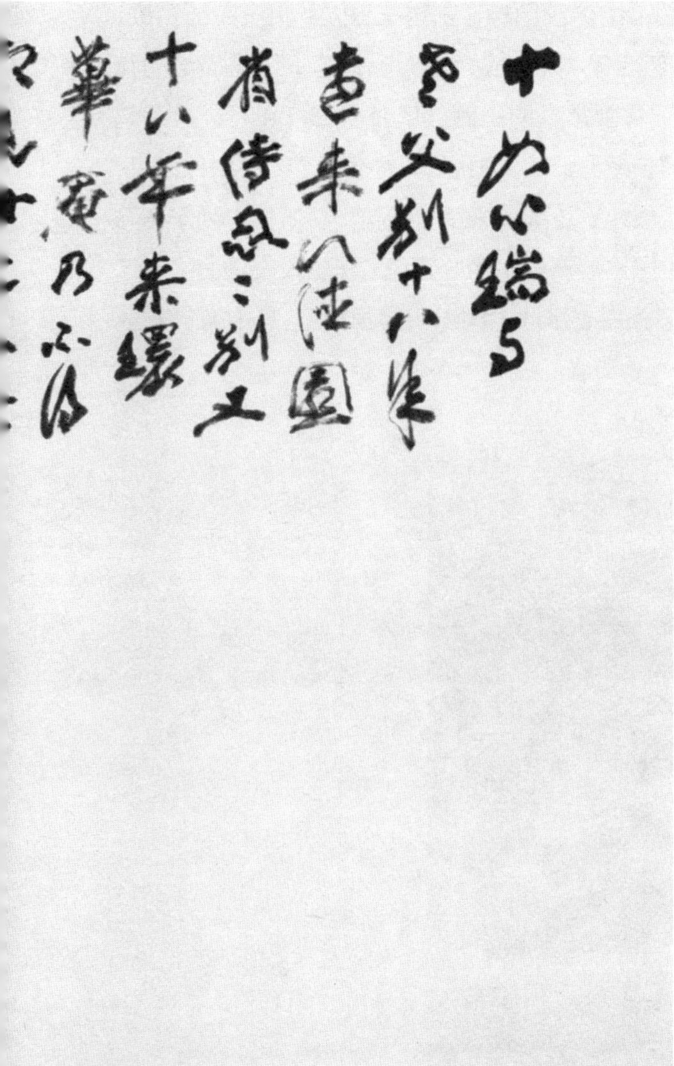
十女心瑞与
吾父別十八年
書來入法國
省侍忽忽別又
十八年來還
華乃不得

解 读

荷花是中国画中的传统题材，它亭亭玉立，出淤泥而不染，象征着人类的高贵品格，因此成为文人墨客笔下经常描绘的花卉，它也是张大千常画常新的画题。早在1933年1月，徐悲鸿应欧洲各国的邀请，举办“中国画展”。他携带了二百余件作品，先后在巴黎、布鲁塞尔、伦敦、米兰、柏林、莫斯科和列宁格勒七地展出。这次中国画展震撼了西方艺坛。法国政府选购了十二幅作品，在国家画廊成立了“中国近代绘画室”。其中有一幅就

1964年心瑞和萧莲在八德园

张大千《墨荷》

是张大千的《金荷》。《金荷》是大千工笔重彩的代表作，而墨荷则是他大写意泼墨的代表作。20世纪60年代，他的一幅《泼墨荷花六联屏》被美国读者文摘社以14万美元购藏，创下了中国画的最高售价。这幅《墨荷》则是大千让保罗女儿绵绵从台北带回美国交给欲赴台探亲未能成行的爱女存念的，故在画上题了一段长跋，以跋代书。大千自言是一个“喜聚不喜散”的人，可是与大陆子女却只能聚少散多，尤其是心瑞，人都到了美国加州，却不能赴台北摩耶精舍与年逾八旬的老父团聚，人情何在？天理何在？难怪他要在跋中感叹：“世乱如此，能有团聚之日否？言念及此，老泪纵横矣。”看到这里，编者亦为之一掬同情之泪。须知从此一别，张氏父女永无团聚之日了。

致诸侄书

张心德（比德）1949 年摄于成都。心德为张文修次子，过继给张善子夫妇为子

1947 年，张大千赠心素之画《水墨仕女》

致三侄女张心素（1981 年 10 月 9 日）

心素三侄：

汝十妹归已十日，美国汝十二弟萝萝已得其到家电报，汝已见面否？兹托徐伯郊老伯与汝汇去三千元。又，汝弟地址得到，即去办理签证，千万只带外侄孙女一人，如多带一人到国外，汝将后悔不及，盖有种（种）困难也。叔衰颓已甚，不能多写，盼汝向三叔三妳两老人前代叔叩安。

九月十二日，八叔爰

伟聪同此。

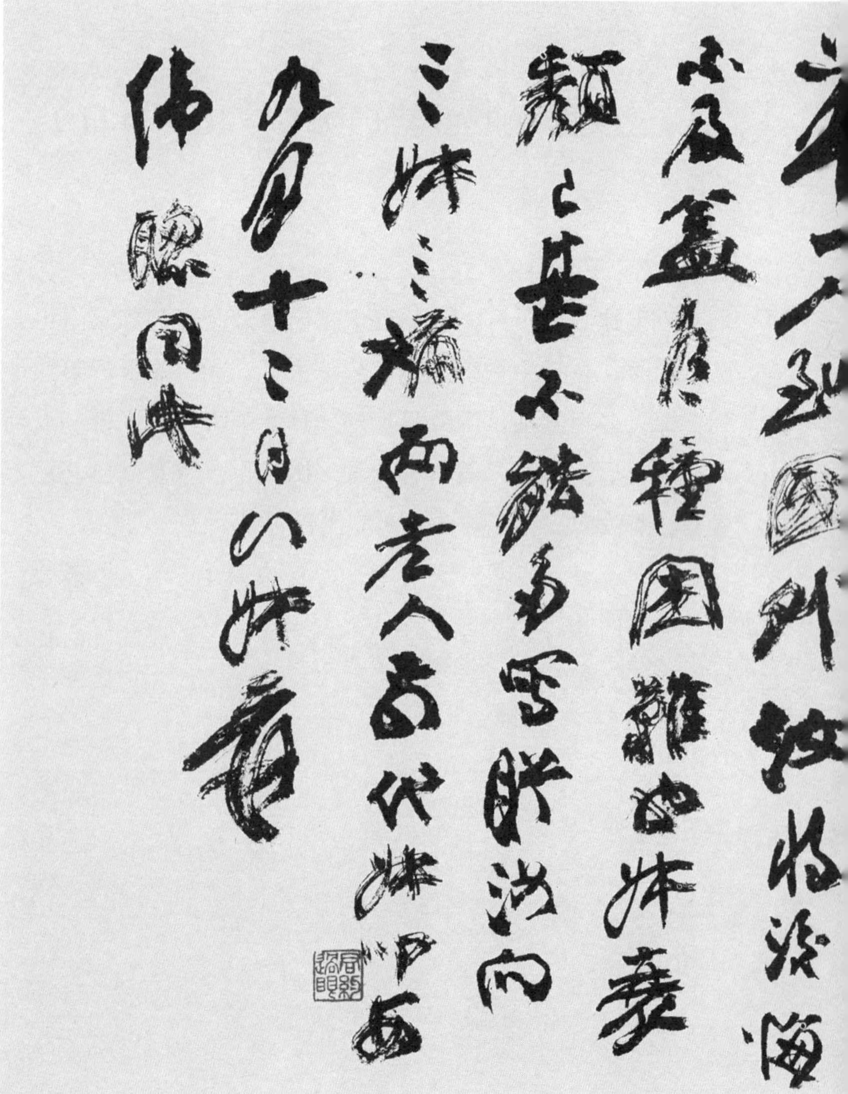

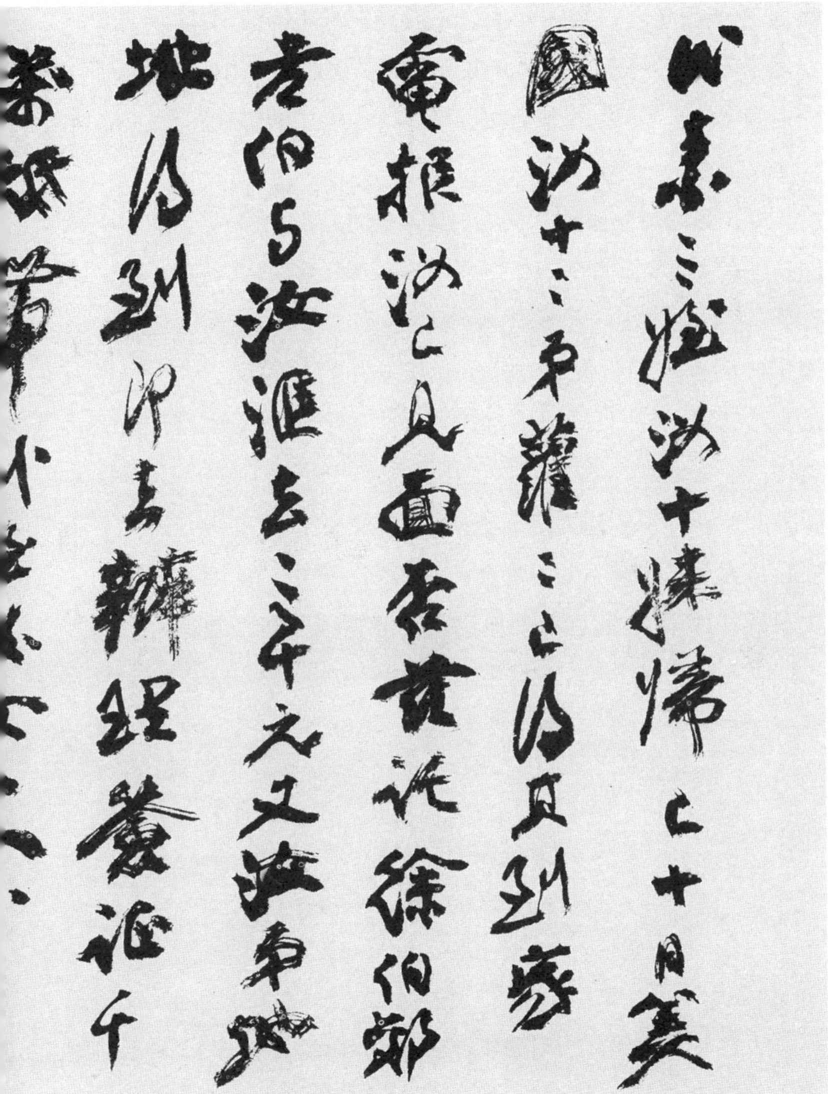

解 读

此信与寄心义之信相差一天，主要是关照心素赴美探亲之事。心素是二哥张善子的长女，排行第三，大千对其十分关怀。子侄辈赴美探亲，先后只有十女心瑞、十一女心庆、三侄女心素、八侄女嘉德。

1981年，张心瑞、萧建初夫妇，以及张心玉由在美定居的保罗担保办理赴美探亲。1980年，大千破例动用台湾友人关系，将杨浣青所生女儿张嘉德从香港带到台湾。后来，张嘉德定居美国。

据张氏后人告知，大千对三位兄长子女的关爱甚于亲生子女，尤其对二哥两位同父异母的女儿心素、嘉德的关爱更甚于自己的女儿，于此可见。

萝萝即保罗，保罗是其信天主教的祖母为之所取的教名。移居海外后，大千先生说不要用那么洋的名字，要把“保罗”加上草字头写成“葆萝”，此后保罗自己就注意写成葆萝，但是大千先生或其他人却没有那么注意是否加了草字头。

致三侄张心铭

三侄：

带上寄平信二封，速付邮。又，林伯伯“麻姑”，郭厅长“观音”。又，字一条，嘱比德同五太老师致张先闾先生函同送去，取回《李太师传》油印本一册，至要！至要！又，郭厅长所印关于叔画展在渝带回书若干册，在阿妳楼上，亦着比德寻出，自留十册，余全部送还，请君礼弟送还西南印书局。再，凉州二号皮纸带一百张来。

叔爰白

八尺山水即在谷老家，一贴可也。

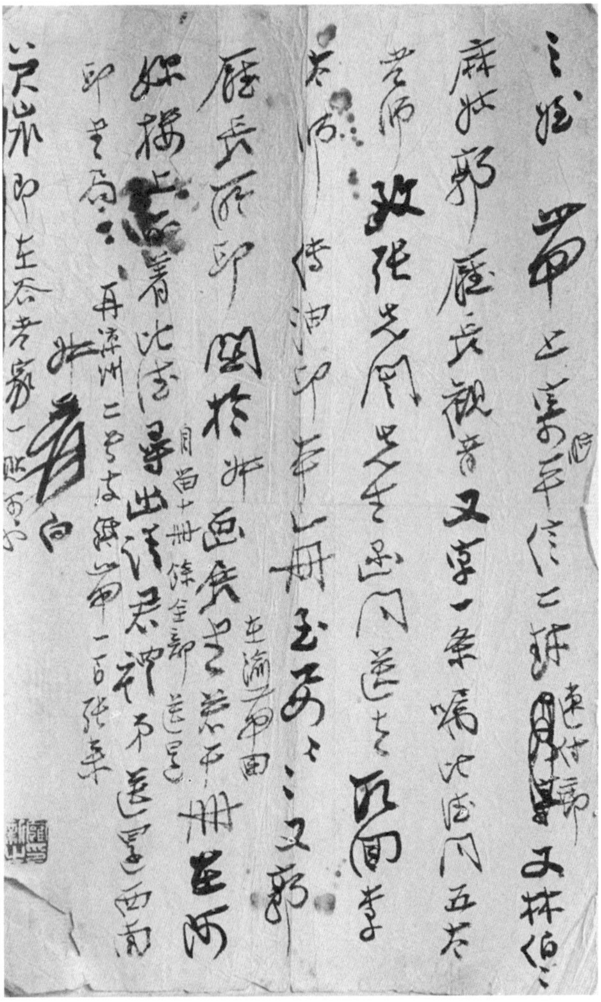

解 读

此信约写于1944年春节后。张大千自敦煌回川后，先后在成都、重庆举办敦煌壁画临摹展，展览十分成功，轰动了成、渝观众及全国避难入川的著名艺术界、学术界人士。为配合展览，四川美术家协会还主办了“张大千临抚敦煌壁画”学术讨论会，并由四川美术家协会督印、西南印书局承印，出版了《张大千临抚敦煌壁画展览目次》、《大风堂临摹敦煌壁画》第一集。信中提及郭厅长所印关于叔画展（册），应指西南印书局印行的《大风堂临摹敦煌壁画》第一集。信中的五太老师即指张大千老师李瑞清的五弟李健；而《李太师传》即是太师李瑞清的传记。

信中的郭厅长，即郭有守（1900—1977），时任四川教育厅厅长兼四川美术家协会主席。这次展览活动得到了他的大力支持，他亲自撰文盛赞这次展览是“艺术上的一件大事”，并预告：“张大千早已不仅是中国的张大千，他是20世纪全世界人类的张大千。”（《艺术上的一件大事》，载《张大千临摹敦煌壁画展览特集》，西南印书局1944年5月版）

信中的林伯伯，指的是著名诗人兼学者林思进（字山腴，1873—1953），曾任清内阁中书，与陈宝琛、赵熙、冒广生、郑孝胥诸诗家结社联诗，新中国成立后任四川图书馆馆长、四川省文史馆馆长。他是大千的前辈好友，在展览期间，题诗揄扬，还曾为大千临摹敦煌壁画画册写过序。所以张大千要赠《麻姑献寿》谢之；而郭有守厅长，则以《观音大士》及一幅字谢之。大千对友人的酬答都是十分慷慨大方的。

这是一封交代子侄在展览后的应酬及所需做事务的信件，

信尾提到的“八尺山水即在谷老家”，此处的谷老，即指严谷声（1890—1976），他是著名的藏书家，嗜书成癖，精书善鉴，又喜好书画，为大千好友，经常以家院为大千提供食宿及创作场所，大千西去敦煌，皆以严家贲园为基地。启程前为之准备，中间为之休整补充给养，归来进行加工，皆在贲园进行。大千在成都的居所，也多租用谷老家的宅所。对于大千的请求，严谷声有求必应。阿妳即浣嫂。

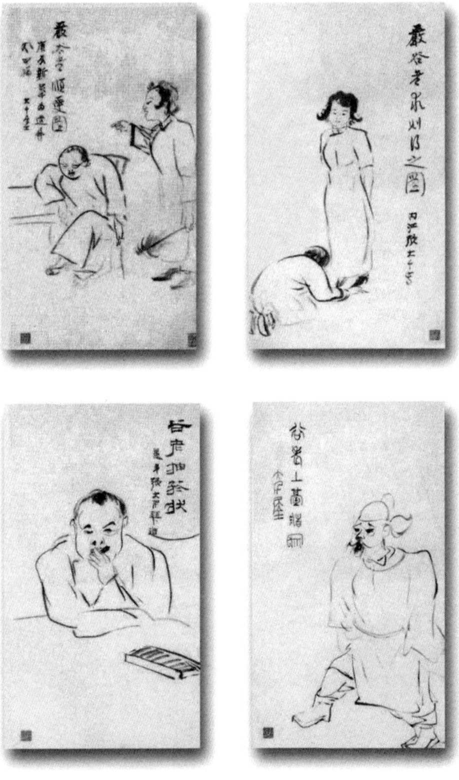

张大千为老友严谷声所作《谷老诸趣图》四屏风，采用漫画手法

致六侄张心德（一）

乞谢无量老伯书《九歌》四段："湘夫人""大司命""少司命""东君"，备薄润五万元，但须带墨自磨。六侄。

八叔白

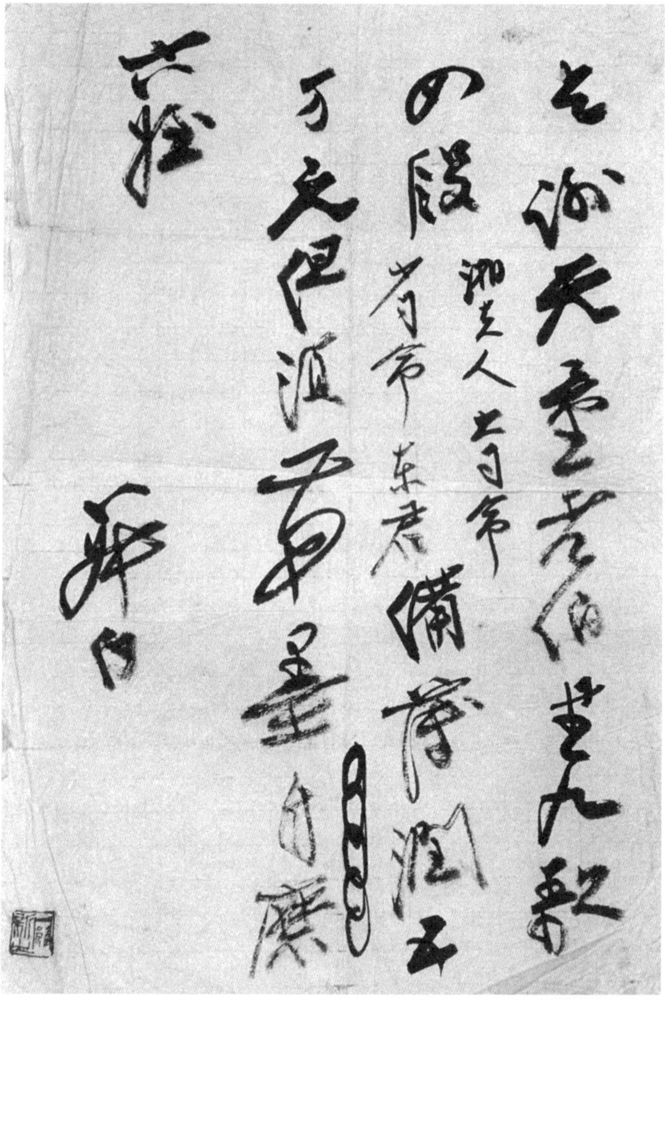

解 读

这是一封大千交代六侄心德求请著名学者、书家、诗人谢无量（1884—1964）老伯为他的《九歌》长卷题写诗跋之事。据美术史学者傅申记载：1945 年 8 月，抗日战争胜利后，大千曾携赵孟頫款的《九歌书画册》至北平，与溥儒共赏此册，溥即表示："以先生三年面壁之功，更写九歌图，用笔之妙，当为松雪梦想不及。"（姚梦谷《张大千纪念文集》，1988 年，历史博物馆）力劝大千以唐人笔意另写此图。大千得此鼓励，在颐和园养云轩中"考证《九歌》释义，草拟《九歌》图稿，修正五六次，而后着笔，经年告成"（同上）。

《九歌图》上，张大千先后请溥儒、谢无量、李秋君分段题写九歌诗章，此信就是让六侄心德携款带墨自磨，登门求谢无量老伯书写《九歌》的四段诗章——"湘夫人""大司命""少司命""东君"——的情由。

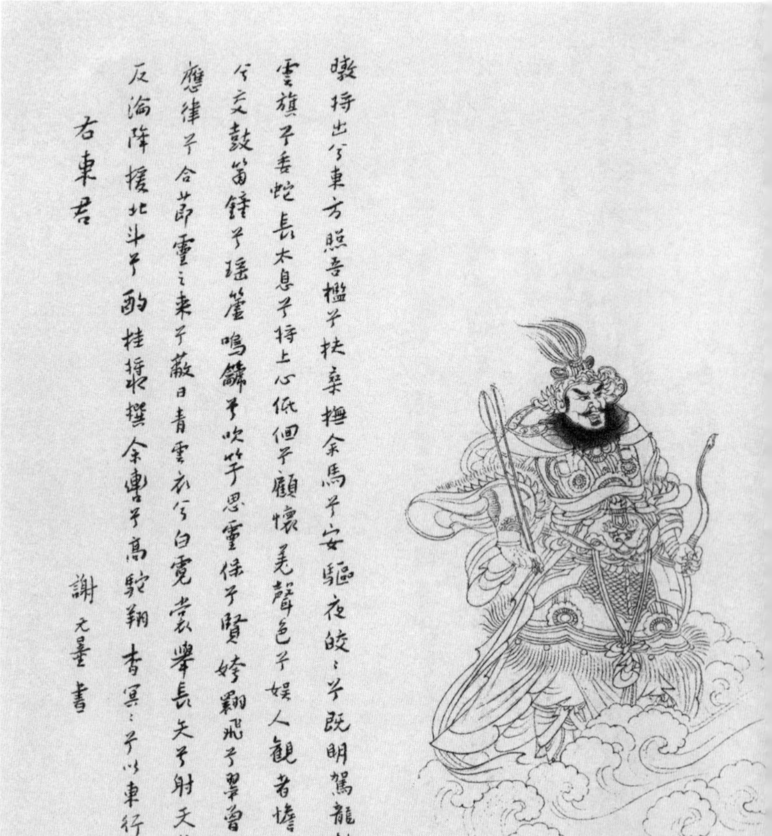
暾將出兮東方照吾檻兮扶桑撫余馬兮安驅夜皎皎兮既明駕龍輈兮乘雷載
雲旗兮委蛇長太息兮將上心低佪兮顧懷羌聲色兮娛人觀者憺兮忘歸緪瑟
兮交鼓簫鍾兮瑤簴鳴篪兮吹竽思靈保兮賢姱翾飛兮翠曾展詩兮會舞
應律兮合節靈之來兮蔽日青雲衣兮白霓裳舉長矢兮射天狼操余弧兮
反淪降援北斗兮酌桂漿撰余轡兮高駝翔杳冥冥兮以東行
右東君
謝无量書

谢无量为《九歌图》所题的“少司命”“东君”部分

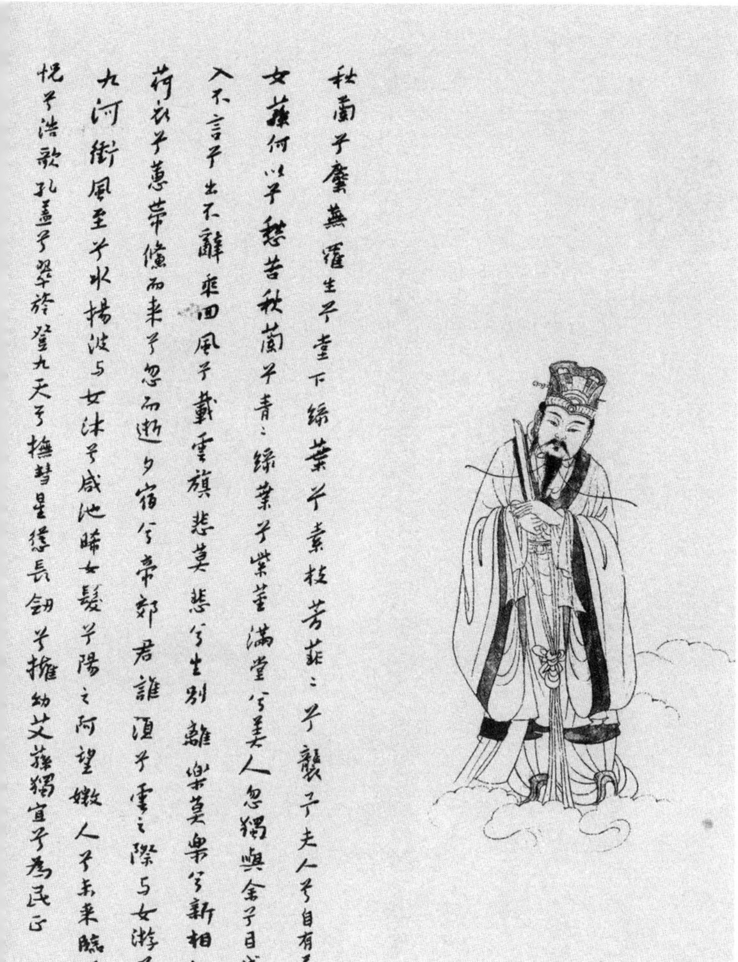
秋蘭兮蘼蕪羅生兮堂下綠葉兮素枝芳菲菲兮襲予夫人兮自有美
女蓀何以兮愁苦秋蘭兮青青綠葉兮紫莖滿堂兮美人忽獨與余兮目成
入不言兮出不辭乘回風兮載雲旗悲莫悲兮生別離樂莫樂兮新相知
荷衣兮蕙帶儵而來兮忽而逝夕宿兮帝郊君誰須兮雲之際与女游兮
九河衝風至兮水揚波与女沐兮咸池晞女髮兮陽之阿望嫩人兮未來臨風
怳兮浩歌孔蓋兮翠旍登九天兮撫彗星竦長劍兮擁幼艾蓀獨宜兮為民正

致六侄张心德（二）

《王舍人卷》在乡，《海山仙馆刻本》不必寄沪，《吴小仙武陵春卷》亦留下。可将《唐六如卷》寄之。侄可先去洛阳，归途再游华山。乡下已无钱，锦华来时千万带钱、米花糖。六侄。

叔爰白

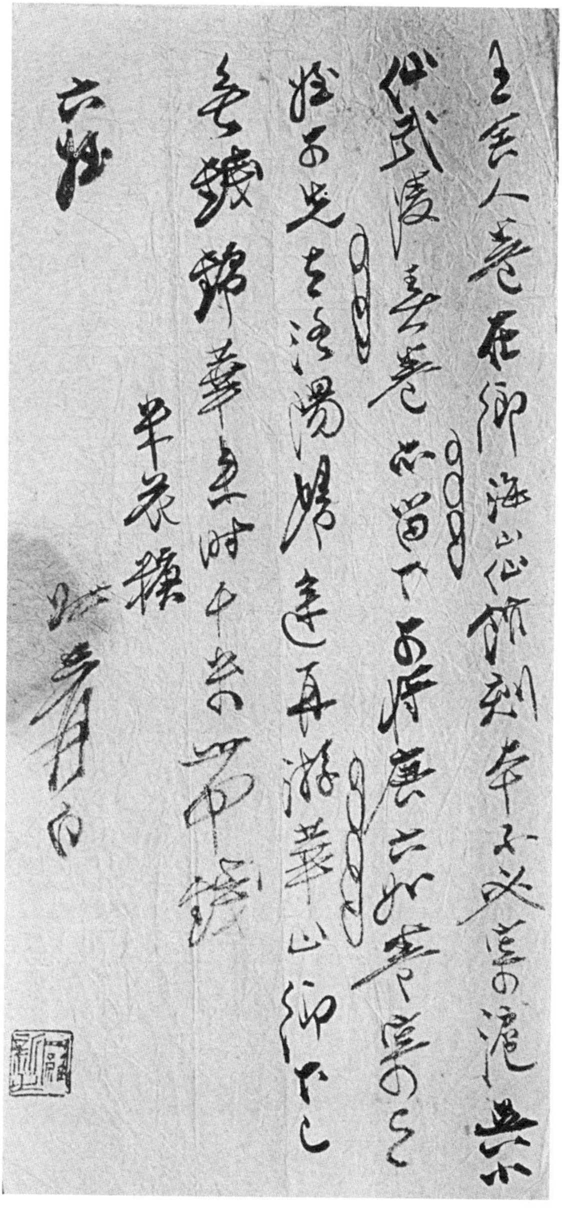

解　读

这是张大千在上海给六侄心德的信，主要是交代《王舍人卷》《海山仙馆刻本》和《吴小仙武陵春卷》要留下保存好，只把唐寅（字六如）卷寄沪，备作画参阅。张大千好读书，作画之余，时常手不释卷。

又是乡下已无钱，要大风堂门人况锦华来家时，千万要带钱、米花糖。可见当时家中经济的窘迫。据悉，米花糖是大千平日爱吃的零食。嘱门人带钱，亦不忘带米花糖。可见他对米花糖的喜食。

心德要出川游华山，十年前大千与善子弟兄二人曾两上华山写生摄影，地形十分熟悉，故指引六侄可先去洛阳，再游华山。

致六侄张心德（三）

六侄如见：

昨王世兄来，知家中用度已罄。杨伯伯处之五万元亦未取到，而玻璃款又不容拖延。无已，仍乞萧伯伯告借。唯我家累萧伯伯实深，大德不言谢，但有心感。五侄即往谒萧伯伯共借十五万元，以五万元交嘉侄，五万元付玻璃款，五万元付杨木匠。叔不另与萧伯伯作书，侄但以意告萧，无不可也。

八叔爰大千

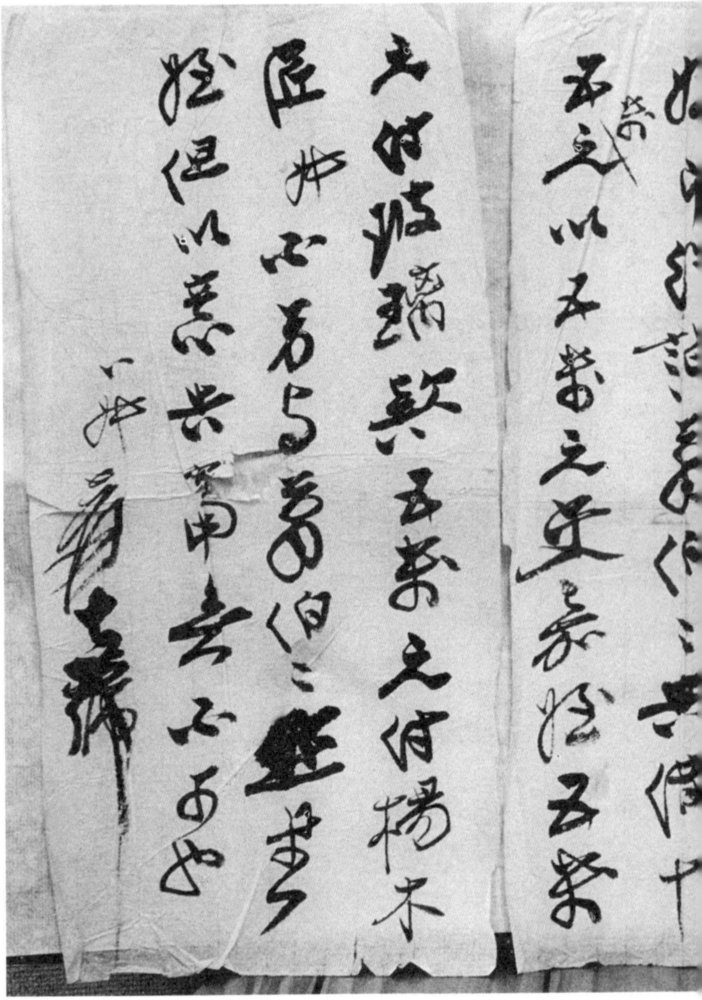

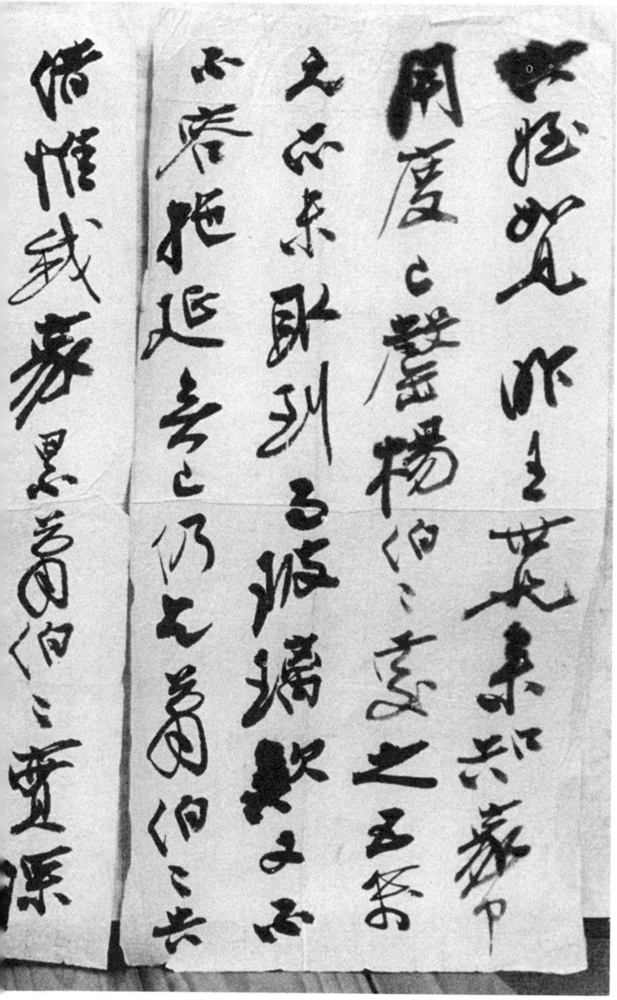

解　读

编者认为，20世纪的中国书画家中，最富有的当推张大千，而最穷困窘迫的也要算张大千了。他靠自己的一支笔创造财富，走遍天下，卖画为生，以画养家（养几十口人的大家），以画藏画（历代名画），以画会友，以画济人；他又是一个极端超前消费的人，嗜美食，爱请客，卖画钱尚未到手，早已提前把钱花完了。所以他要不断向友人借债周转，以后债还前债，“以债还债债还债”。故有人戏称张大千“富可敌国，贫无立锥”，又称他“一身是债，满室是宝”。关于这一点，张氏的十一女张心庆在《我的父亲张大千》（中华书局2010年3月版）一书中，有不少翔实的记载。她在《二十个银元》一文中写道：1944年刚刚过完春节，各大中小学校就要开学了。她和心裕妹准备上中学，正在办理入学手续。学费、伙食费、住宿费，以米折合的话，每个学生要交二石七斗五；现金的话，大约要十个银元。她们向父亲索要，谁知二十个银元却难住了张大千，好不容易才筹措到手，交给她们去学校。谁知门人刘君礼的妻子患病急需用钱，马上又派三侄把她俩从学校追了回来，让她们把钱转交给刘君礼。这件小事，也反映了这位大画家为二十元学费而大费周折的窘迫情状。

这封致六侄的家书，更可以具体地看到他是如何向友人借贷周转的细节。信中的王世兄，指大风堂门人王永年，世兄是师辈对晚辈的谦称。王永年在张家管理过一段杂务，得知家用已罄，前往大千处告示。信中的杨伯伯，即指杨孝慈（1895—1956），20世纪三四十年代，曾出任过中央银行经理。喜好川剧、书画，是张大千艺术活动的主要经济资助者。信谓杨孝慈处之款尚未取到，而装裱画框的玻璃款项却刻不容缓了。怎么办？没有办法，只得再向萧伯伯告借。萧伯伯又是何许人也？他是成都和通钱庄的经理萧翼之，也是大千艺术活动的重要资助者。萧翼之时常替大千周转家用，上面心庆写到的二十元学费，也许正是从萧伯伯处借来的。故大千信中有“大德不言谢”之辞。

大千让五侄张心奇向萧伯伯告借十五万元，分作三处用，一处是以五万元交嘉德作家用，嘉德即张心嘉，她是张善子的小女儿，与张心素同父异母，母亲就是杨浣青，大千称她为浣嫂。杨是江苏松江人，毕业于江苏师范学校，在张家妯娌中是最有文化的一位。大千对她十分敬重，在生活上也十分关怀。明知是家用已罄，急需用钱，但他首先想到的是浣嫂。另二处，则是归还装裱画框用的债务。

致六侄张心德及八侄张心俭

六、八侄：

王世兄不慎遗失十万元，本意自愿明日还家措款偿还。其所管理各事，请移交两侄。至要！至要！

八叔爰白，廿九日

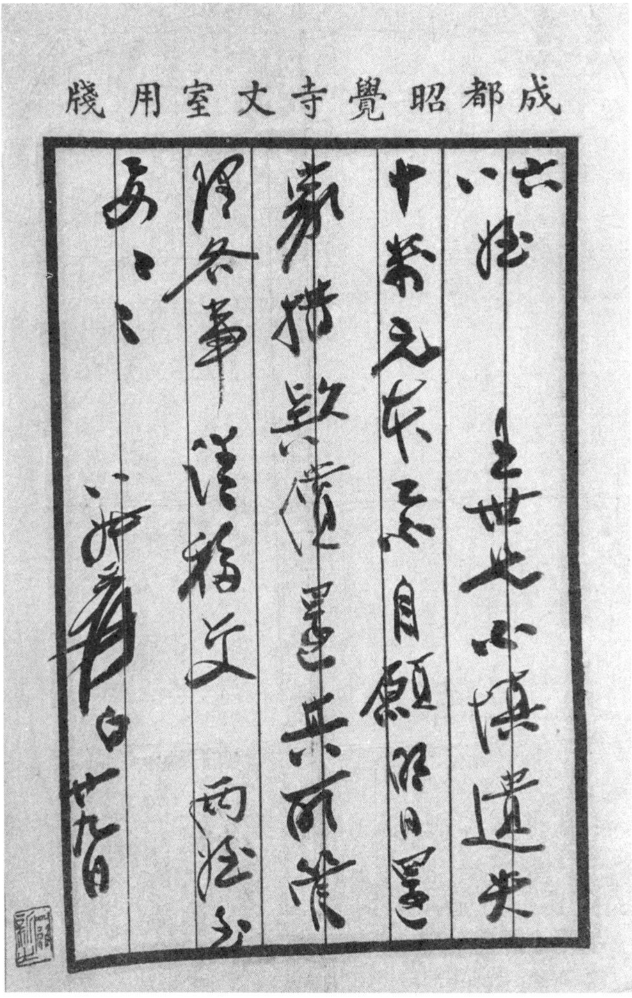
成都昭覺寺文室用牋

解 读

王遐（字永年）自述十九岁（1945年春）在成都大风堂拜张大千为师。据大风堂门人告知，王世兄早期在张家是养狗、管理杂务的。大风堂是张氏兄弟共用的堂名。据李秋君题署的《大风堂门人录》记载，截至己丑（1949年）二月，大风堂的门生有八十六名。王永年也许年轻，不慎遗失十万元。此事他与大风堂门人从未谈起过，也不知最后如何了结的。

编者所知道的是，成都解放后，王永年参军入伍，在部队从事美术宣传创作，为了表示进步，思想很激进，曾致信其师，劝他认清前途，早日归来，切勿执迷不悟，一误再误。以示与其师张大千划清政治界限。事后他对此举十分痛悔，追悔莫及，也因此受到大风堂门人的批评。退休后，他重拾画笔从事中国画创作。

致九侄张心义（1981年10月8日）

心义九侄：

故乡大水，日夜不安。近得来函，始悉三叔早已移居渝城汝子绍远处，未遭灾难，此心始稍宁贴。而叔亦衰退不如二三年前远矣。写字作画，亦复腕指战掣。即友好书札往还，大都乞人代复。只有绘画与楹联挂幅，虽不佳，必须亲笔。兹恳徐伯郊老伯汇上，与三叔三婶添助日常零用。盼吾侄收到之后，即以详悉（细）地址详陈，徐老伯自当按月汇此小数也。

九月十一日，八叔爰

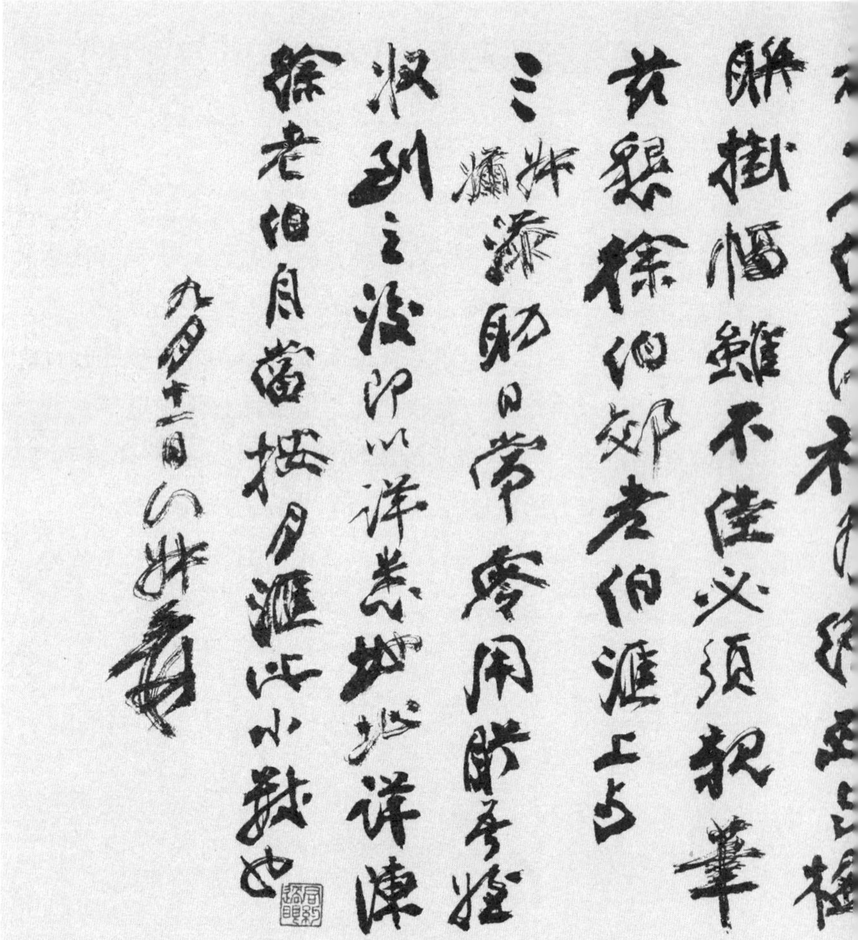

联挂幅虽不佳必须[illegible][illegible]
若恳徐伯郊老伯汇上与
三姊嫂添助日常费用[illegible][illegible]
收到之后即以详[illegible]地址详陈
徐老伯自当按月汇此小数也
九月十一日 八[illegible] 爰

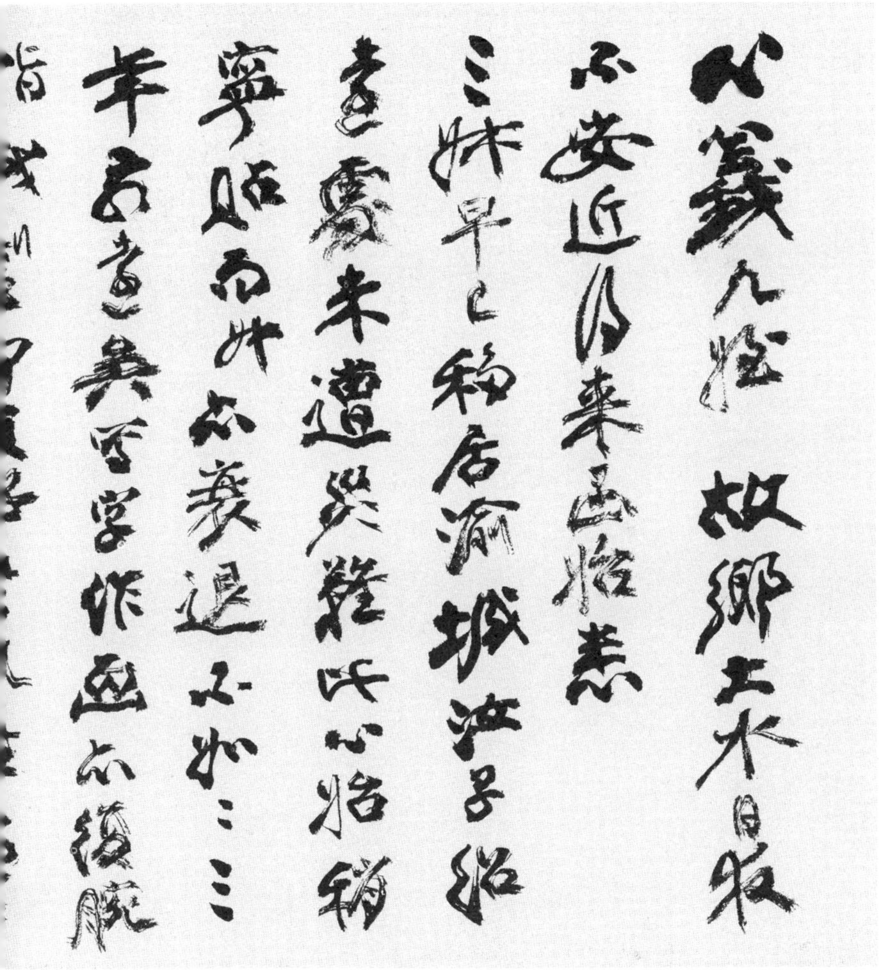

解　读

1981年沱江突发大水，洪水淹城。消息传到台北，大千日夜不安。九侄心义怕八叔担心，谎报亡父已移居成都心义之子绍远处，故未遭灾难。大千获悉后也实言相告："身体衰退不如二三年前远矣，写字作画，亦复腕指战掣。即友好书札往还，大都乞人代复。"言外之意是你们也不要再随意开口求画，八叔应付不了了。但汇款给"三叔三妳添助日常零用"，仍托老友徐伯郊按月汇寄不误。可见年逾八旬的大千对三兄三嫂的一往情深。

印度致诸侄书（1950 年 1 月 5 日）

……其妃泰姬之陵全部大理（石）建筑，高八丈，以五色石嵌成图案，真伟构也。自德里去 AGRA，百数十里，大树夹道，猴子与牛随地皆是。又有白鹰及绿鹦武（鹉）成群，皆不畏人，印人皆不伤生之故也。又有长尾猿，苍白色，毛甚亮，黑面，亦训扰，向游人手中取食，真可爱玩。德里风物亦至佳，随处皆如公园，此间原系沙漠，经英人建设遂成绿洲，西人精神良可佩服。明日拟往观一婆罗门寺院，或与佛教艺术有关也。

此函不知何日可到，此间亦无通信地址，叔自当随时告汝等客中状况也。

八叔爱，一月五日

可与弟妹及诸同学同观。

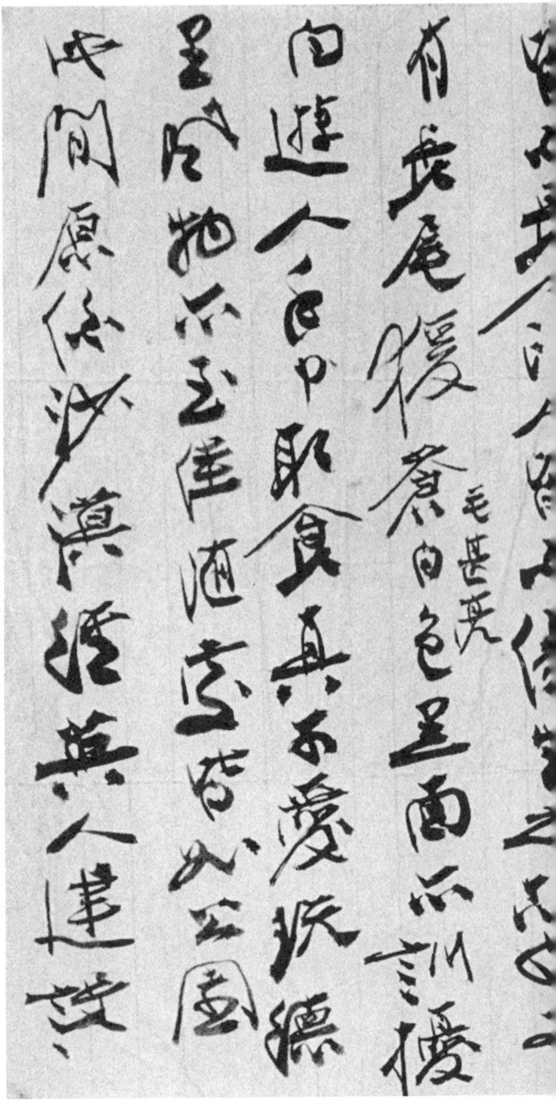

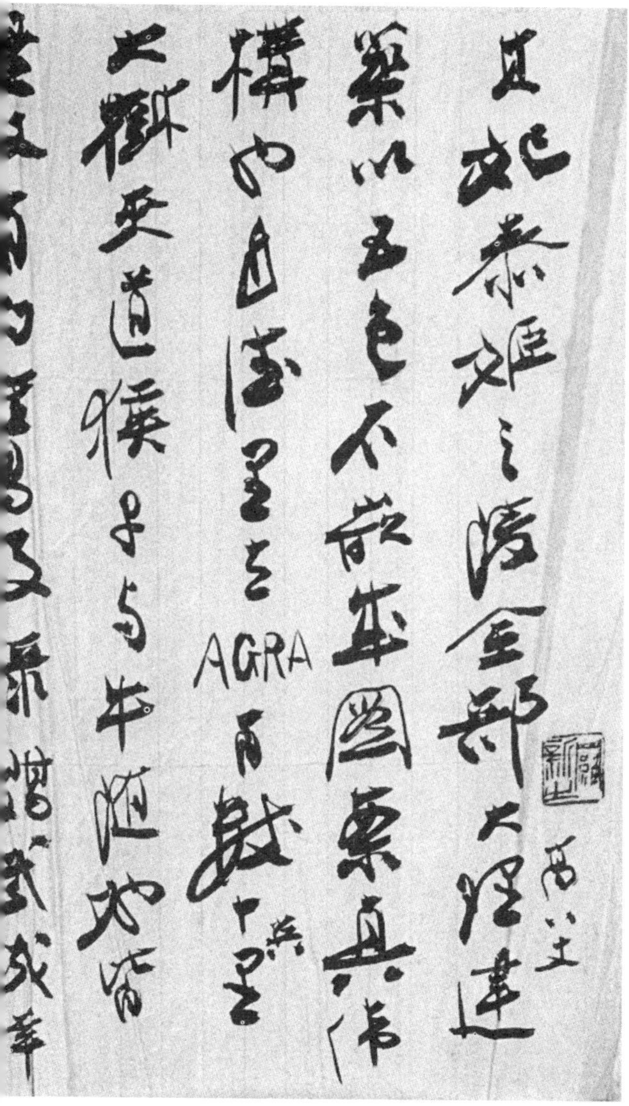
AGRA

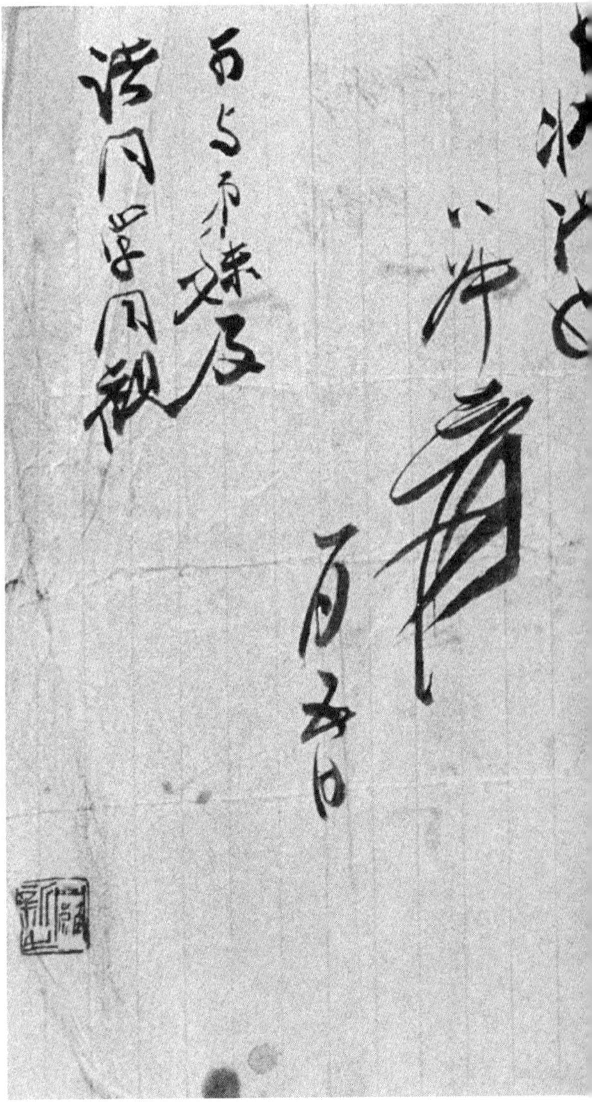

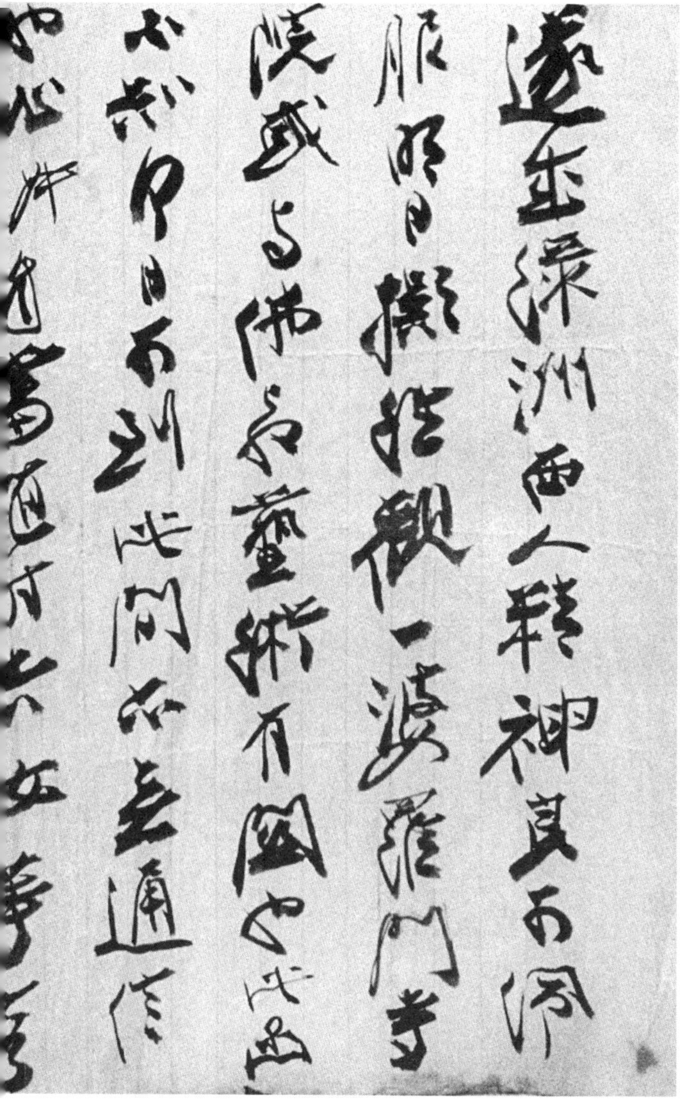

解读

1949年底，张大千赴印，本是应国民党政权驻印度“大使”罗家伦的邀请，前往举办全印画展。此时，中华人民共和国成立，印度政府即将与台湾方面“断交”，建立中印外交关系。基于驻印“大使馆”即将退出德里，所以罗家伦要赶在1950年1月，提前举办“全印美术会”。这封写于1月5日的信，当是1950年1月5日。

罗家伦（1897—1969），新文化运动先锋，经老友徐悲鸿介

1950年1月，徐雯波携张心沛在印度德里留影

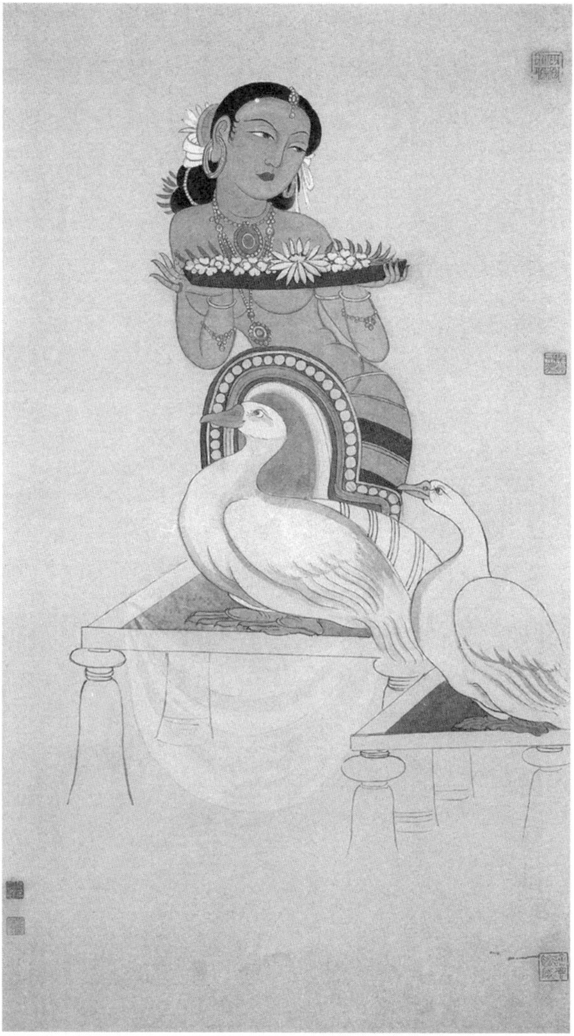

张大千所绘印度女子

绍，20 世纪 30 年代与大千相识于南京中央大学。时罗任中央大学校长，而大千则应徐的邀约，出任艺术系教授。关于大千赴印，除了办展，另有一项重要任务，就是要去印度西南部巴加德东北的文达雅山阿旃陀石窟考察壁画，这是他在敦煌期间的一个宿愿，他想弄清敦煌壁画的源头究竟是不是像有人所说的源自印度佛窟。在阿旃陀石窟，他费时三个多月，经过反复研究考察，得出的结论是："敦煌的艺术是我们中国人自己的。"

德里画展举办了一个月。画展期间，大千在老友罗家伦的安排下，参观了世界著名的泰姬陵、婆罗门寺院等名胜。信中的 AGRA（阿格拉），是印度的一个古老小城，泰姬陵即在此地。在泰姬陵，大千游兴大发，在信中写下了这篇游记小品。这是大千家书中极少见的，值得一读。

张大千原准备在印度大吉岭买屋定居，后因在曼谷卖画失败，印度又无艺术市场，只得作罢，另觅新地。他在印度旅居了一年，由于没有卖画市场，坐吃山空，生活十分窘迫，用他自己的话来说是"牛衣对泣"。这段时期，可说是他最穷困的时期，也是他作诗最勤奋、最精到的时期，"诗穷而工"，诚哉，然也！

张大千家族简介

张大千先祖原籍广东番禺，后迁居湖北麻城。康熙二十二年（1683 年），四世祖张德富以候补简放内江县知县，遂率家人赴内江就任，并定居。传至张大千辈，已是第十代。

据《张氏家乘》记载："因八世祖不戒于火，将家乘焚毁。九世祖尚属髫年，致将班次忘记。兹遵九世祖遗命，着由十世祖起，另拟二十字作班次，俾后辈有所遵循。所拟二十字是：正心先诚意，国治本家齐，温良恭俭让，子孙永保之。"家乘中的九世祖就是张大千的父亲张忠发。

张忠发，字怀忠，号悲生。妻曾友贞。夫妇生九男二女，长子、五子、六子、七子及次女早殁。八子张大千（排行八），属正字辈。以下称谓以兄弟姐妹子女相称，张氏子女均以出生先后，分男女大排行。子女属心字辈。

二哥张正兰（又名泽），字善（后改善子），号虎痴。育有二女：张心素（行三）、张嘉德（行八）。

三哥张正齐，又名信，字丽诚。育有三子一女：子张心礼（行二）、张心铭（行三）、张心义（行九）；女张心慧（行五）。

四哥张正学，名楫，字文修。育有六子一女：子张心奇（行五）、张心德（行六）、张心俭（行八），张心怡、张心廉、张心端三子无排行；女张心仁（行四）。

张大千名正权（又名权），字季爰（又字爰），大千是他的号。育有十六名子女：子张心亮（行七）、张心智（行十）、张心一（行十二）、张心玉（行十四）、张心珏（行十五）、张心澄（行十七）、张心夷（行十八）、张心健（行十九）、张心印（行二十）；女张心瑞（行十）、张心庆（行十一）、张心裕（行十二）、张心娴（行十三）、张心沛（行十四）、张心碧（行十五）、张心声（行十六）。

九弟张正玺，字君绶，早逝。

大姐张正桓，小名琼枝，早逝。

以上张大千家族成员之关系由张之先起草，张心庆核正，新版又经张氏后人确认了张氏子女的排行次序，补充了大千信中常书写的子女的小名如下：

张心亮（雅各）、张心智（哑弗）、张心一（萝萝、保罗）、张心玉（蘧蘧）、张心珏（琳琳）、张心澄（澄澄）、张心夷（满满）、张心健（小多毛）、张心印（牛牛）。

张心瑞（拾得）、心庆（十一）、心裕（十二）、心娴（尕女）、心沛（满女）、心声（丑女）。

初版跋

张氏家书编著告一段落，不由想起十多年前，因读黄壤先生的一文《张大千欺骗了大千世界》而激起了久蓄于心又迟迟未予动笔的写作冲动，写出了长文《张大千的去国和怀乡》，一则回应黄壤文中编造的奇谈怪论，二则就张氏为什么去国，又为何不回大陆两个问题进行了解剖，并就他的怀乡与爱国的情思做了初探。拙文在《今日名流》(1998年6期)刊发，本想看看黄壤先生的反应，孰知黄壤保持沉默，毫无反应，这有点不符合他的个性。是默认，还是不屑一辩？今日翻出旧作重读，却自觉并未过时。文中也涉及这批家书，故重新郑重发表，希望黄壤先生能够看到此书，并提出批评意见。

张大千究竟是一个什么样的人？是艺术天才，还是艺术骗子？是爱国者，还是叛国者？是生活腐化的极端享乐主义者，还是注重亲情友情的人道主义者？是天使，还是魔鬼？早在半个世纪前，在不同的地域、不同的人群中，已有着不同的答案。

而今张大千逝世二十五年了。二十五年来，海峡两岸的读者，无论在政治观念、艺术观念，抑或是道德观念上都发生了很大变化，对张大千的认识，也能跳出政党和阶级的偏见，客观地知人论世，予以较公正的评价。当然尘埃尚未落定，盖棺犹难论定，有关张大千在艺术创作上的品评和学术问题上的争论，还是很难也无须一致的。

本书辑录的张大千致张丽诚兄嫂的二十一封家书，始于20世纪50年代后期，终于70年代前期，前后十多年。这十多年，正是大陆“三年自然灾害”至“文化大革命”期间，是经济、政治上特定的天灾乃至人祸时期，也是张大千浪迹海外、艺术上自强自立，在国际艺坛上取得一席之地的时期。读一读张氏这一时期的家书，可以真切地感触到张大千思念三哥、三嫂、四哥及众多子侄的亲情，真切地感到他是如何无微不至地关怀兄嫂侄媳的生活和健康，不远万里、不厌其细地寄钱寄物，也可以真切地看到在处理家庭亲情伦理道德上，他是如何为人弟、为人父的。由小及大，可以看出张大千的人品。当然，从这批信中，我们还可以清楚地看出，张氏为什么不回大陆——非不想回而是不能回——说归欲归犹未归的复杂矛盾的心理症结。从这个意义上来说，这批家书也是张大千为何不回大陆的自白书。

需要说明的是，张大千这些家书之所以能顺利出版，首先应该感谢张家后人中保存这批书信的张心义先生（已故）和解说这些书信的张心庆女士以及提供这些家书复印件的张之先先生。还要感谢张大千先生的弟子张正雍先生对书信原文的校对。

2009年1月6日

再版跋

《张大千家书》初版由山东画报出版社刊行后，读者反映良好。有关张大千出国后，为何迟迟不归、为何说归欲归犹未归，曾有多种说法。读完家书后，诸多读者才有了较为深切的感性认识，同时对张大千客居海外数十年，时时不忘故土、不忘家乡亲友的真情实感也有了一定的理解和同情。可是作为“家书”来说，初版中只收了张大千致三哥三嫂（张丽诚、罗正明）的二十一封家书，这显然是不够的，读者也是远远不能解渴的。但限于当时具体的条件，编者只能看到这些家书，还不是手书原迹，而是大千侄孙张之先手中的复印件，不少“家书”尚未浮出世面，尚藏在张氏家人的手中，可谓“养在深闺人未识”。所以只得因陋就简，硬是凭着这些复印件，先编出来再说，也算是抛砖引玉吧。

“家书”出版后，张大千致四哥张文修的四封家书出现在保利拍卖公司的图录中。上海一位不愿透露姓名的藏家，见书后也寄来了一通张大千和张保罗致浣嫂杨浣青的书信复印件，表示今后出新版可以收入。美术史论家、张大千研究专家傅申先生藏有的张大千致张丽诚、张文修、张心义、张心素的四通家书，也出现在嘉德拍卖公司的图录中。恰值初版早已脱销，于是我从山东画报出版社取回电子版书稿，经与三联书店洽商，决定在该店重新出版增订版《张大千家书》。

无独有偶，正值新版“家书”在三联书店紧锣密鼓进行中，突接海外来电，张大千的外孙女萧柔嘉女士从加拿大温哥华打电话告诉我说，北京匡时拍卖公司订于2015年6月12日在上海龙美术馆为其母张心瑞举办“拾得珍宝藏品展”暨座谈会，希望我能参加。我问藏品中有无令外祖给你母亲的家书？她说当然有。听说有大千家书，我痛快地答应了。不日匡时的邀请函及请柬同时寄来，天助我也！正缺大千致子女的家书，而今送上门了，焉有不去之理？

拾得，是大千对十女的爱称，意谓拣得之戏语。她生于1927年，是张大千的长女，也是大千的掌上明珠。1949年，大千去国前，为心瑞写过一幅中堂行书，书中学三国建安诗家左思的《娇儿诗》句，赋诗道：

三岁吾娇女，爱怜如左思。
存亡未可卜，去住定何之。
万里归慈母，千金市国医。
远凭先世泽，应得免凶危。

诗后跋道：“二十年客大连，瑞女方三岁，在沪宅大病几殆，命其母先归乞医。予赋此诗。己丑三月书，爰。”这首诗也

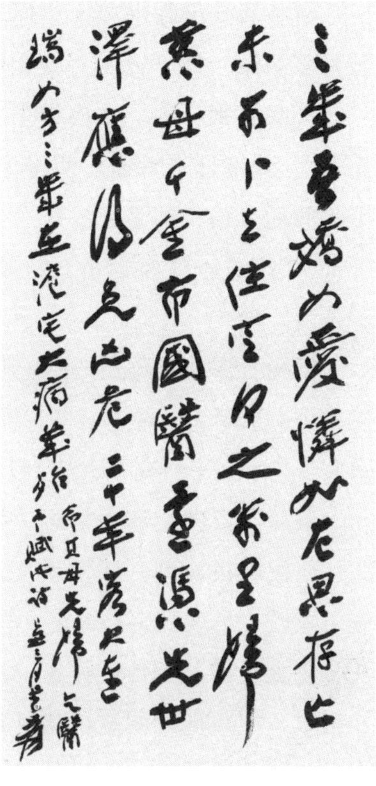

张大千行书《为心瑞诗》

可看作大千为心瑞大病不死，必有后福，从而戏呼“拾得”小名的佐证。

在上海龙美术馆展厅中，我不仅看到了大千致十女的六幅书画，而且还看到了人民美术出版社为配合这次展览而出版的《拾得珍宝——张大千长女心瑞藏品集》。不由暗喜，既然四封家书已经面世，只要主人授权，即可收录到新版《张大千家书》中了。后经主人授权，这四封家书加上两幅画作的题跋一并收入。

新版共新增家书二十一通：张大千致浣嫂杨浣青一通、致三哥张丽诚一通、致四哥张文修五通、致九侄张心义一通、致三侄女张心素一通、致拾得张心瑞六通（其中有两幅画中以跋代书）、致诸侄书六通。值得注意的是1981年大千致丽哥、修哥的两通书信，却是无法送达到他俩手中了，因为他俩已先后于1972年、1977年逝世了，其子侄怕八叔公悲伤，向他隐瞒了真情。

据我所知，张氏子女所藏其父的家书颇多，这二十一通书信仅只是一个零头。希望早日看到大批珍藏的大千家书，如是，则张大千艺术生平研究者幸甚，大千粉丝读者幸甚！

最后，要向主动为初版《张大千家书》撰写评论，并在上海《新民晚报》副刊版发表《张大千的情和理》的作者陈丹晨先生致敬。丹晨先生是著名文艺评论家，也是写作《巴金评传》及《巴金全传》的传记作家。他对大千“家书”情有独钟，独具慧眼，征得他的同意，将其评论移入新版，以飨读者。感谢本书初版编辑吴兵，这里仍然沿用了他所撰写的封底文字。同时还要向帮助我处理操作“家书”电子文本的黄乐辉先生致谢。更要向张氏的两位外孙女萧柔嘉、萧莲致谢，她们热情提供了事实详情的资料和从未发表过的照片，帮助校订了文稿，从而使本书熠熠生辉。

2015年9月定稿于京东